U0153456

拼圖

1947.2.28

二二八

陳儀深 著

目次

圖表目次

序

「財團法人二二八事件紀念基金會」自成立以後，除了受難者及家屬的補償／賠償、撫慰之外，二二八事件真相的調查、研究，責任歸屬的探究，以及目前積極展開的真相調查與轉型正義研究，乃至推動「二二八事件轉型正義報告稿」的撰寫，都是基金會的重要工作。畢竟歷史真相的探討、責任的釐清，乃至於更重要的──記取歷史的教訓，避免悲劇再發生，是必須持續展開的工作。

自 2017 年 11 月迄今，除了與中央研究院台灣史研究所繼續合作出版保密局相關檔案《保密局臺灣站二二八史料彙編（五）》，及有關二二八相關研討會的《七十年後回顧：紀念二二八事件七十週年學術論文集》之外，基金會除了原有出版品的再版，也出版了第一本法文、英文對照有關二二八的口訪整理的專書 *Les témoignages du silence*，還有《二二八平反與轉型正義》、《青春二二八：二七部隊的抵抗、挫折與流轉》等等。這本《拼圖二二八》則是 2019 年開春重要的研究出版品。

本書是基金會陳儀深董事將其從 1991 年投入二二八研究工作以來，發表的二二八相關研究論文進行回顧、整理的成果。這本論文集總共分為七章，主要內容是以「從二手資料的研究到檔案與口述史為主」的二二八研究歷程，做為主題。除了收錄了六篇他過去發表的二二八事件相關論文之外，在第一章更將其投入二二八的研究歷程做了回顧與類似自我研究史的整理。這對了解

台灣二二八事件研究的發展軸線，頗有參考價值。而最後一章則是以「紀念二二八與台灣民族主義」做爲全書的代結論，也是陳董事針對二二八事件以後，其遺緒的發展如何影響日本及美國的台獨運動，做爲一個歷史發展的檢視。

站在基金會的立場，有關二二八事件眞相的調查，乃至轉型正義的展開，原本就是必須透過史料的保存、挖掘，並且在此之上進行相關的研究，才有可能達到眞相的釐清、責任的探究，乃至記取歷史教訓的目標。只是囿於經費及過去不同階段基金會重點工作的差異，因此有相當的時間，基金會對於成果的出版，在份量上有時無法與台灣史的研究機關相提並論。陳儀深董事願意將他的書提供基金會出版，對基金會而言是美事一椿。而且這也不是陳董事第一次與基金會的合作，在多年以前他就曾經在基金會完成《濁水溪畔二二八》口述歷史的工作及整理後的出版，同時他也是基金會《二二八事件責任歸屬研究報告》的作者之一，其中有關蔣介石的責任問題，是他當時負責的重點，這也是二二八責任探究重要的一環。這本《拼圖二二八》，可以說是他二十多年來研究二二八工作的階段性總結。

相較於一般的二二八研究論文，這本書凸顯了陳儀深董事對於二二八的認識與見解。同時他努力地根據資料，和不同的意見對話，也是這本書的特色之一。原本二二八的記憶在不同的人、站在不同的角度，往往有多元而複雜的面向，檔案記載的內容也是呈現這樣的狀況。正因如此，歷史學者透過考證、比對的功夫，進而試圖在整個歷史結構下，針對二二八眞相的調查、研究，甚至做出歷史的判斷，是整個二二八研究，非常重要的一個部分。

而在經過嚴謹的審查、修訂之後，本書在二二八事件七十二週年之際出版，更豐富了基金會在眞相調查範疇的重要成果。

如前所述，對基金會而言，眞相調查或是二二八的轉型正義報告推動，都是責無旁貸的工作，這本書的出版，只是其中的一環，未來如何在此一領域繼續努力，則有待基金會同仁與學者專家共同努力。

薛化元

財團法人二二八事件紀念基金會董事長

2019年2月12日

自序

　　我在 1988 年進中研院近代史研究所服務，1991 年撰寫、發表第一篇研究二二八的論文，1992 年 12 月遇到第一次「續聘」審查時，三位審查人的結論分別是特別推薦、推薦、無意見，其中該位「無意見」之審查人針對我的〈胡適與蔣介石〉以及〈論台灣二二八事件原因〉兩篇文章，認為「雖具學術著作形式，但主觀見解則較強烈」，尤其二二八一文用詞「缺乏心平氣和之態度」，「其評人論事，多以主見為依歸，所用資料，涵蓋雖廣，然選擇性至大」。所務會議投票結果以八票贊成、六票棄權、五票反對，做成「不續聘」之決議。後來雖經申訴、院方再審之後要求近史所一年後再議，而一年後終於通過續聘，但此番折騰，實可顯示台灣自由化、民主化初期，學界研究二二八「尷尬氛圍」之一斑。

　　應知，李登輝主政下的行政院於 1991 年才成立「研究二二八事件小組」、1992 年公布研究報告，這是首度使用大溪檔案等官方資料、具有學術規格的報告，此後這些官方檔案大部得以存放中研院近史所，甚至出版成《二二八事件資料選輯》六冊，筆者於 1991 年撰寫二二八論文時當然未能使用，但後來陸續撰寫的篇章，官方檔案乃是不可或缺，加上越來越多的口述史料可以運用，可以說，二二八研究已經成為研究者可以互相校正、具有客觀「典範」（paradigm）的一門學科。本書一方面是集結個人二、三十年來研究二二八的成果與紀錄，一方面——對一個重大

歷史事件而言——從原因、經過、結果、影響分別予以探討，並不是漫無章法的「文集」，而是試圖追求事件全貌、試圖描繪眞相的「拼圖」。

　　舉例而言，蔣介石派兵來台鎭壓的過程，1947年3月8日晚上登陸基隆的是福建來的憲兵，整編第廿一師則是3月9日才開始陸續登陸，早期的研究者若非說錯就是語焉不詳，筆者認爲整編第廿一師的部分有劉雨卿將軍的電報爲證，福建來的憲兵則因「閩台監察史」楊亮功於3月8日隨船抵達，詳細過程應以楊的報告爲是；又如2月28日中午的長官公署開槍事件，廣場上的死亡人數也是眾說紛紜，筆者認爲葛超智《被出賣的台灣》第十二章所述，聯合國善後救濟總署的官員彭德華（Edward E. Paine）開車到達現場，檢視地上的六人之後，發現有兩位仍有生命跡象，就召喚人力車把傷者送醫救治……可見當場有四位民眾死亡，是比較可靠的說法。以上，大約是筆者製作「拼圖」的方法與態度。

　　二二八事件曾被蔣介石與國民黨政府認定爲「奸匪煽惑」所致，本書駁斥之，且比較站在「處理委員會」等台灣人團體的立場看問題，除了陳儀應該負責，筆者認爲蔣介石應負最大責任。爲此，筆者除了擔任台教會等社團幹部時舉辦紀念遊行、記者會、研討會，更參加了追究責任的訴訟行動。要之，筆者不只是二二八的研究者，而且是追求轉型正義的實踐者。如此在學術與政治之間游走，不免要付出有形、無形的代價，長期爲「副研究員」只是其中一端。2019年1月我的專刊書稿《認同的代價與力量：戒嚴時期台獨四大案件探微》在近史所審查通過、隨後進行出版作業，三月初我乃提出代表著作（包括這本專刊）、參考著

作（包括《拼圖二二八》書稿）進入升等審查，幾個月以後，即將屆齡退休前夕——6月24日中研院人文組聘審會終於通過我「升等為研究員」的案子，這一天我正好寫了《拼圖二二八》的這篇自序，算是給我自己一點「正義」吧。

　　感謝二二八事件紀念基金會願意出版本書，且由薛董事長撰寫序文；過程中感謝兩位匿名審查人提供寶貴的意見，加上中研院台史所許雪姬所長也給我批評指教，使本書得以減少錯誤、以今貌面世。不過本書各章的撰寫時間跨了二十幾年，資料引用以及格式體例雖經修整恐仍有不一致或疏漏之處，甚或有觀點的偏頗，都是我自己的責任，若蒙各界指正，感激不盡。

陳儀深

中央研究院近代史研究所研究員

2019年6月24日

第一章（緒論）

我的二二八研究小史

一、1991年與史丹佛大學結緣

1988年8月1日我進入中央研究院近代史研究所任職，當時所長是張玉法先生，所裡有鼓勵同仁出國進修半年的「政策」，所以我就在1991年的下半年到美國加州的史丹佛大學（Stanford University），從7月到12月，做了為期五個多月的進修。本來應該是六個月，但因為那年年底是二屆國代的全面改選，我的朋友許陽明在士林北投參選，加上台灣教授協會成立之後，也把國大代表選舉視為與主權相關的運動，我很關心，所以就提前回來了。

史丹佛有一個東亞圖書館（East-Asian Collection），收藏的中文、日文、韓文書籍非常完整豐富，其中中文資料的累積應該是張富美女士幫很大的忙，她在那邊擔任研究員多年，而我在那段進修期間，除了和灣區的台灣同鄉來往，主要是受到張女士很多的照顧。

當時我租房子在史丹佛校園內的研究生宿舍，那是一棟兩層樓的獨棟透天木造建築，一位伊朗研究生（已婚、有小孩）當二房東，我住在她的樓上，一個月的租金450塊美金。當時我還買了一部Toyota的舊車代步，才花1,500塊美金，五個月後在布告欄貼廣告卻也賣了1,300塊美金，想想自己當時還蠻屬害的！有了那輛車，生活就方便不少。要之，那五個月的生活健康快樂，因為加州的天氣涼爽，夏天也不熱，早上出門把洗好的衣服晾在棚子內，傍晚回來就乾透了，衣服還殘留陽光的味道。

二、撰寫第一篇二二八研究的論文

在史丹佛，我大部分都在East-Asian Collection看資料、印檔案，其中最重要的就是做二二八事件的研究。我真正動筆寫大概花了三個月的時間，寫了兩三萬字，後來發表在1991年由台美文化交流基金會、現代學術研究基金會主辦的二二八學術研討會，那是解嚴之後第一次那麼大規模探討二二八的學術研討會，我那篇〈論台灣二二八事件的原因〉後來還被收錄在《台灣史論文精選》。[1] 在史丹佛，除了一般的論著，戰後初期的舊報紙、雜誌在東亞圖書館都看得到，所以很有貼切感，當時我寫那篇論文的感覺，好像親身經歷了二二八一樣。

現在東亞圖書館早已不存在，原有的中、日、韓文圖書資料打散到校內其他圖書館，倒是胡佛研究所的檔案館藏有重要的台灣近代史料，如葛超智

圖1-1　胡佛塔是史丹佛大學的重要地標。

---

[1] 陳儀深，〈論台灣二二八事件的原因〉，收入張炎憲等主編，《台灣史論文精選（下）》（台北：玉山社，1996），頁303-349。

圖1-2　胡佛研究所裡面藏有台灣重要史料。

（George H. Kerr,1911～1992）檔案，2005年之後開放閱覽（但不能影印照相）的蔣介石日記，這兩年甚至可以看到王昇日記以及殷海光、雷震的若干史料。多年來我因撰寫二二八以及白色恐怖相關論文，乃至八二三炮戰、聯合國中國代表權、釣魚台爭議等問題，多次造訪胡佛所的檔案館，受益良多。

　　1991年在史丹佛短期進修期間有個插曲，就是有一次（記不起是民進黨還是）某個台灣人社團發起在美東的中國大使館前抗議，主辦單位也從台灣邀來謝長廷立委，我則從加州專程飛到美東「共襄盛舉」。其實那是張富美女士鼓勵我去的，她說她常坐飛機，有累積免費的里程票，可以讓我免費往返。但我在美東參加活動居然被媒體拍照刊登，讓在台灣的近史所同仁——尤其是張所長看到，我自己「惹了禍」當下並無警覺，是回到國內以後才知道他（們）不高興；這應是導致後來我差一點被「不續聘」的因素之一。

　　當時中研院制度是四年一聘、但滿三年就要開始行政作業，而我在所內續聘投票沒通過，提起申訴，院方重新審查之後的處置（因為審查報告一半好、一半不好）是查看一年，一年後讓近史所再投票一次，幸好就通過了。可是我心裡頗感不平，因為我進所之後連續三年得到國科會獎助，我認為一起辦續聘的同仁之

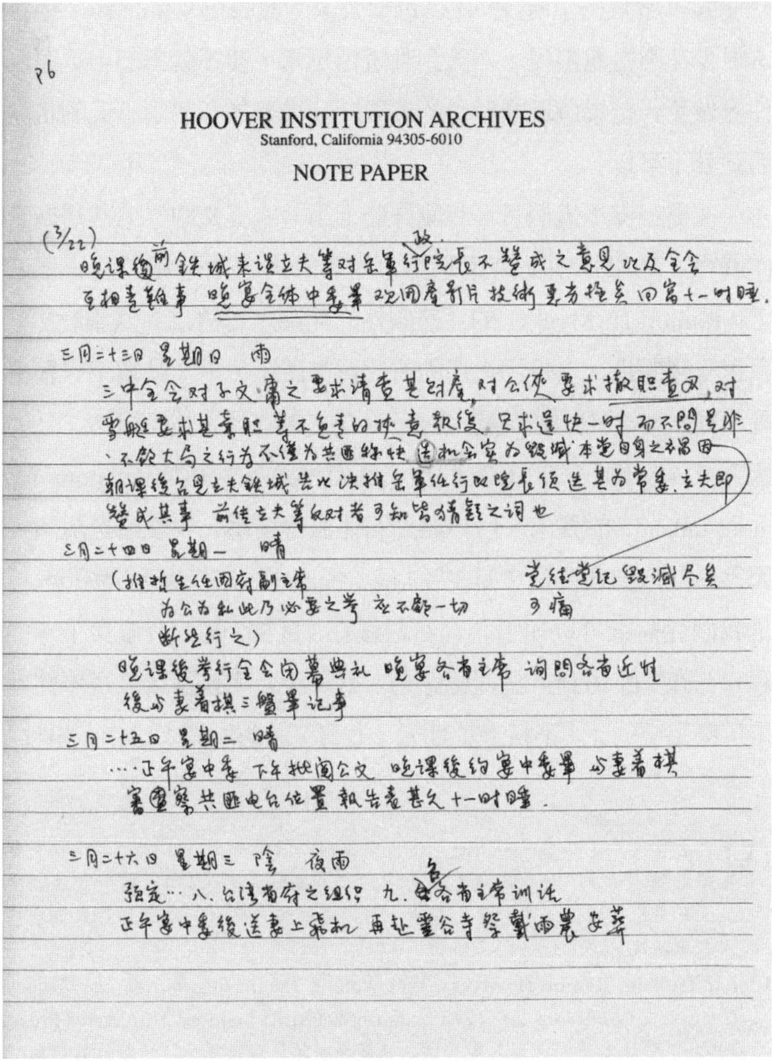
p6

HOOVER INSTITUTION ARCHIVES
Stanford, California 94305-6010

NOTE PAPER

(3/22)
晚課後前鉄城来談立夫等对余兼行政院長不贊成之意見以及全会互相責難事 晚宴全体中委畢 观国產影片技術甚為進步 回寓十一时睡.

三月二十三日 星期日 雨
三中全会对子文、庸之要求清查其財產，对公俠要求撤職查办，对雪艇要求其辭職等不息意的快意報復 只求逞快一时而不問是非、不顧大局之行為不僅為共匪經快（法）机会实為毀滅本党自身之禍因
朝課後召見立夫鉄城告以決推余兼任行政院長須送其為常委 立夫即贊成其事 前後立夫等反对者可知皆猜疑之詞也

三月二十四日 星期一 晴
（推哲生任国府副主席
為公為私此乃必要之举 应不顧一切
斷然行之）
党徒党紀毀滅尽矣 可痛
晚課後举行全会閉幕典礼 晚宴各省主席 詢問各省近情
後与妻着棋三盤畢記事

三月二十五日 星期二 晴
…正午宴中委 下午批閱公文 晚課後约宴中委畢 与妻着棋
審閱寄共匪电台位置報告表甚久 十一时睡.

三月二十六日 星期三 陰 夜雨
預定…八、台湾省府之组织 九、各省主席训话
正午宴中委後送妻上飛机 再赴靈谷寺祭戴雨農安葬

圖 1-3　筆者在史丹佛大學胡佛研究所檔案館抄錄的蔣介石日記。

中不論質量我都不會是最後一名，卻只有我沒通過；況且幾乎同一期間本所有一位資深同仁[2]也拿公家的錢去史丹佛進修，他根本很少在圖書館出現，一天到晚遊山玩水，要不就去超市買菜回住處做菜，結果遊玩幾個月的沒事，我去參加一個兩三天的抗議活動就不可以。

在史丹佛那幾個月，我剛好碰上第一本英文的二二八學術著作問世，如果以中文來說恐怕也是第一本，就是賴澤涵、馬若孟（Ramon H. Myers）的《悲劇性的開端：台灣二二八事變》，[3]我第一時間也在史丹佛大學的書店買來讀了，不久就寫了一篇書評，寄回來給《自由時報》發表[4]。在文中我批評該書對二二八的觀點是copy國民黨的官方觀點，例如認為處委會提出 "more and more radical" 的要求，所以蔣介石才派兵鎮壓，我說這是謊話，因為二二八處理委員會是3月7日才提出「卅二條處理大綱」，可是我們從檔案可以知道蔣介石最慢在3月5日就下令派兵了。而蔣介石在3月10日「總理紀念週」第一次公開談論二二八事件就是這麼定位的：「不料上星期五（七日）該省所謂『二二八事件』

2　今已去世、姑隱其名。巧的是，這位前輩同仁當時知道我在研究二二八，曾在閱報室沒頭沒尾地對我說：「老弟啊，你知不知道，二二八的時候我們內地人死得比台灣人多！」歷史學者也可以這樣信口開河，當下讓我感覺自己的處境艱難。

3　Lai Tse-han, Ramon H. Myers, Wei Wou, *A Tragic Beginning: The Taiwan Uprising of February 28, 1947*（Stanford, Calif.: Stanford University Press, 1991）. 中譯本是賴澤涵、馬若孟、魏萼合著，羅珞珈譯，《悲劇性的開端：台灣二二八事變》（台北：時報文化，1993）。

4　陳儀深，〈事實判斷與道德判斷的糾結——評《悲劇性的開始：一九四七年的台灣二二八暴動》〉，《自由時報》副刊，1991.9.24～25。

處理委員會，突提出無理要求，……此種要求『已踰越地方政治之範圍』……故中央已派軍隊赴台灣……』[5] 這就是《悲劇性的開端》所敘述的——把派兵的理由和處委會的要求扣連起來，明顯 copy 蔣介石的觀點。當時我已認爲只要能平心看原始資料，很容易可以對事件的因果、經過把握梗概，雖然未必詳細，但至少梗概有了，重點不會顚倒，研究報告就可以慢慢增加血肉，拼出全貌。總之，在史丹佛的短期進修，就我個人的研究史來說，是二二八研究的開端。

三、隨著九〇年代的情勢發展做研究

　　九〇年代開始也就是李登輝總統時代開放二二八的檔案，背景是：由行政院成立「研究228事件小組」，委員有陳重光、葉明勳、張玉法、陳三井等八位，執筆人則包括許雪姬、黃富三、賴澤涵、吳文星、黃秀政等五位學者，在1992年做出《二二八事件研究報告》[6]。那批首度公開的史料包括警總檔案和大溪檔案，在研究報告出爐以後，讓中研院近史所出版成爲六大冊《二二八事件資料選輯》[7]，負責編輯的主要是許雪姬教授。對於行政院的這本報告，雖然台派方面給了不少批評，但我覺得還是有

5　〈蔣介石在中樞紀念週上的講話〉（1947年3月10日上午9時），鄧孔昭編，《二二八事件資料集》（台北：稻鄕出版社，1991），頁367。

6　（行政院）研究二二八事件小組，《二二八事件研究報告》（台北：時報文化，1994）。

7　中央研究院近代史研究所編，《二二八事件資料選輯》（台北：中央研究院近代史研究所，1992）。

值得肯定的地方，至少他們是真的去看了史料、用了檔案、做了口述史，可惜他們那時還無法探究國民黨的責任問題。針對究責問題，還是要等到陳水扁執政、2006年出版的《二二八事件責任歸屬研究報告》[8]——事實上這個書名是我的「貢獻」，記得當時召集人張炎憲教授主持討論之際發言紛紛，我就說應該要去對應九〇年代李登輝、郝柏村當年行政院的研究報告，我們應該也要叫做「研究報告」，只是重點不一樣。大家接受了我的建議。

不過，就我的二二八研究經過而言，相當程度是與九〇年代的政治社會情勢發展有關。九〇年代是李登輝總統主導的「改革開放」時代，每年二二八的紀念活動中，研討會是一個很重要的紀念方式。例如五十週年時，有吳三連台灣史料基金會、台灣歷史學會與陳水扁執政的台北市政府舉辦「二二八事件五十週年國際學術研討會」，當中我也有發表〈再探二二八事件處理委員會——關於其政治立場與角色功能的評估〉[9]。我記得我對處理委員會的評價是比較中性的，有功有過，我認為他們已經盡量做到最好了；我不贊成用一種教條式的觀點，以為「半山」都是壞人，或是認為處委會進行談判就是「妥協路線」、必須是武裝路線才是「進步的」，我想這些都流於情緒，不是我們學者寫歷史的適當態度。我對處委會的評價是他們已經盡了力，並能站在台

8　李旺台、楊振隆總策劃，《二二八事件責任歸屬研究報告》（台北：財團法人二二八事件紀念基金會，2006）。

9　陳儀深，〈再探二二八事件處理委員會——關於其政治立場與角色功能的評估〉，《二二八事件研究論文集》（台北：財團法人吳三連台灣史料基金會，1998），頁153-168。

灣人的立場，像擔任台灣省參議會副議長的李萬居等等公職們，也許也算是「官方」，可是他們到底是要站在台灣人立場，還是統治階層的立場？依我看，他們是站在台灣人的立場，所以他們才會一起拿「卅二條處理大綱」去給陳儀，陳儀沒看完就生氣地丟到地上；其中像李萬居，要不是有陳儀保他，不然就被別的系統抓走了。當我在說這個的時候，不免相對會批評到蔣渭川。因蔣渭川當時和處理委員會針鋒相對，他還在電台號召群眾，同時攻擊處理委員會，我說如果要講「運動倫理」，這是不好的！糟糕！這就得罪研討會現場蔣渭川的家屬。果然蔣渭川的一位女婿就站起來指責我「怎麼可以講『半山』也有好人」云云，當時我年輕氣盛，就嗆回去了。我說拜託，現在是學術研討會不是紀念會，這裡不是街頭，要講證據、講邏輯，要尊重這個場合。會議休息時間，也有一些台派的學者，聽起來似乎也站在家屬那邊，謂二二八研究本來就不是也不能「純學術」，我當然不以為然；根據學術難道我們就理虧了嗎？這是我比較印象深刻的一次研討會。

　　後來我參加的二二八學術活動，包括「責任歸屬」報告的撰寫[10]，參與高雄市文獻委員會主辦、許雪姬等人幫忙的「紀念二二八事件60週年學術研討會」，以及在財團法人二二八事件紀念基金會舉辦的「二二八事件60週年國際學術研討會」發表〈族群衝突、官逼民反與報復屠殺──論二二八事件的性質定位〉[11]，

10　陳儀深，〈第三章：南京決策階層的責任〉，《二二八事件責任歸屬研究報告》
　　（台北：財團法人二二八事件紀念基金會，2006），頁95-169。
11　陳儀深，〈族群衝突、官逼民反與報復屠殺──論二二八事件的性質定位〉，

探討二二八是不是一種鎮壓屠殺？以上，我這些論文湊起來當然是有意義的結構，足以成為一本涵蓋二二八原因、經過、南京政府的處置，以及事件性質定位的專著。事實上，南京政府的處置就是在談蔣介石的責任問題，而「經過」方面主要談論處理委員會，其實就是指民間的因應。到底處委會是放火的還是救火的？我認為要看是哪個處理委員會，整體而言有放火的也有救火的。此外，我在2008年也寫了一篇〈為何考證？如何解讀？——評論黃彰健著《二二八事件真相考證稿》〉[12]，這是因為黃先生頂著院士光環，極盡為「高雄屠夫」彭孟緝辯護之能事，實在看不下去；卻也因為去批評黃彰健的著作，所以後來黃去世之後，被朱浤源假藉黃彰健的「代筆論文」把我污衊，以致和他有一段官司糾紛。

就時間而言，陸續寫的這些文章，一方面是配合時代社會的腳步，一方面由於檔案的不斷開放，才會有進一步的研究出現。例如2013年中研院台史所主辦「新史料與二二八研究」學術研討會，就是因為台史所新收藏了一批保密局的檔案，也就是台灣各地布建的情治人員向台灣站站長林頂立報告的檔案。以前我們看到的大都是林頂立向南京報告的史料。而這批新的檔案之所以出現，大致是因為從某位情治單位的人（去世以後，由家人）手中流落舊書攤，舊書攤再賣給中研院，由台史所和院方共同出資

《二二八事件60週年國際學術研討會：人權與轉型正義學術論文集》（台北：財團法人二二八事件紀念基金會，2007），頁313-342。

12 陳儀深，〈為何考證？如何解讀？——評論黃彰健著《二二八事件真相考證稿》〉，《中央研究院近代史研究所集刊》，第61期，2008.9，頁155-176。

買下，如今檔案存放在台史所。

四、為什麼蔣介石應負最大的責任

　　九○年代以來，財團法人二二八事件紀念基金會常以舉辦研討會的方式來紀念二二八，基金會最重要的一件事莫過於出版《二二八事件責任歸屬研究報告》。關於責任歸屬研究報告，我負責撰寫〈第三章：南京決策階層的責任〉，我的結論是蔣介石應該要負最大的責任。也因為這樣曾被蔣孝嚴控告，說是污衊他的先人，就把基金會董事長陳錦煌、研究報告的總召集人張炎憲與我（撰稿人）共三人告上法庭，而且蔣孝嚴居然要求賠償二十億，我們頓時成為「最有身價的男人」。

　　我們出庭了幾次，那其實只是一種調查庭，是由檢察官和他的助理先了解狀況，結果他們做出不起訴的處分；之後蔣孝嚴聲請再議，最後才確定不起訴。這位檢察官頭腦算是清楚的，他聽一聽也覺得這不是蓄意毀謗，畢竟我是根據檔案史料合理論述，認為蔣介石應負最大的責任，而毀謗罪的成立要件是「明知非事實而故意傳播」。

　　我自己寫完這篇文章之後頗有些成就感，因為對蔣介石的究責，以前的人雖然也有講過，但都是片段，沒有系統性地鋪陳。我在撰寫過程中發現，國民黨內部其實有反省的聲音，包括國防最高委員會及國民黨中央執行委員會的不少成員。1947年3月5、6日，國防最高委員會就對台灣的行政長官制度及陳儀的作風多所批評，國民黨中執會更於3月22日通過「閩台清查團」劉文島

等人的連署提案，決定對陳儀「撤職查辦」。這其實都代表國民
黨內部的反省聲音，而且他們也知道台灣的二二八鬧得太大，
要有人負責。這些檔案公文歷歷在目，就是蔣介石運用「總裁特
權」，批示另案處理，不用「撤職查辦」。當時中執會的決議是撤
職查辦，而文官處在擬辦欄簽註的意見是兩案併陳，其中第二項
是依照黨章規定的總裁特權，另案處理，結果蔣介石就是批「照
第二項辦理」。[13] 既然蔣介石要為陳儀扛下責任，結論不是更清楚
了嗎？

　　討論蔣介石的責任問題，除了事件中的角色，當然要包括事
後處置。例如高雄要塞司令彭孟緝，被大家認為是「高雄屠夫」，
殺了很多人，專斷妄為，可是犧牲者屍骨未寒、彭孟緝就被蔣介
石提拔為台灣全省警備司令。換言之，蔣介石不但沒有追究責
任，反而把屠殺者升官，從台灣人的立場而言，這是很可惡的做
法。儘管有監察委員丘念台等人提醒，處理二二八要考慮台人觀
感，若要記功嘉獎不要在台灣做[14]，可是蔣還是一意孤行。所以
我認為這個論證算是嚴謹且公平的，並沒有說國民黨從內到外、
從上到下都是昏庸的，黨裡面是有反省的聲音，只是蔣介石獨裁
導致無人負責、以致日後整個黨應該承擔罪責。

　　為此，已故台獨聯盟主席黃昭堂在世時曾經稱讚我，說我一

13 陳儀深，〈第三章：南京決策階層的責任〉，《二二八事件責任歸屬研究報
　　告》，頁 114、164。國民黨中執會秘書處的公函以至國民政府文官處的呈核
　　文件，俱見侯坤宏編，《國史館藏二二八檔案史料（上）》（台北：國史館，
　　1997），頁 74-88。
14 丘念台，《嶺海微飆》（台北：海峽學術出版社，2002），頁 277。

生學術工作之中光是解決這件（論證蔣介石應為二二八負最大責任）公案，就「值得」了！我記得2012年在台灣國家聯盟舉辦的舊金山和約60週年紀念巡迴座談會上，黃昭堂坐在我旁邊，還替我抱屈說：「到現在還是副研究員，一定是他們虧待你！」這是客氣話，我不會當真，但在研究生涯中，雖有一些委屈、不愉快，卻偶有這一類溫暖的鼓勵，也令人欣慰。

　　我所謂的不愉快，不能漏掉的事情是，2006年2月27日，我們近史所發表一個聲明，刊登在2月28日的《聯合報》，而我們所內同仁也在3月1日收到email。這個聲明不知是誰草擬的，標題是「近史所對同仁參與二二八事件研究之聲明」，內容竟然把朱浤源參與的「二二八研究增補小組讀書會」，與陳儀深參與完成的《二二八事件責任歸屬研究報告》放在同一個位置，並說「其內容與見解，並未在近史所內部進行完整的學術性探討與辯難，所內同仁無由盡知其底蘊，亦不便評斷其是非與價值」，也就是說近史所尊重每位同仁的研究，但「同仁的個人見解不代表所方或院方的學術立場」。乍看雖然義正詞嚴，但我認為這是當時主事者欠缺考慮的處理方式。

　　他們應該追究的是朱浤源等一群自稱「中央研究院二二八研究增補小組」究竟是什麼？其實院內學者不過就是黃彰健和朱浤源兩人，加上來自外面的一些包括武之璋[15]在內、怪怪的人。那

15　武之璋，藍天行動聯盟召集人，臉書資料顯示：字向愚，七十後以字行。祖籍河南孟縣（今孟州市），七歲（1949年）來台。大學畢業後從商，自修經濟學，關心台灣經濟政策。曾任台北世貿中心常務董事、行政院經濟改革委員會顧問，六十五歲退休。自稱其志向是「拼將餘年追擊台灣亂源民進黨，

個所謂增補小組根本與中研院無關，只是借用中研院的場地舉辦（讀書會之類的）活動而已，竟然對外也掛了中央研究院的招牌。近史所的主事者應該針對這個來澄清就好。至於我們這邊的《二二八事件責任歸屬研究報告》，則是經過財團法人二二八事件紀念基金會董事會的決議，由國史館館長張炎憲召集，一群專業學者不斷地開會分工，除了我，還有陳翠蓮、黃秀政、李筱峰、何義麟（其中陳翠蓮在台大的博士論文、何義麟在東京大學的博士論文都是研究二二八，另外黃秀政和李筱峰兩位教授的歷史學專業性也不用多說），這團隊本來就與中研院近史所無關，何必大張旗鼓發表聲明劃清界線？若按照同樣的邏輯，是不是張炎憲任職的國史館也要發聲明來劃清界線，陳翠蓮任教的政大台史所（她後來轉任台大歷史系）也要發聲明說「陳翠蓮參加《二二八事件責任歸屬研究報告》的撰寫與政大台史所無關」？總之我認為這樣的處理方式不妥，主持所務的人也許只是為了一時方便、一併處理，但傳達給外界的訊息可能是：對我們的二二八研究結論有意見，就以這種（非學術的）程序問題來貶抑我們、意圖造成我們和朱浤源、黃彰健都是「同類」的錯誤印象。

直到民進黨被消滅或民進黨改邪歸正為止」。他認為馬英九對二二八的態度是錯的，是鄉愿、虛假的，只要二二八的歷史不譴責虐殺外省人的暴民、不同情補償那些被冤死的外省人，二二八所有活動都不該由公權力介入，否則就是助長族群分裂。見武之璋，《一甲子迷障：二二八真相解密》（台北：風雲時代出版公司，2007），頁 27。

五、「責任歸屬研究報告」及衍生的官司問題

2006年《二二八事件責任歸屬研究報告》發表後，除了近史所的奇怪聲明以外，還發生與蔣孝嚴之間的訴訟。當時蔣孝嚴控告國史館館長張炎憲、財團法人二二八事件紀念基金會董事長陳錦煌及中研院近代史研究所副研究員陳儀深三人妨礙名譽，檢察官偵查終結後，做出不起訴處分，我們也在2006年5月收到台北地方法院檢察署的不起訴處分書。

值得一提的是，這位蔡立文檢察官處分書寫得十分中肯，並不是說他站在我們這邊就值得稱讚，而是他有認真看懂那本「責任歸屬研究報告」。他在處分書上說，該書的研究方法是審酌包括中國國民黨黨史委員會、台灣省文獻會等機關所出版及未出版的史料檔案，以及受難者的口述訪談等等，綜合全部的文獻，對二二八事件責任歸屬分成幾個方面探究，這種方法與一般社會科學研究者所為大致相符。又說就「責任歸屬」的敘述，不限於特定人士，不是只有蔣介石，而是從中央到地方的軍政首長都有一一檢討，所以並不是針對性的惡性攻擊。

此外，蔣孝嚴指控被告陳儀深在民視「頭家來開講」的節目受訪時說「蔣介石是元凶」，乃妨礙其先人的名譽，不過陳儀深也在節目中當場明確指陳其認為蔣中正是元凶結論的各種依據，包括告訴人蔣孝嚴根據蔣介石於1947年3月13日的手令，「台灣陳長官，請兄負責應嚴禁軍政人員施行報復，否則以抗命論罪」，據而主張蔣介石並非元凶、全是下屬所為；但陳儀深說這

封手令是「孤證」而已，不足以脫罪，因為當時發生的諸多「報
復」是事實，可是沒有一人被論罪，例如陳儀在二二八事件發生
後不但沒被處分，隔年還升任浙江省主席；而軍隊登陸之後，各
地方政府的「報復行動」有公文可稽，如3月13日正在台灣調查
的監委楊亮功致電于右任說：「地方政府濫肆拘捕，人心惶惶。
擬請轉陳中央嚴令地方政府不得採取報復行動，並須注意下列兩
點：（一）非直接參加事件者不得拘捕；（二）處理人犯須依法
律程序。」可以推知當時有濫肆拘捕以及報復的情況，蔣介石則
是在于右任「面陳」之後、同日才發出「嚴禁報復」的電令。[16]

　　這些細節檢察官都有注意到，所以他在結論指出，渠等所
為之推論，是基於相當的論據而來，應該認為是「善意發表的言
論」，與刑法的誹謗罪構成要件有間，而難遽以該罪相繩。此外，
他還說，研究這些重大的歷史課題，不應以預設立場進行，否則
難免對研究者產生寒蟬效應，而難期理性溝通平台之建立，更難
期真理之浮現，而違背憲法對言論自由及學術自由保障之真意。

　　不過，蔣孝嚴不服處分，後來又以書狀敘述理由向台灣高等
法院檢察署檢察長聲請再議，我們也再出一次庭，但結果還是做
出不起訴處分。

　　除了與蔣孝嚴的訴訟外，2010年馬英九執政時期，二二八
關懷總會理事長張炎憲和我以及顧立雄等三位律師做為訴訟代理
人，代表108位二二八受難者家屬，向中國國民黨提起訴訟，要

16　引自楊亮功，〈「二二八」事變奉命查辦之經過〉，收入蔣永敬等合著，《楊
　　亮功先生年譜》（台北：聯經出版公司，1988），頁366。

TFOP

‖‖‖‖‖‖‖‖‖‖‖‖‖‖‖‖‖‖‖
1 3 9 5 1 1 2 7 8 2 玉股

臺灣臺北地方法院檢察署檢察官不起訴處分書

95年度偵字第8097號

告　訴　人	蔣孝嚴	住臺北市大安區新生南路2段10號13樓
被　　　告	張炎憲	國史館館長
		住臺北縣新店市北宜路二段406號
	陳錦煌	財團法人228事件紀念基金會董事長
		住臺北市中正區北平西路3號3樓3021室
	陳儀深	中央研究院近代史副研究員
		住臺北市南港區研究院路二段128號

上列被告因妨害名譽案件，業經偵查終結，認為應該不起訴處分，茲敘述理由如下：

一、告訴意旨略以：被告陳儀深係中央研究院近代史副研究員，被告張炎憲係國史館館長，被告陳錦煌係財團法人二二八事件紀念基金會董事長，三人均明知二二八事件與告訴人之祖父即前總統蔣中正先生無涉，竟於95年2月20日發表「二二八事件責任歸屬報告」一書時，將蔣中正先生為上開事件之「元兇」等不實事項記載於上開書籍內，並透過參與民視「頭家開講」等電視節目之方式散布此一足以誹謗蔣中正先生名譽之不實言論，足生損害於蔣中正先生，因認被告三人均涉有刑法第310條第2項之加重誹謗罪嫌云云。

二、按犯罪事實應依證據認定之，無證據不得認定犯罪事實，刑事訴訟法第154條第2項定有明文。又以善意發表言論，而有左列情形之一者，不罰：三、對於可受公評之事，而為適當之評論者，此為刑法第311條第3款所明定。又言論自由為人民之基本權利，憲法第11條有明文保障，國家應給予最大限度之維護。是行為人雖不能證明言論內容為真實，但依其所提證據資料，認為行為人有相當理由確信其為真實者，即不

1

圖1-4　蔣孝嚴告我們的不起訴處分書。1/3

能以誹謗罪之刑責相繩（司法院大法官會議解釋釋字第509號解釋理由書參照）

三、本件被告陳儀深、張炎憲、陳錦煌三人，確就「二二八事件責任歸屬研究報告」一書之操作，分別因係財團法人二二八事件紀念基金會之董事長、董事等職務，而分別就該書之出版負有執筆及發行之責，甚且被告陳儀深就該書之出版亦曾接受民視新聞台「頭家開講」等節目之訪問時，表明「那蔣介石（即蔣中正）應該是元兇啦」等言論，凡此均有二二八事件責任歸屬研究報告一書、民視「頭家開講」之節目錄影帶、勘驗筆錄等在卷可佐，可資認定告訴人所指述被告三人發表上開言論於上開書籍、節目一節為真實，然本件之爭執點即在於「被告三人所為上開言論是否係有相當理由而確信渠等此一主張為真實」。經查：（一）、核閱上開研究報告一書之內容，可見就其研究方法係採取審酌包括中國國民黨黨史委員會、臺灣省文獻委員會等機關所出版及未出版之史料檔案、對受難者家屬之口述訪查、核閱官方二二八報告等研究方法之綜合審視，且就參閱之文獻，亦均予臚列，而綜合全部文獻對於造成二二八事件之責任歸屬依據「南京決策階層」、「臺灣軍政層面」、「相關人員」予以探究，其所為研究方法核與本件一般社會科學研究者所為大致相符，且文內就責任歸屬一事之陳述本不限於特定人士，自難認係針對性之惡意攻訐。次查，被告陳儀深就告訴人所為之質疑，於前述「頭家開講」節目中，亦能當場明確指陳其據以為「蔣中正先生為元兇」結論推論之依據，甚且就告訴人指陳之手令一事，清楚陳明其所為推論原因之一，即係基於蔣中正先生對於其手令違反人陳儀先生，竟於二二八事件發生後一再調任國民政府顧問、浙江省主席，進而為一方大員等情之情事，而推論此一手令本身僅係孤證，故未採納，而且以事件過後參與人之職務升遷作為支持其結論之推論，況被告三人在上開研究報告第三章第三節中，亦能清楚臚列渠等據以

2

圖1-4　蔣孝嚴告我們的不起訴處分書。2/3

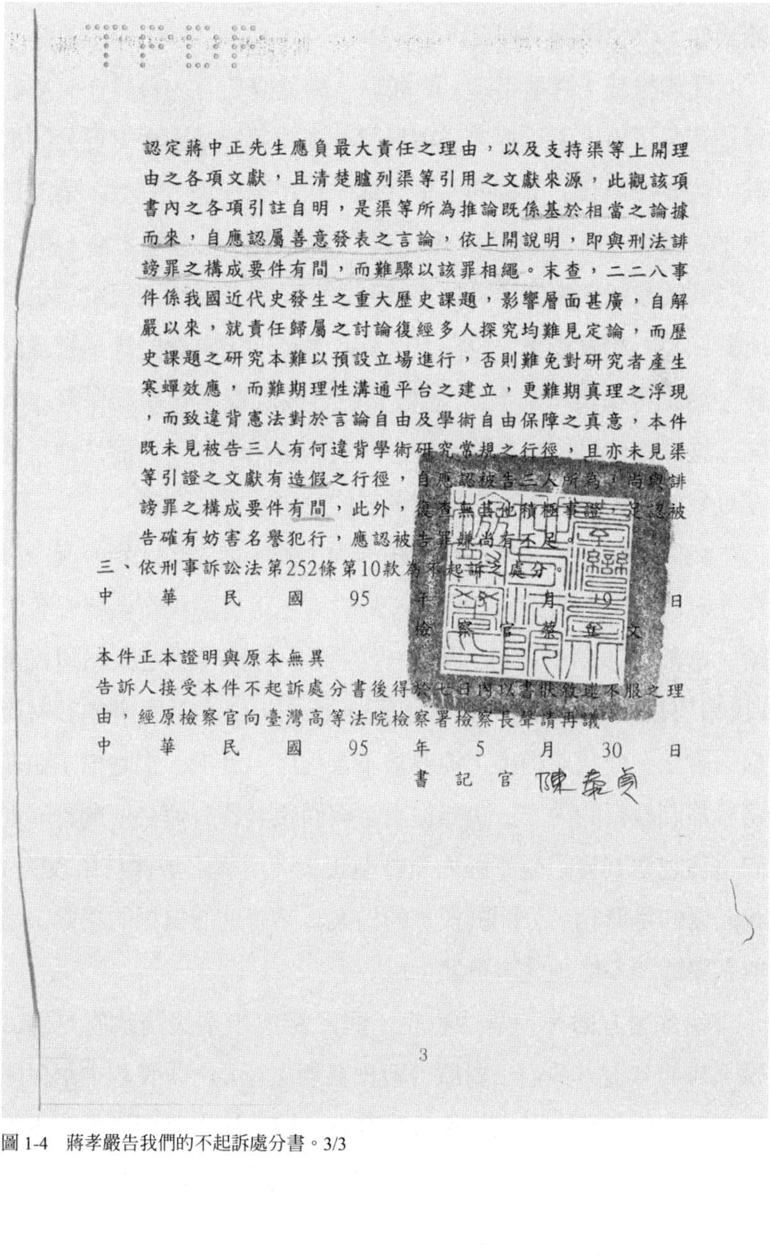

認定蔣中正先生應負最大責任之理由，以及支持渠等上開理
由之各項文獻，且清楚臚列渠等引用之文獻來源，此觀該項
書內之各項引註自明，是渠等所為推論既係基於相當之論據
而來，自應認屬善意發表之言論，依上開說明，即與刑法誹
謗罪之構成要件有間，而難驟以該罪相繩。末查，二二八事
件係我國近代史發生之重大歷史課題，影響層面甚廣，自解
嚴以來，就責任歸屬之討論復經多人探究均難見定論，而歷
史課題之研究本難以預設立場進行，否則難免對研究者產生
寒蟬效應，而難期理性溝通平台之建立，更難期真理之浮現
，而致違背憲法對於言論自由及學術自由保障之真意，本件
既未見被告三人有何違背學術研究常規之行徑，且亦未見渠
等引證之文獻有造假之行徑，自應認被告三人所為，尚與誹
謗罪之構成要件有間，此外，復查無其他積極事證足認被
告確有妨害名譽犯行，應認被告罪嫌尚有不足。

三、依刑事訴訟法第252條第10款為不起訴之處分。

中　華　民　國　95　　　　月　19　　日

本件正本證明與原本無異

告訴人接受本件不起訴處分書後得於十日內以書狀敘述不服之理
由，經原檢察官向臺灣高等法院檢察署檢察長聲請再議。

中　華　民　國　95　年　5　月　30　日

書記官　陳嘉惠

3

圖1-4　蔣孝嚴告我們的不起訴處分書。3/3

　　求回復名譽。當時國民黨的法定代理人是馬英九，訴訟代理人是賴素如、洪文浚兩位律師。

　　我們根據「轉型正義」的觀點，認為需要有人負責任，不能只是花錢了事，所以提出三項具體要求：第一是國民黨要公開道歉，並要按照我們草擬的啟事文本，在主要媒體上刊登；第二是捐贈新台幣二十億元給財團法人二二八事件紀念基金會，供作二二八國家紀念館的籌設以及營運經費；第三是將國民黨黨史館所藏二二八相關檔案「原件」以及戒嚴時期中常會紀錄、總裁批簽、海工會檔案「副本」，悉數交由行政院檔案管理局保存並公開，且做為他日二二八國家紀念館展示之用，這一方面是為了揭露更多真相，另方面也有追究責任的意思。

　　我們認為國民黨是在台灣統治的主體，從二二八到今天一直存在，固然「自然人」死的死、跑的跑，可是國民黨始終沒有間斷，當然必須負責。結果判決書的很多內容居然是採納國民黨「民事答辯狀」的理由，答辯狀說，首先，二十億元應屬於財產權的訴訟，而我們提出這種要求不合程序。其次，捐贈檔案並非適於強制執行的內容，也無從認定與回復名譽有何必要關聯。他們這種說法其實只是不願面對轉型正義，所為之法律技術攻防；我們要的是真相，公開國民黨的檔案當然有助於真相的揭露，這與名譽問題不能說完全無關。

　　就實體方面，答辯狀也說，國民黨與中華民國政府是兩回事，1947年是「政府」對原告毀損名譽之行為，「設若中華民國政府果有原告等主張之侵權行為存在（按：被告否認原告等主張之侵權行為為真實），則至多僅為中華民國統治權行使是否有侵

害原告等人權利而已，不得據此即認係被告有實施……」換句話說，就是把政黨與政府分開。此外，又說蔣介石等人雖有國民黨黨籍，但並不是受僱於國民黨，因此被告的黨員即使有不法侵害原告，原告也不得依民法主張「僱用人的連帶賠償責任」云云，然後還提出所謂的時效問題，說損害賠償請求權兩年間不行使就消滅，所以現在我們的主張已經無效云云。

　　答辯書在最後居然還「義正辭嚴」地說，二二八的真相都還沒有完全明瞭，如何追究責任？還反問我們到底要懲罰的正義觀還是寬容的正義觀？馬英九就是代表寬容的正義觀云云。此外，也大膽地說，當我們在追問誰該負責的時候，往往有意無意地忽略誰有資格追究責任的問題。要之，對於國家暴力，人民當然都有資格追究！並非只有受害者才能追究，何況我們現在不就是正式代表108位受難者（本人或家屬）來追究？

　　這起官司我們最後是以失敗收場，最高法院民事判決敗訴。這件事當然茲事體大，求償二十億元也不是小數目，但對國民黨黨產而言，無論是黨中央對外宣稱的兩百多億，或是電視名嘴胡忠信爆料的一千多億[17]，其實拿二十億出來也不是難事。但是在這個時候，司法單位還無法擔當實踐轉型正義的角色。

17　〈黨產1350億？林德瑞否認胡忠信：有種來告〉，《自由時報》，2015.4.14。

六、個人與朱浤源的官司

　　2008年我在《中央研究院近代史研究所集刊》發表〈為何考證？如何解讀？──評論黃彰健著《二二八事件真相考證稿》〉，這篇文章是針對黃彰健那本五百多頁的「巨著」[18]，去做分析評論。該書長達584頁，分成四卷，其中有很多篇幅是由他口述、他人紀錄整理，所以不是很嚴謹的學術著作。

　　其中第一卷有兩百多頁替彭孟緝翻案，這是重頭戲，他認為彭孟緝出兵是有道理的，因為「暴徒先開槍、國軍乃反擊」，然後再用他「辨偽」的史學方法，說彭孟緝假造電報文件等等。這部分許雪姬教授也有寫過評論的文章，我們兩人所見略同，就是對於1953年彭孟緝撰寫〈台灣省二二八事件回憶錄〉時所引用的電報，被黃彰健認為是假造的，不能苟同。因為黃的根據是對照中研院近史所出版的《二二八事件資料選輯》，發現裡面沒有收錄這些，所以是假造的。這個邏輯真奇怪，《二二八事件資料選輯》是九○年代初期收集的二二八史料，即使漏掉也不意外，怎能說沒被收錄進去的就是不存在？何況造假也要有動機，黃卻說不出來。

　　黃彰健流彈四射，他在書中也談到對王添灯與蔣渭川的褒貶。我們一般都認為王添灯在處理委員會擔任宣傳組長，盡心盡力，他不但事業有成，又有文化素養，毛筆字寫得很好，民間聲望也不錯；而蔣渭川則立場前後不一致，他一直憑藉他與陳儀的

18 黃彰健，《二二八事件真相考證稿》（台北：聯經出版公司，2007）。

私人關係來對抗處理委員會，而蔣渭川宣稱中央不會派兵等等，後來都被證明不是事實。不過黃彰健爲什麼要去特別褒揚蔣渭川，並貶抑一般很肯定的王添灯？從脈絡可知因他認爲王添灯是台獨[19]；黃彰健的方法主要是「辨僞」，指控王添灯假造新聞，並把不同報紙報導「卅二條處理大綱」的出入視爲宣傳組長王添灯有意欺騙的結果，我認爲當時兵荒馬亂各家報紙報導有出入是難免，王添灯不過是民間處委會的宣傳組長，又不是戒嚴時期國民黨的文工會主任或是新聞局長！所以我說黃彰健「爲辨僞而辨僞」，不僅在學術上徒增混淆，而且對台灣社會的公義與和解恐有負面作用。

　　沒想到，朱浤源竟然在黃彰健追思紀念文集中，加了一大段前言，對我進行人格抹黑，說我「雜務多、搞政治，曾被近史所所務會議過半數議決不續聘，但陳君長袖善舞，利用各種政治干涉，逼迫中研院改變決議，硬生生把他留下來」，又說「陳君歷史學訓練不足，本身操守立場又因時而變」[20]等等。這種沒有根

19　筆者曾經如此評論：黃彰健對於陳儀在政治上不能夠及時退讓有一點批評，但對於台省軍政首長（特別是彭孟緝）的「斷然處理」則百般辯護、竭力支持；因為黃彰健的核心關懷是反台獨，以致他把涂光明、王添灯主張的「自治」都認定為台獨，把處理委員會要求武裝部隊「暫時解除武裝，……以免繼續發生流血衝突事件」的條文視為台獨主張的證據，而無視於其他更多承認中央政府、要求中央主持公道、要求民主改革的條文。見陳儀深，〈為何考證？如何解讀？——評論黃彰健著《二二八事件真相考證稿》〉，《中央研究院近代史研究所集刊》，第 61 期，2008.9，頁 155-176。

20　黃彰健口述，武之璋、朱浤源、朱麗蓉整理，〈為何考證？如何解讀？從校讎之學敬答陳儀深君〉，收入朱浤源主編，《二二八研究的校勘學視角——黃彰健院士追思論文集》（台北：文史哲出版社，2010），頁 4-5。

據、謀殺人格的言語怎麼可以從一位院士或研究員口中說出？難
道學術頭銜較高的人就可以這樣欺負後輩或職級比他低的人？

　　因此，我不得不去法院控告他。首先，當然要去追究當初我
被「不續聘」，為何在一年後續聘的經過，這根本不是他所說的
利用政治干涉去「逼迫」院方，而是當時所內同仁有絕大多數的
聯名，向院方陳情，包括原本沒投贊成票的人，後來都紛紛表示
不適當（例如一位所內前輩說：本來要打屁股就好，結果打到頭
破血流）。因為我從1988年8月進來近史所任職以後，四年之中
有三年得到國科會的獎助，論文的質量在同時被續聘審查的多位
同仁之中，或許不是前茅但也絕不會是最後一名，可是別人都通
過了只有我不獲通過。本文前述1991年下半年我去美東參加示
威的事，以及開始寫二二八的論文發表，都可能是「禍因」[21]。加
上開始適用的投票制度有些問題，例如棄權票都被算入否決票，
並不合理。難怪事後所內同仁踴躍連署，為了「救我」而向院方
陳情。

　　黃彰健所謂的「政治干涉」不難反駁，1992～1993年當時的
民進黨力量有這麼大嗎？況且中研院是可以被任何政治力量逼
迫，改變續聘與否的機構？這以常識來說也是匪夷所思。此外，
朱浤源也說我那篇批評黃彰健的論文（見本書附錄一），是利用
擔任近史所《集刊》編委會委員的特權，文章才會通過。為此，
在法庭上我也必須請出證人，並請近史所方面提供當時的會議紀

21　（事後知道）院方接受申訴以後，把我的著作送國內外專家學者審查，據悉
　　有關二二八研究的這篇審查意見最分歧，好在有張忠棟教授站在肯定的一方
　　予以支持。

院長、副院長暨本院聘審會諸位委員道鑒：

　　自去年十二月二十四日，本所所務會議依據新修正之「中央研究院研究所組織規程」，對本所同仁陳儀深先生之續聘案，以八票贊成，五票反對和六票棄權，作成不利之決議後，已於今年元月中旬報院，同時陳君亦依規程規定以答辯書向院方申請，惟至今已近四閱月，尚無結果，令人焦急！因陳君之聘約將於今年七月到期，若不幸至五月中旬才收到院方終止聘約之通知，則陳君必將失業，因此各大學之新聘人事案業已確定，即使再給陳君半年聘期，亦無補於事。故吾等希望院方儘速處理本案。

　　去年八月修正發布之本院「組織規程」，由於未經廣泛徵詢院內同仁，又無施行細則可供遵循，致使各所在處理續聘案時，寬嚴不一，例如史語所、化學所並未採取投票形式；本所採取簡單多數，且把棄權票視同反對票，事前事後候選人亦無答辯的機會；而社科所則將終止聘約之否決票提高到四分之三的絕對多數，顯示社科所同仁瞭解續聘案對當事人生涯之影響，遠大於新聘案和升等案。吾等亦有同樣的看法，所以在此呼籲院長、副院長和諸位聘審委員重視陳君之權益。

　　陳君是一位有理想和批判精神的知識分子，且思辨能力很強，文字和語言之表達能力均佳，在本所平日的學術討論會上，均有優異的表現，無疑是一位具有潛力的學術工作者。尤其難得者，陳君在知道不利之投票結果後，仍然保持冷靜態度，一若既往，積極參加所內外之學術活動，不卑不亢，亦不怨懟，更令人感動。

　　陳君到院之四年中，有三年得到國科會之「研究成果獎助」。在這次續聘案中，院外三位審查學者有一位主張「特別推薦」，一位主張「推薦」，僅一位寫「無意見」。而本所出席該次所務會議之同仁，在上述粗疏的制度下，僅經數分鐘之發言，即進行前未曾有之續聘案投票，而作出不利於陳君之表決，實令人詫異，亦至為遺憾！同仁等因不願失去這位真誠而具有潛力的學術工作伙伴，特以個人聯署方式，在本院聘審會召開之前，向院方及諸位聘審委員表達對此案之嚴重關切，並希望能有所挽救。謹此　敬祝

公祺

（近代史研究所同仁）

謹上　一九九三年五月四日

圖1-5　近史所同仁「營救」陳儀深的陳情書。

錄。結果紀錄顯示，當時輪到討論我那篇文章的時候，編委會缺席的人就是我，因為要利益迴避。我們的慣例是如果有討論到自己的文章，就不會出席。法庭上有請當時的執行編輯謝國興教授出庭，說明整個編輯的流程。

這種沒有真實憑據就指控別人刊登的文章是利用特權使然，不但是對我的侮辱，也是對近史所的侮辱；又說中研院院方會做成一年之後再議的決議，也是政治壓力下所為，這也很容易證明不是事實。沒想到那位「恐龍法官」不但沒有認真採納如陳三井、許雪姬、謝國興、黃克武等相關證人的陳述，對於朱浤源所描述並非事實的那些污衊人格的話，他也沒有處理。根據我們口述歷史的行規，出版之後仍需保留錄音檔、受訪者刪改過的手稿以及受訪者同意刊登的授權書，這些東西朱浤源通通拿不出來，這位法官竟然只從程序上認為黃彰健已經死了，無法查證追究他的本意，而做出控告不成立的處分。

後來要不要上訴就成了一個問題，當然「和解」也是可以，因為我的目的就是要朱浤源不要再去傳播不實的言論，並刊登一個澄清啟事；本來我要求在各大報刊登，但既然我告不贏你，可不可以在我們研究院內的周報刊登，這樣我就不再上訴。後來在內湖的簡易庭談和解，談一談就變成這樣的結果。這等於是在大街上侮辱人，卻在小巷裡道歉來收場。這件事，可以說是我大半生辛苦研究二二八，卻也變成了二二八的另類「受難者」！

七、《濁水溪畔二二八》

前面說過，在扁政府時代我曾擔任過財團法人二二八事件紀念基金會的董事，其中最重要的事就是參與撰寫並出版《二二八事件責任歸屬研究報告》。可是我個人的部分，還在那段期間承接了另一個計畫，即回去故鄉雲林縣做二二八的口述歷史，隨後也出版了《濁水溪畔二二八：口述歷史訪談錄》。[22]

之所以做這個口述史，是因為我發現前輩學者雖然做了不少，但關於雲林的部分做得不多，主要的成果是收錄在《嘉雲平

圖1-6　2009年出版的口述史《濁水溪畔二二八》。

22　陳儀深計畫主持，《濁水溪畔二二八：口述歷史訪談錄》（台北：財團法人二二八事件紀念基金會，2009）。

野二二八》[23]，我希望以雲林縣爲主體，探究從虎尾出來的中國兵到我們林內鄉是如何被繳械，後來整編第廿一師又是如何進來林內？此外關於抵抗部分，就是古坑樟湖陳篡地的部隊，在二二八歷史中應是有待究明且是很重要的一頁。台灣二二八眞正的最後一戰，並不是埔里的烏牛欄戰役，二七部隊從台中撤退到埔里，當然也是一件大事，可是那是三月中旬的事情。二七部隊領導人謝雪紅是台共，有共產黨敏銳的警覺性，接到通知就跑走了，她的逃亡從埔里到竹山，再從林內車站回到她的彰化故鄉，到五月時才從左營軍港搭軍艦逃往中國。至於雲林縣古坑山上的樟湖戰

圖 1-7　2012 年 2 月 25 日台灣教授協會舉辦的二二八紀念座談會。

23　張炎憲等採訪記錄，《嘉雲平野二二八》（台北：財團法人吳三連台灣史料基金會，1995）。

役，則是到四月初才結束，這在警總的檔案中都有紀錄。

　　我有訪問到游賜壹老先生，他是和陳纂地在一起的戰士，但訪完出版不久他就去世了，好在有來得及。前幾年我在立法院旁邊的群眾場合碰到前衛出版社賣書的攤位，老闆看到我就說：「陳老師，你那本《濁水溪畔二二八》快賣完了，趕快想辦法看看能不能再版！」

八、籌辦「共生音樂節」

　　2008年當民進黨失去政權後，有幾位在紀念基金會做事的人，邀集一些比較常聯絡的家屬，共同組織了「二二八關懷總會」。張炎憲在我之前已當了兩屆理事長，他是開始用「非家屬身分」任職的第一人，因為他們認為家屬都年老了，而且新一代的也不見得能承擔，所以就請相關研究的學者來做領導。張炎憲之後換我接任，然後又交給政大台史所的薛化元教授。

　　在我任內，最重要的事就是籌辦「共生音樂節」。我一接任就認為紀念二二八是關懷總會最重要的任務，不要都是老套，參與者也不要都是過去的老面孔，應該要設法讓年輕人參與，所以我就透過台教會的關係找到藍士博。藍士博本來也有在想要以年輕人的方法紀念二二八，只是他所希望的團隊運作及所需的經費，台教會比較沒辦法支持，所以就擱置下來。我去找他之後，可說是「死灰復燃」、一拍即合，後來就產生一個「共生音樂節」的團隊。

　　由於預算比較龐大，需要大概六七十萬，台教會很難為了

圖 1-8　2014 年二二八共生音樂節海報。

一個專案花那麼多錢，但二二八關懷總會性質上就是為了紀念二二八或說以推廣二二八教育為單一目的的機構，不像台教會是屬於比較綜合性的社團，因此我就以這個名義來募款。雖然沒有公開的募款餐會，但我去找認識的企業家、朋友，也找了主要的社團包括台灣國家聯盟、台教會、北社，這些也剛好都是我參加的社團。

第一屆（2013）還好，第二屆（2014）有點勉強，第三屆（2015）就幾乎要撐不下去了。因為第二屆結束後，有一些團體就不太滿意，像是抱怨年輕人沒禮貌，或是說「共生」的概念不好——國民黨萬惡，為何要與它共生？我覺得這種理由頗與年輕人的想法脫節，年輕人比較能展現新時代的自信和超越；反對者還說，已經去世的張炎憲也（曾說）不贊成共生音樂節，其實籌辦第一屆的時候，張炎憲已經卸任理事長，既然是在我任內，當然由我負責，不需要張炎憲批准；何況所謂張炎憲不同意，或許他私下對概念、做法有些保留，我也沒聽過他公開反對。

2013年、2014年和2015年這三次的二二八紀念活動，在自由廣場上，不論是參與社運擺攤的或是參與晚會的，有上千的青年學生參與，如果我是國民黨主事者，看了這種青年熱情，應感懼怕。有關二二八在新一代年輕人中竟有那麼熱烈的迴響，可以說是台灣社會的新生事物。2014年發生轟轟烈烈的三一八太陽花學運，我在濟南路、青島東路現場都會看到「共生」青年的熟面孔，可見一斑。

圖 1-9　2014 年共生音樂節現場之一。

圖 1-10　2014 年共生音樂節現場之一。

九、結語

　　我從1991年在史丹佛大學短期進修的幾個月，使用其「東亞圖書館」寫了第一篇二二八研究的論文，然後回國參加解嚴後第一場二二八學術研討會以後，到現在可說與二二八的研究與紀念結了不解之緣。撰寫第一篇論文的時候政府檔案還沒公開，也幾乎沒有口述史料可用，只能儘量利用報章雜誌，以及鄧孔昭編輯（廈門大學台研所於1981年出版，授權台灣的稻鄉出版社於1991年出版）的《二二八事件資料集》；例如在談到Ramon H. Myers他們剛出版的 *A Tragic Beginning: The Taiwan Uprising of February 28, 1947* 一書所謂二二八的殺戮大部分是違背蔣介石和陳儀的意旨，也就是屬下違令的結果，我反駁的論點包括：若是屬下違令，為何事後未曾聽說有任何軍政警憲首長受到處分？相反地，只看到憲兵第四團團長張慕陶──陳儀以其「鎮壓叛亂異常出力，著記大功二次，並傳令嘉獎。」（此處資料來源就是鄧孔昭的《資料集》）以及「彭孟緝中將調升台灣警備司令」的消息（此處資料來源是1947年5月5日《台灣新生報》第四版），若在今日寫到這個段落，就可以直接引用中研院近史所出版的官方檔案《二二八事件資料選集》；其次，我當時已經注意到1947年3月13日蔣介石電令陳儀：「請兄負責嚴禁軍政人員施行報復，否則以抗命論罪。」（來源是古屋奎二編著《蔣總統秘錄》全譯本第14冊第105頁；若在今日，則可以直接引用中研院近史所出版的《二二八事件資料選集（二）》第163頁）這份資料的爭議性，認為「在其他諸多電報沒有公布以前，光憑這一紙命令是無法為

蔣介石卸責的」，而且根據香港《華商報》（1947年3月25日）、
上海《新聞天地》月刊第23期（1947年5月1日）的報導可知，
當3月22日國民黨三中全會表決通過對陳儀撤職查辦以後，蔣
介石還在3月24日公開為陳儀辯護的情形（本書第三章討論此事
時已經直接引用國民黨中執會秘書處的公函），換句話說，筆者
在1991年根據二手資料已經認定蔣介石應為二二八事件負最大
責任，2006年正式出版的《二二八事件責任歸屬研究報告》（第
三章）只不過使用官方檔案為主罷了。本來，筆者曾經猶豫：本
書收入1991年的舊文是否應該根據檔案予以改寫？但是誠如上
述討論，二手資料一樣可以逼近真相，這使我想起政大研究生時
代，親聆李定一教授談到的史學方法：「對一個歷史事件平心閱
讀一百本書，你就是該事件的專家……」並不在乎資料之一手二
手，於是，收入這篇討論「原因」的文章就保留舊觀了。

　　此後，2000年政黨輪替之後，陳水扁政府的研考會曾邀集
專家學者到各機關去訪查政治檔案，隨後國史館（張炎憲館長任
內）出版了大量的二二八檔案；2016年民進黨再度執政，國發會
（原來的研考會）邀集更多專家學者去各機關訪查二二八及白色
恐怖檔案，筆者有幸在陳、蔡兩位總統任內皆參與其事，深深感
覺第二度執政或許由於國會同時是多數黨的緣故，軍方、法院的
配合度大大提高，可以說絕大部分的政治檔案都揭露、移轉了。
我們一方面期待更多青壯研究者能投入這個領域，運用新資料做
更扎實的研究，一方面對於自己過去所做的研究也不敢妄自菲
薄，因為就有限的資料拼湊有限的真相，本來就是一般社會科學
的性質——只能追求、掌握事實（facts，複數）——並不是上帝

才可能知道的眞實（reality，單數）。這也是本書書名爲何叫「拼圖二二八」的緣故。

　　最後要說明的是，筆者有興趣的研究領域還包括戒嚴時期主要的「台獨政治案件」，以及有關舊金山和約、八二三炮戰、聯合國代表權、釣魚台爭議等「台灣對外關係史」的論文，這些題目的寫作過程都比較順暢愉快，不像二二八研究這樣「惹禍」，這樣涉入時代的爭議，甚至到法院去當被告或原告，或是新書發表會的時候被藍天聯盟鬧場。然而，個人這些經驗，對於亂世中的台灣學者、知識分子而言，既非光榮也非恥辱，只覺得應該把它記錄下來，以便做爲時代的見證。

圖 1-11　2017 年 2 月筆者新書發表會邀請的來賓。

圖 1-12　2017 年 2 月新書發表會被鬧場而中途散會。

附表　陳儀深歷年發表二二八 相關著作一覽表 （2019 年 1 月製）

時間	題目	字數	備註
1991 年 9 月 24～25 日	〈事實判斷與道德判斷的糾結 ── 評《悲劇性的開始：一九四七年的台灣二二八暴動》（*A Tragic Beginning: The Taiwan Uprising of February 28, 1947*）〉	4,382 字	《自由時報》副刊
1992 年 2 月	〈論台灣二二八事件的原因〉	32,561 字	發表於 1991 年二二八民間研究小組、台美文化交流基金會等合辦之研討會，收入《二二八學術研討會論文集》，頁 27-75，台北：二二八民間研究小組、台美文化交流基金會等。
1998 年 2 月	〈再探二二八事件處理委員會 ── 關於其政治立場與角色功能的評估〉	14,834 字	發表於 1997 年吳三連台灣史料基金會、台北市政府、台灣歷史學會聯合主辦「二二八事件五十週年國際學術研討會」，收入張炎憲等編，《二二八事件研究論文集》，頁 153-168，台北：財團法人吳三連台灣史料基金會。
2003 年 12 月	〈豈止是「維持治安」而已 ── 論蔣介石與台省軍政首長對二二八事件的處置〉	15,897 字	李旺台編，《二二八事件新史料學術論文集》，頁 144-161，台北：財團法人二二八事件紀念基金會。

2006年2月	〈第三章：南京決策階層的責任〉	36,516字	張炎憲總編輯，《二二八事件責任歸屬研究報告》，頁95-169，台北：財團法人二二八事件紀念基金會。
2007年12月	〈族群衝突、官逼民反與報復屠殺——論二二八事件的性質定位〉	24,237字	發表於2007年2月財團法人二二八事件紀念基金會舉辦的「二二八事件60週年國際學術研討會」，收入楊振隆總編輯，《二二八事件60週年國際學術研討會：人權與轉型正義學術論文集》，頁313-342，台北：財團法人二二八事件紀念基金會。
2008年9月	〈為何考證？如何解讀？——評論黃彰健著《二二八事件真相考證稿》〉	16,666字	《中央研究院近代史研究所集刊》，第61期，頁155-176。
2009年2月	〈秋後算帳——二二八事件中的「綏靖」與「清鄉」〉	20,312字	發表於2008年2月財團法人二二八事件紀念基金會主辦，「二二八事件與人權正義——大國霸權or小國人權」國際學術研討會，收入楊振隆總編輯，《大國霸權or小國人權：二二八事件61週年國際學術研討會論文集》，頁841-875，台北：財團法人二二八事件紀念基金會。
2009年3月	《濁水溪畔二二八——口述歷史訪談錄》（主訪）	332頁	財團法人二二八事件紀念基金會委託口述歷史採集。台北：草根出版。

2013年11月	〈雲嘉二二八再探：口述史與檔案的對照研究〉	10,962字	發表於中研院台史所主辦「新史料與二二八研究」學術研討會，台北：中央研究院台灣史研究所，2013年11月29～30日。
2017年2月	《天猶未光：二二八事件的眞相、紀念與究責》	218頁	政論集。台北：前衛出版。
2017年2月	〈「紀念二二八」與台灣民族主義：以日本、美國的台獨運動爲中心〉	14,926字	發表於財團法人二二八事件紀念基金會與中研院台史所合辦「紀念二二八事件七十週年」學術研討會，收入許雪姬主編，《七十年後的回顧：紀念二二八事件七十週年學術論文集》，頁483-509，台北：中央研究院台灣史研究所、財團法人二二八事件紀念基金會，2017年12月。

第二章

論台灣二二八事件
的原因

一、前言

　　對於人類社會的一次重大衝突，究明其原因、經過、結果，探討事件關係人所扮演的角色、功過，本是歷史研究者的興趣或責任，然而對於 1947 年發生在台灣的「二二八事件」，由於牽涉敏感的政治問題，一直是禁忌、隱痛的代名詞，幾乎沒有公開的學術研究著作。解嚴前後由於社會運動的衝擊[1]，台灣社會逐漸能公開地對二二八事件進行討論，可是僅就事件的「原因」部分，政府官員自身即出現不一樣的說法，例如 1988 年擔任行政院長的俞國華說，二二八事件是「中共利用偶發事件來擴大事端」；1989 年擔任國防部長的鄭為元，認為謝雪紅等三十個共黨分子，是本事件「幕後策劃、操縱之主謀」；而 1989 年擔任內政部長的許水德則說，「二二八事件」若全歸咎台共，顯然是高估台共，主要原因應該是當時文化差距所致。[2]筆者認為，有關事件原因的說法之所以莫衷一是，部分由於資料、研究之不足所致，部分則由於原因的陳述關係到事件的定位、責任的追究，而有它的敏感性。本文嘗試歸納分析各種有關二二八事件之原因的不同說法，分辨其輕重主從，並且緊扣事件的經過、結果來討論，以免流於空泛。

1　最明顯的是，1987 年由陳永興醫師所發起的「二二八和平日促進會」，所推動的種種活動。詳見二二八和平日促進會編，《走出二二八的陰影》（台北：二二八和平日促進會，1987）。

2　其他還有李登輝、李煥、邱創煥、蕭天讚也都公開表示過意見，詳見楊家宜編製，〈「二二八」的官方說法〉，《中國論壇》月刊號第 4 期（31 卷第 5 期，1991.2.1），頁 45-56。

二、二二八事件的三階段

　　只要能有效利用敘事形式，並且能確實影響「社會行動」的關鍵因素，那麼分期研究（Periodization）便能提供說明的力量，所以美國學者馬若孟（Ramon H. Myers）研究二二八事件時，曾把它分成五個階段：（一）1945年10月迄1946年5月，台灣人民的不滿業已浮現；（二）1946年5月迄1947年2月27日，緊張情勢持續升高；（三）2月28日迄3月10日，全島各大城市爆發暴力事件，大陸派來的軍隊開始鎮壓行動；（四）3月11日迄5月15日，屬於鎮壓階段及恐怖統治；（五）5月15日迄1949年底，憤懣或被平息或被外省人政權所解決。[3]上述第一、二階段顯然是事件的背景而不是事件本身，第三階段的劃分也看不出「處理委員會」的角色，所以本文不採取此種分期方式。其次，有人採狹義角度，把二二八事件等同二二八暴動，而期間自2月27日起至3月10日止[4]，這種界定方式亦有明顯的缺點，首先，3月10日以後「暴亂」並沒有完全停止，至少台中的「二七部隊」在3月12日才撤往埔里，繼續戰鬥[5]；況且，對台灣人民而言，所謂二二八事件當然包括後期的鎮壓屠殺，甚至後期的鎮壓屠殺才是重點所

3　Ramon H. Myers 著，夏榮和、陳俐甫合譯，〈二二八事件──怨懟、社會緊張與社會暴力〉，收入陳俐甫編著，《禁忌、原罪、悲劇──新生代看二二八事件》（台北：稻鄉出版社，1990），頁139-151。

4　劉勝驥，〈共黨分子在二二八事件前後的活動〉，收入馬起華編，《二二八研究》（台北：中華民國公共秩序研究會，1987），頁85。

5　古瑞雲（周明），《台中的風雷──跟謝雪紅在一起的日子裡》（台北：人間出版社，1990），頁63。

在。本文之所以採用「二二八事件」這個名詞，除了因為民間已
經約定俗成之外，也是鑒於「革命」、「起義」、「叛亂」的價值
色彩太濃，而「暴亂」、「民變」的意義太狹之故。[6]

　　所謂二二八事件，筆者認為應該包括三個階段，首先是
1947年2月27日晚上，台北市發生的緝煙傷人情事，激起民眾
久積的憤怒，第二天更多民眾的抗議、請願又遭軍憲機槍掃射，
終於使暴動蔓延開來；其後，一方面有民意代表、士紳為主所組
成的「處理委員會」進行政治交涉，一方面有若干民間力量收繳
槍械、嘗試建軍，企圖以「實力」達成改革政治的要求，陳儀政
府則一面妥協讓步，一面向南京政府請求援助（後詳），這是事
件的第二階段；第三階段，則是劉雨卿的第廿一軍（整編第廿一
師）於3月8日夜間登陸以後，國民政府展開恐怖的鎮壓屠殺，
直到5月16日魏道明接任省主席，宣布取消戒嚴，結束「清鄉行
動」為止。由於陳儀是在3月9日再度宣布戒嚴，3月10日解散
處委會，從時間序列來看，援軍登陸是很具關鍵性的大事；至於
結束時間何以定在5月16日？因為魏道明上台、解除戒嚴，對羈
押中的人犯處理有一項規定：「非軍人身分既判者，原判撤銷，
改移司法機關重新審判。」使得一些獄中人鬆一口氣說：「我們

6　美國出版的一本研究二二八的專書，認為國民黨和台獨運動雙方都喜歡用
　　「事件」一詞，是別有用心：國民黨的用意在減輕此一事變的重要性並驅
　　散分離意識，台獨運動方面的用意在減輕當時令國民黨不得不出兵鎮壓的
　　反叛暴力行為。筆者認為中文「事件」二字沒有那種妙用，那恐怕是外國
　　人想當然耳的推論。見 Lai Tse-han, Ramon H. Myers, and Wei Wou, *A Tragic
　　Beginning: The Taiwan Uprising of February 28, 1947*（Stanford, California:
　　Stanford University Press, 1991），pp.7-8.

都可以肯定不會死了。」[7] 此外，由於清鄉行動風聲鶴唳，很多稍有影響力的人紛紛躲避，直到魏道明來台以後才敢回家。[8]

　　對於整個二二八事件，作以上「三階段」的理解，有助於回答「事件原因何在」的問題，因為，我們到底是問：為什麼2月27日晚上的一件緝煙小事，會在短時間內演變成全台動亂（暴動原因）？或是在問：為什麼陳儀政府（和南京政府）在控制局面以後，還要繼續進行恐怖屠殺（屠殺原因）？前一個問題的答案，牽涉到日本治台五十年所造成的文化差距、戰後台灣的經濟社會問題、陳儀的失政等，終於匯集成族群衝突夾雜官民衝突的形式爆發開來，這些答案顯然不能完全用來解答第二個問題。因此，這兩個問題必須兼籌並顧，而又必須分開處理。為了敘述和閱讀的方便，筆者先將本文的基本概念，作以下的圖示：

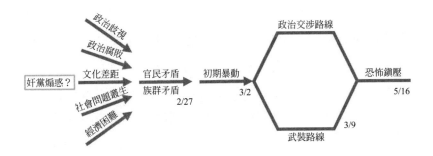

圖2-1　二二八事件過程分析圖

7　鍾逸人，《辛酸60年：二二八事件二七部隊隊長鍾逸人回憶錄》（台北：自由時代出版社，1988），頁632。

8　〈二二八事變的回憶：林衡道先生訪問記錄〉，中央研究院近代史研究所「口述歷史」編輯委員會，《口述歷史》第2期（1991.2.1），頁232。

三、有關「暴動原因」的各種說法分析

（一）共產黨策動

　　2月27日晚上暴動發生以後，官方最早公然指控暴動係由共黨煽惑所造成的，似乎是國民政府主席蔣介石，他在3月10日上午「中樞國父紀念週」發表關於台灣事件的報告詞，其中提到：「惟最近竟有昔被日本徵兵調往南洋一帶作戰之台胞，其中一部分為共產黨員，乃藉此次專賣局取締攤販乘機煽惑，造成暴動，並提出改革政治之要求。」[9]其次，白崇禧在3月17日說：「至於此次與事變有關之人民，除共黨分子煽惑暴動，圖謀不軌者，決予懲辦外，其餘一律從寬免究。」3月20日又說：「二二八事件，係受共黨及少數本省暴徒乘國軍他調煽動爆發。」[10]其實，先就常理上說，這個事件的發生既無計劃也無組織，沒有縱的命令，也沒有橫的聯絡，「完全是因為過於憤怒產生的一種自發的也是突發的事件罷了」。[11]當時曾參加街頭行動的吳克泰也認為：「這完全是被國民黨的惡政激發起來的，任何個人、任何組織都不可能在這麼短短的兩個小時內動員這麼多的群眾。國民黨說這是『奸

9　〈蔣主席在中樞國父紀念週關於台灣事件報告詞〉，行政長官公署初編，《台灣省二二八暴動事件紀要》（1947年3月30日），附錄（一）之(1)。

10　〈白部長蒞台後對全省廣播詞〉、〈白部長對台北市各機關人員訓詞〉，行政長官公署初編，《台灣省二二八暴動事件紀要》（1947年3月30日），附錄（一）之(2)。

11　吳濁流，〈無花果（有關二二八部分）〉，收入韋名編，《台灣的二二八事件》（香港：七〇年代雜誌社，1975），頁76。

黨和少數野心分子有計劃、有組織地煽動起來的」，完全是爲了
鎭壓製造藉口。」[12]

從中共方面看，雖然在1947年3月8日，遠在延安的中共
領導人，基於當時國共內戰的戰略考慮，發表一篇題爲「台灣
自治運動」的聲明，但其內容只是插花式的「貢獻幾點經驗」而
已。[13]1973年廖承志又說，二二八事件「正是中國人民解放戰爭
時期，是在偉大領袖毛主席發出『迎接中國革命的新高潮的偉大
口號影響下，所發生的一次可歌可泣的愛國反帝革命鬥爭』」，這
更是毫無根據的阿諛誇大之詞。[14]不過早在日治時代，台灣就有
共產黨存在，雖經檢察、警察兩當局，於昭和6年6月進行全島
大檢舉[15]，然戰後獲釋返鄉，舊台共成員又多活躍於台灣社會，
於是有人認爲：「中共利用台共在社會上的影響力，利用『二二八
事件』，中共以其初期組織的有限人力，加入暴亂行列，就可以
坐享其成。」[16]在台灣相信這種說法的人，除了前述的政府官員之
外，還有學者如劉勝驥，他根據一些在情治機關服務多年的人所

12 吳克泰，〈紀念台灣人民「二二八」起義40週年〉，台灣民主自治同盟編，
　　《歷史的見證》（北京：台灣民主自治同盟，1987），頁40。
13 〈中共1947年3月8日對台灣廣播詞〉，收入韋名編，《台灣的二二八事件》，
　　頁102-107。
14 參見陳芳明，〈中共對二二八事件史觀的政策性轉變〉，《中國論壇》月刊
　　號第4期（31卷第5期，1991.2.1），頁37-44。
15 詳見黃詩樵，《台灣共產黨祕史》第一輯（新竹州園郡，著者發行，昭和8
　　年10月）。
16 蘇僧、郭建成，《拂去歷史明鏡中的塵埃》（美國加州：美國南華文化事業
　　公司，1986），頁66。

寫的書籍[17]，寫了一篇〈共黨分子在二二八事件前後的活動〉的長文，指出戰後台共分子紛紛組織或加入台灣政治建設協會、台灣地方自治同盟、台灣民眾協會、人民協會、台灣文化協進會等，劉勝驥據而爲他們組成一個「光復後台共領導反陳儀政府的統一戰線」，其次又以薄弱的證據認定中共分子對二二八起了領導作用[18]，最後一口咬定：「二二八事件處理委員會」根本爲台共、中共所滲透，甚至其總會、台北市分會、台中市分會尚爲共黨及其同路人所把持。[19]

　　所謂共產黨的策動、領導，應是指組織性、計畫性、預謀性地介入，如果是幾個個別成員參加了行動，事後向組織報備，則應另當別論。先就台共而言，雖然舊台共成員戰後分別在各地

17　例如斐可權，《台共叛亂及覆亡經過紀實》（台北：商務印書館，1986）；蘇僧、郭建成，前揭書；謝阿水，《二二八事件真相》（台北：阿爾泰出版社，1980）；余如雲，《台灣分歧運動史手稿》；國防部總政治部，《謝雪紅的悲劇》（台北：國防部總政治部，1958）。

18　所謂薄弱的證據，像兩位《中外日報》的記者吳克泰、周青只不過參加過與中共台省公會關係密切的《自由報》，二二八事件後潛逃大陸，現仍爲中共統戰部門工作，兩人即被劉勝驥「判斷」二二八當時即爲中共分子，而他們兩人在二二七晚上參加了街頭行動甚至敲鑼鼓噪，即是中共分子發動了「領導作用」。此外，劉勝驥根據台北的《獨家報導》（筆者按，這是流行於台北理髮店、美容院的休閒雜誌）記載，謂2月28日下午長官公署前面聚集的群眾，「忽然有人用手槍自群眾中向陳射擊，但未命中」，這才引起公署警衛「立即向群眾開槍還擊」，於是他質疑這「神秘一槍」是誰開的？其實根據行政長官公署自擬的暴動事件報告亦無此情節：陳儀未出現之前，「暴徒竟衝襲公署大門，衛士加以阻擋，彼等即圍劫其槍，並開槍擊傷衛士1名，衛士乃被迫亦開槍示威彈壓，始將暴民驅散」。見《台灣省二二八暴動事件紀要》，頁8。

19　劉勝驥，〈共黨分子在二二八事件前後的活動〉，收入馬起華編，《二二八研究》，頁142。

活動，但是黨的組織並沒有重建，甚至1946年初蔡前（蔡孝乾）
受中共指派回台發展組織，成果有限，蘇新本人及多位舊台共均
是二二八事件後，逃到香港時才加入中共的。[20]再就中共而言，
當時中共黨員僅約五十名左右，最多不超過一百名，力量微不足
道，而主要負責人蔡前，既估測不可能發生群眾自發性武裝暴
動，也就不可能事前進行策劃。[21]

　　至於「處理委員會」部分，蘇新是有以下的描述：「當時，『處
理委員會』的委員裡面沒有黨員，所以地下黨及時地把王添灯、
林日高等人，做為黨的代理人爭取過來，而且通過他們爭取了不
少人，形成了強有力的左派隊伍，……以王添灯為代表的左派控
制了整個『處理委員會』。」[22]事實上，「地下黨」和處委會的聯繫
是很間接的，當時擔任省參議員，同時是經營文山茶行的大商人
王添灯，由於負責《自由報》的一切經費，還提供茶葉公會的一
間房屋做為《自由報》辦公室，自然和該報的同仁如蔡子民、蕭
友三、蘇新、潘欽信等人相熟。事件發生以後，「二二八事件處
理委員會」選王添灯為宣傳組組長，於是《自由報》同仁天天到
王家，交換情況和意見，幫王整理和草擬提案、廣播稿等。3月

20　關於黨的組織並沒有重建，葉芸芸在1981年去北京訪問蘇新，1985年訪問
　　李純青，都證實了這一點。見葉芸芸，〈風流雲散悲今日：記戰後初期的左
　　翼人士〉，《中國論壇》月刊號第4期（31卷第5期，1991.2.1），頁33-
　　36。

21　古瑞雲（周明），《台中的風雷──跟謝雪紅在一起的日子裡》，頁50。

22　〈白部長蒞台後對全省廣播詞〉、〈白部長對台北市各機關人員訓詞〉，行
　　政長官公署初編，《台灣省二二八暴動事件紀要》（1947.3.30），附錄（一）
　　之(2)。

5日處委會通過「政治改革草案」八條，由於內容過於簡單，會議推舉王添灯起草具體方案，王回家後，叫潘欽信、蕭友三和蔡子民儘快草擬，於3月6日他們三人在《自由報》辦公室，「將『處委會』得到的對事件的處理意見，綜合起來加以研究討論，由潘執筆，草擬了『處理大綱』」，傍晚，一面交給王添灯，一面由蕭友三找地下黨負責人，據蕭說，負責人表示時間緊迫，來不及開會討論，就這樣提出去。[23] 由此可見，說中共地下黨或王添灯為主的左派「控制」或「把持」了處委會，是很牽強的；況且，他們辛苦草擬的「處理大綱」卅二條，竟會被國民黨特務「起哄、亂叫、強迫會議通過」變成四十二條[24]，這樣的處委會到底是被誰「控制」？同樣地，謝雪紅如果能控制或把持台中的處委會，3月4日下午就不會被士紳們「奪走了武裝鬥爭的指揮權」[25]，交給一個立場不明的吳振武手中。

　　再來談到謝雪紅。台中的二七部隊在處委會的「政治交涉路線」之外，堅持一條「武裝路線」，至3月16日才在埔里解散，當然引人注目；或許由於謝雪紅參加領導的關係，二七部隊曾被一些人以為是一支「赤色部隊」，但是根據二七部隊部隊長鍾逸人「回憶錄」的說明，此項疑點應已澄清[26]，何況，這支民兵的基

23　以上經過見蔡子民，〈憶「二二八」與王添灯〉，台灣民主自治同盟編，《歷史的見證》，頁68-74。

24　蘇新遺稿，〈關於「二二八事件處理委員會」〉收入葉芸芸編，《證言2.28》（台北：人間出版社，1990.2），頁63。

25　周明，〈台中地區的「二二八」起義和謝雪紅〉，台灣民主自治同盟編，《歷史的見證》，頁47。

26　關於謝雪紅在二七部隊的地位，是否僅如鍾逸人所說：「妳不過因有人要槍

本隊伍包括黃信卿的埔里隊，何集淮、蔡伯勳的中商隊，呂煥章的中商隊，黃金島的警備隊，李炳崑的建國工藝學校隊，很明顯地，二七部隊只是一個概括性的稱呼，它的最大功能在使各地自動組成的自衛隊能夠相互調度，因為參加這個部隊的人，不一定是認同謝雪紅，也不一定是接受鍾逸人的號召。[27]

　　嘉義也是武裝抗爭激烈的地區，據前引劉勝驥的說法，「中共幹部陳復志，被命為嘉南地區總指揮」，事實是，3月3日「嘉義三・二處理委員會」正式成立，並組織「嘉義防衛司令部」時，陳復志以其係軍人出身、又精通北京話，被推為主任委員兼「防衛司令部」司令，但是兩天後他隱匿不出，沒有擔任此項工作，最後當國府軍被圍困在水上機場，即將彈盡援絕之際，提出停戰媾和的條件，以陳復志為首的十二位代表不知是緩兵之計，竟領著兩輛載滿食米、青菜、水果及香煙的卡車，赴機場要塞談判，結果十二人中只回來三人，其餘九人全遭拘捕，陳復志是在嘉義火車站前被當眾槍決的。如果說，在嘉義領導並堅持武裝鬥爭群眾路線的，是中共地下黨負責人之一的張志忠，那麼同為中共幹

殺妳，我不忍心，才讓妳留在這裡接受保護，妳有意見，有什麼想法，都可以提出來參考。」固值得商榷，但鍾逸人畢竟是「部隊長」，他拒絕以二七部隊名義宣布在台中成立「人民政府」，卒使謝雪紅、楊克煌的此一提議擱淺。又，關於二七部隊的紅星軍帽問題，鍾逸人的交待是：從草屯倉庫搬回來的日軍戰鬥帽，都釘有黃星帽徽，因恐遭到誤會，才命令把黃星拿掉，沒想到學校裡連一把小剪刀、鉛筆刀都找不到，使用配帶軍刀又太危險而費事，只好命他們找些墨水把黃星塗掉，萬沒想到，他們竟找來紅墨水，把原來的黃星塗成紅星。詳見鍾逸人，《辛酸60年：二二八事件二七部隊隊長鍾逸人回憶錄》，頁522、528、469、477、478。

27　陳芳明，《謝雪紅評傳》（美國加州：台灣出版社，1991），頁330。

部的陳復志何以是「主和派」？這樣的「黨」到底是怎樣在發揮作用？[28]

綜上所述，可知對於二二八初期暴動的原因，說成是共產黨的策動，是沒有根據的。即使是努力建構共產黨與二二八之關連性的蘇新，也必須承認：「二二八起義是『官迫民變』的自發事件，事前毫無準備，誰也沒有預料到，國民黨到台灣一年半就會發生這樣大規模的反蔣鬥爭。」[29]吾人固然不難發現個別的舊台共成員和中共在台地下組織介入、參與了二二八事件，但那是第二階段的事情，吾人不能據而認定事件係「共產黨」的策動，就像不能根據蔣渭川與國民黨CC派的密切關係[30]，或某位處委會的成員具有國民黨黨籍（例如嘉義的陳澄波），即認定「國民黨」策動一樣。至於中共與所謂台共的關係，有一則記載告訴我們：中共台省工委會武裝部長張志忠，曾以組織「台灣自治聯軍」為名，要求謝雪紅交出其控制的「二七部隊」，但遭謝雪紅拒絕。[31]

---

28 參見李筱峰，《二二八消失的台灣菁英》（台北：自立晚報，1990），頁228-235；葉鴻振，〈「二二八」起義風暴中的嘉義〉，台灣民主自治同盟編，《歷史的見證》，頁26-28。關於陳復志何以隱匿不出，鍾逸人的說法是「預覺事態生麻煩」而躲起來，所謂「和談」主席代表也是被一群青年脅迫而非自願。若此說可信，則陳復志連「主和派」亦不是，只是「逃避派」？見鍾逸人，《辛酸60年：二二八事件二七部隊隊長鍾逸人回憶錄》，頁67。

29 蘇新遺稿，〈關於「二二八事件處理委員會」〉收入葉芸芸編，《證言2.28》，頁64。

30 野僕，〈「二二八」事件的真相──一位目擊者的見證〉，原載《明報月刊》總259期（1987.7），陳芳明編，《台灣戰後史資料選：二二八事件專輯》（台北：二二八和平日促進會，1991），頁401-404。

31 蘇僧、郭建成，《拂去歷史明鏡中的塵埃》，頁27。

（二）經濟困難

　　1945年10月國民黨政府接收台灣之際，台灣的生產關係和生產力比起同時期的中國大陸更爲資本主義化，工業化程度和生活水準皆比中國大陸高出甚多，而陳儀在1944年夏天兼任中央設計局台灣調查委員會主任委員以後，迅即確定了他的治台理念：由於台灣情況異於大陸各省，故宜因應特殊環境，建立特殊的體系。[32]表現在經濟方面，即是維持台灣之相對獨立性，設置特別的銀行及貨幣體系，以免混亂的大陸經濟影響到台灣。這種想法原有他的見地，只可惜一方面陳儀上台以後並非站在台灣的立場來了解台灣問題的特殊性，只從大陸或中央的立場來捕捉台灣問題的特殊性，因而無法獲得台民的認同與信賴[33]，另方面中國大陸國共內戰方興未艾，台灣的資源對國民黨似乎是一種「難忍的誘惑」，因而除了維持日本的戰時殖民體制，對米、糖等物資放手徵取以外[34]，實際上亦打破了日治時期台灣經濟的相對獨

---

32 丁果著，陳俐甫、夏榮和合譯，〈台灣「二二八」事件之一考察──以陳儀與台灣行政長官公署為中心〉，《台灣風物》第41卷第1期（1991.3），頁110。

33 丁果著，陳俐甫、夏榮和合譯，〈台灣「二二八」事件之一考察──以陳儀與台灣行政長官公署為中心〉，《台灣風物》第41卷第1期（1991.3），頁121。

34 美國柏克萊大學教授Thomas B. Gold亦認為，1946年國共內戰再起以後，為了應付軍需不得不四處動員可用的資源，中國大陸由於歷經戰亂經濟早已枯竭，台灣所盛產的稻米和蔗糖剛好可以彌補其不足，因而負責接收台灣的政府要員和一些利慾薰心的投機商人，幾乎把台灣可用的資源搜括一空送到大陸去，除了米、糖之外，他們把逃過美國炸彈襲擊的工廠設備拆下，和原料一齊運到大陸，這些「戰利品」有多少被納入宋子文周圍那些腐化政客手

立性，捲入了中國大陸的通貨膨脹之中。

　　由於陳儀本人的思想受孫文及英國工黨的社會主義影響，尤其喜歡合作化、國有化，因而抵台以後堅持施行帶有濃厚「集權式計畫經濟」色彩的政策。[35]然以當時的中國或台灣而言，是否有實行社會主義的條件？其具體步驟如何？陳儀似均不甚了了。[36]舉要而言，長官公署在控制台灣物價上，故意抬高台灣本土產品的價格以減少市面的消費量，例如米一擔在上海賣2,000元台幣，台灣要賣4,000元，一斤鹽在上海是賣6元台幣，在台灣要15元台幣，這種被當作「公開剝削和掠奪」的政策[37]，從陳儀政府的角度卻仍引以為傲[38]，其間國民黨藉口內戰的需要，任意限制物價、無償借調物資[39]，派糧食徵購隊到農村以低價徵購糧食，終於造

　　中，至今還是個未知數。見氏著，艾思明譯，《台灣奇蹟——從國家與社會的角度觀察》（台北：洞察出版社，1987），頁90、91。

35　詳見劉士永，〈陳儀的經濟思想及其政策〉，《台灣風物》第20卷第2期（1990.6），頁55-88。

36　賴澤涵，〈陳儀在閩、台的施政措施〉，《中國論壇》月刊號第4期（31卷第5期，1991.2.1），頁32。

37　許登源，〈二二八前夕的台灣經濟〉，收入葉芸芸編，《證言2.28》，頁214。

38　《陳公洽與台灣》，（作者不詳，南瀛出版社，1947年8月），該書出版於二二八事件發生以後，企圖為陳儀「一年多來驚人的治績」和「治理台灣的苦心」作辯護。其中有一節「台灣物價為什麼比較安定呢」，答案是：「因為公洽先生對於管制物價的問題，還有它一套比較完整的辦法。」見該書頁70、71。

39　當時有記者報導，戰後中央級每年向台灣要求無價取得15萬噸的糖，和每噸1,300台幣、30至40萬噸的煤，依海關報告雖是出超，但省外匯兌，台灣並沒有能夠週轉的法幣頭寸。見〈台灣事件的分析〉，上海《觀察》週刊第2卷第5期（1947.3.29），頁16。又據二二八事件處理委員會公布之「處理大綱」，當中有一條「送與中央食糖15萬噸，要求中央依法估價，撥歸

成難以收拾的局面。

先是，來自中國大陸黃金價格暴漲以及物價普遍波動的影響，加以台幣與法幣的匯率和匯兌問題，致台灣大批游資乘時活躍，1947年二月初的台灣金價已達每兩二萬餘，隨後更級級攀升，至2月13日長官公署通令全省一律停止黃金與外幣之公開買賣前夕，台灣黃金的黑市價格已突破5萬而直逼6萬[40]，並沒有隨著上海各地金價的下挫而下挫，等到政府使出「禁止買賣」的撒手鐧以後，原已飆漲的民食米糧更是取黃金而代之，成為風暴的中心。

不論是什麼原因造成的，二月初的台灣各地已經鬧著米荒，台北街頭出現一份「台灣民眾反對抬高米價行動團」的油印傳單，內容寫著：「半月來本省米價乘風狂漲，由十二、三、四元一斤突破至三十元大關。民食所繫，（影）響及我無產界（階段），生活頓受威脅，而起恐慌，本省為產米巨區，全省所產米量，不僅供全台消費有餘，且可輸出外地，絕非糧荒之因，純乃各地奸商巨賈地主囤戶操縱之故。……既可痛恨，又極該殺。本團為生活之驅使，為全台民眾之生命爭鬥，……決定於3日後，率導民眾實行搶米運動，並制裁囤集魁酋，……中華民國36年2月2日。」[41]此外，2月12日報紙登出一則高雄的消息謂「飢民僵斃路

台灣省」，可見其引起不滿之一斑。

40 桑牧，〈金鈔市場話滄桑〉，台北《人民導報》第三版（1947.2.16）。

41 引自〈隨時可以發生暴動的台灣局面〉，上海《觀察》週刊第2卷第2期（1947.3.8），頁19。

上，令人慘不忍睹」[42]，2月18日刊載花蓮港的一戶人家「無米爲炊、合家自縊」[43]，這時候的政府當局，除了做出毫無實際效果的「規定」米價，以及杯水車薪的「拋售平價米」之外，從報紙上可以看到由軍人柯遠芬兼主任委員的「台灣省糧食調劑委員會」發出公告，呼籲對於囤積居奇及不法走私之徒「凡我同胞務須多爲密告以憑查辦」[44]，由此可見當時政府的窘境。

以上是二二八事件發生之前，台灣的一幅民生畫面，難怪有人認爲「與其說這次台灣的暴動是政治性的，不如說是經濟性的」[45]，有人認爲「『專賣』、『貿易』設局，一味與民爭利，是這次台灣變亂的直接原因，必須明令廢止，以平台胞之憤」。[46]甚至有人乾脆把經濟問題當作二二八事件的「基本原因」，其他原因都只是「助成原因」。[47]筆者固然承認不能忽略經濟因素，但是對於這種經濟掛帥的說法採保留態度，因爲，專賣制度在日治時期即已有之，經濟困難在當時的大陸甚至有更嚴重的省份，爲什麼不會發生「二二八」？其次，從當時報紙的一則評論，可以知曉糧價（經濟）問題背後的問題：「糧價是整個物價問題中的一

---

42 台北《人民導報》第三版（1947.2.12）。

43 台北《和平日報》第三版（1947.2.18）。

44 台中《和平日報》第一版（1947.2.23）。米貴的時候本來還買得到米，可是官方一出面「平價」，市上全無米了，通通在黑市交易，後來價格甚至漲到40元左右一斤。

45 君君，〈台灣暴動紀實〉，上海《觀察》週刊第2卷第5期（1947.3.29），頁18。

46 吳世昌，〈論台灣的動亂〉，上海《觀察》週刊第2卷第4期（1947.3.22），頁9。

47 馬起華，〈二二八事件論結〉，收入馬起華編，《二二八研究》，頁203。

部分，物價未能有效平抑前，單獨平抑糧價是無效的；要平抑一
般物價，就必先停止通貨膨脹、穩定幣值，並且還要增加生產、
恢復交通（筆者按，指大陸而言）；財政收支平衡，通貨才能停
止膨脹，這樣便要減少國家冤枉的支出，停止內戰，恢復全國和
平；……而要和平，只有實行真正的民主。」[48]就像1949年中國大
陸赤化之前，物價（經濟）一直是個嚴重問題，吾人亦只能說，
經濟問題是造成國民黨潰敗的諸多因素的一環，不能說它是什麼
「基本原因」。同樣地，吾人對經濟因素之於台灣二二八事件的發
生，也是這樣看待。

（三）社會問題叢生

　　1947年2月6日有一家報紙的社論寫著：「流氓到處亂打，

48　潘其江，〈「糧食限價」可以平抑糧價嗎？〉，台北《人民導報》第一版
　　（1947.2.15）。又，官方當時把台灣的米荒歸咎於糧戶奸商的操縱囤積和不
　　法走私（前述的民眾「行動團」竟也相信此說），實是掩耳盜鈴的謊話，當
　　時除了省公署是大地主大糧戶外，台灣的大糧戶能數出幾個？至於走私，台
　　灣孤懸海外，省公署的航運公司，控制了所有台灣20噸以上的船，走私用
　　什麼來走？據糧食局的統計，35年度台灣的兩季收成，共有640萬日石的米，
　　台灣本省所需食米總量僅500萬日石左右，剩餘的百餘萬日石的米，應足以
　　應付任何意外或災患。而且35年台灣田賦徵實的成績在90%以上，糧食局
　　總徵實的本意，是政府能控制食糧、穩定米價，這些徵實的米都哪裡去了？
　　行總運去的肥料共是20萬噸，這些肥料都向農民掉的米，再加上公署公有
　　土地的租谷，應足以抑平任何操縱囤積情形。據可靠消息：台灣徵實的米和
　　肥料換的米，全部運往蘇北和華北充軍糧了。米倉空了，自然會鬧飢餓米荒。
　　見楊風，〈台灣歸來〉，《文匯報》（1947.3.4），收入陳鳴鐘、陳興唐主編，
　　《台灣光復和光復後五年省情》（南京出版社，1989.12），頁342。

流氓打流氓，流氓打警察，流氓打老百姓……眼看著流氓作惡警察都視若無睹，不敢出聲，這是什麼世界！再看看吧，士兵打司機，士兵打賣票員，爲了先後買張電影票，又大打出手，……誰說中國沒有內戰？」[49]關於士兵和買賣問題，涉及軍紀和省籍文化，本文稍後再述。而流氓，與「無業遊民」意義相近，亦即與失業問題有關；失業問題從結果上看是社會問題，從成因上看又屬經濟問題。戰後台灣大部分工業掌握在政府手中，由於種種困難，使不少工廠無法恢復生產狀態，即使是向民間標售的日產企業，或者因標價過高而乏人問津，或者因經過接收監理之後內容已經變質，標得之後必須大事修理才能開工，於是，不少工廠便繼續癱瘓下去，長時間還不會冒出煙來。[50]

其次，爲慶祝「中華民國憲法」公布，1947年元旦國民政府頒行大赦，台灣省合於條件可出獄者達四千五百人，亦引起相當爭議。一位研究過精神病學、犯罪學、刑法理論的「法學士」盧鴻飛，認爲此次大赦是「愚蠢而可怕的一件事」，因爲當時的監獄並不能教育犯人如何不再犯罪，而是在教育犯人如何犯罪及犯罪技術[51]；盧氏在另文中說：「筆者於十八年前回台灣旅行一年，那時候自行車存放任何地點，不必加鎖，也不必拿牌子，不至遺失。現在我們自行車加鎖還要遺失，公共處所寄自行車要拿牌

---

49 社論標題〈時事雜感〉，台北《人民導報》第二版（1947.2.6）。
50 李奈，〈本省失業問題的我見〉（續），台北《人民導報》第一版（1947.2.18）。必須提醒的是，失業者並不一定是流氓。
51 盧鴻飛，〈大赦與司法保護（三）——向當局呼籲〉，台北《人民導報》第一版（1947.2.2）。

子。那時候玄關在白日裡很少鎖上，丟皮鞋的事未曾聽見過。現在我們到旅館或酒樓時，皮鞋應隨手帶上。在日本政府的治安情形下，這些人尚敢犯罪（此次大赦大部係日治時代之犯人），在這治安情形較差的現在，他們更會眼中無人的。」由於出獄人職業難找，容易受到社會歧視，而當時米價雖然近30元一斤，半新皮鞋一雙卻可賣數百元，半新自行車可賣五、六千元，盧氏擔心「皮鞋與自行車已無藏身之所矣！」[52]

　　不過，事後雖然有跡象顯示，盧氏的擔心並非杞人憂天[53]，吾人卻不能草率地把這幾千個出獄人，連同前述的失業者，以及南洋歸來的台籍日軍，通通看作二二八事件的發起人或參與者。二二八事件是帶有濃厚政治意義的集體行動，即使陳儀在為它定位時亦指稱「少數奸偽及有政治陰謀的人，藉專賣局查緝私煙案件……」[54]，出獄人、失業者和歸鄉軍伕恐皆難以符合這樣的條件。從另一個角度說，二二八事件是「中上層台民士紳要爭民權和政經雙方面的參與權及要求民主自治，下層人士要爭生存權」[55]，那麼上榜的出獄人、失業者，尤其是歸鄉軍伕，有部分參與了二二八行動，毋寧是很自然的事。只是依陳儀的官方說法，

52　盧鴻飛，〈大赦與司法保護（六）——向當局呼籲〉，台北《人民導報》第一版（1947.2.5）。

53　例如1947年2月19日台中《和平日報》第三版即有一則消息題為「赦犯去而復回，奈何！奈何！」報導一位被大赦出獄方逾9天的竊盜，因重操舊業而再度回籠。

54　陳儀，〈告駐台全體官兵書〉（3月16日），鄧孔昭編，《二二八事件資料集》（台北：稻鄉出版社，1991），頁342。

55　戴國煇訪問林憲，〈丘念台與二二八前後〉，《人間》第18期（1987.4），頁75。

仍不忘予以醜化：「上月政府大赦，台灣赦釋人犯數達千人，其中各地流氓地痞為數不少，彼等惡性未除，尋釁滋事，習以為常，亦最易為奸黨所利用。尚有過去被日人徵召出省服役之青年，自政府接運歸台，多不安於農耕生活，且久受日人訓練，殘忍成性，當日本投降時，南洋及海南島之國人，以彼輩過去為虎作倀，甘為日人爪牙，輒加鄙視，彼等懷恨在心，遇有機會，即發洩其仇恨報復積憤，加以奸黨之鼓動利用，其勢益張，實為此次暴動發生之重要引力。」[56]事實上吾人不難找到一些相對的訊息，來反駁所謂惡性未除、奸黨（即共產黨）利用、殘忍成性、仇恨報復等指控：一般群眾在攻擊官署或如國大代表謝娥這類人的房屋時，總是把東西搬到馬路上來燒，而不是連房子一起燒掉；初期暴動階段雖然有一些趁火打劫和亂打「阿山」的現象，但很快遭到制止；公賣局、銀行的錢被群眾圍著放火焚燒，有人以為這些錢應可拿來組織群眾之用，卻沒有人敢拿錢，「拿的人一定挨打，因為當時群眾的情緒是不容許的」。[57]如果這種「節制」的現象還算普遍，官方的上述指控自不能成立。

二二八事件前夕的台灣社會，尚有一事值得敘及，即日產房屋的佔住和標售問題。戰後台省各縣市區，有不少房屋（或謂30%）係屬日產，日人遷走後，曾發生搶佔房屋的近乎無政府狀態，尤其機關裡的大人先生以一紙封條可以封好幾棟日產，後來

56　行政長官公署初編，《台灣省二二八暴動事件紀要》，頁7。
57　〈三位台灣新聞工作者的回憶——訪吳克泰、蔡子民、周青〉，葉芸芸編，《證言2.28》，頁103、104。另見台灣民主自治同盟編，《歷史的見證》，頁4、21、33、54、82、83、122、123。

台灣人自海外歸來者日多，有些人也由鄉間遷到城市，費盡手續亦可向日產處理委員會租屋居住，單就台北市而言，日產房租的收入，要佔全市稅收的總額15%左右。[58]1947年二月中旬，南京方面公布「經濟緊急措施方案」，其中規定政府所控制之「敵偽產業」及購得之剩餘物資，應由各主管機關加緊標售，其目的之一應在使法幣回籠，以抑止通貨繼續膨脹[59]；惟當初自由佔住雖不能視為當然，政府後來卻准許登記，乃由「無因管理」進而為契約關係，不論其為住宅或商店，使用人或加以整修、或已計畫業務，皆已成為人民生活之一部分，如果遽爾標售，勢必使許多人的生活受衝擊從而引起社會不安。當時報紙有一則標題說：「米荒嚴重中，省署標售日產房屋，住民感受兩種威脅；日產是省民流出血淚的代價，應停止標售無條件交還人民。」[60]由於若以標售方式決定房屋歸屬，決定之唯一標準為金錢，當時盛傳有一批來自上海的「大腹便便之奸商」，已準備好要來操縱買賣，於是有人呼籲：「居住問題地方性特重，台灣之地方政府負有代台灣人民解決居住問題之責任，卻無代上海市民尋覓世外桃源之義務。」[61]原本只是官民之間的歧見，現在加上本省、外省之間的怨懟，使問題更加複雜，儘管稍後政府有所讓步，但對民心的負面

---

58 楊風，〈台灣歸來〉，收入陳鳴鐘、陳興唐主編，《台灣光復和光復後五年省情》，頁 340。

59 社論〈房屋問題之建議〉，台北《人民導報》第二版（1947.2.22）。

60 台北《人民導報》第三版（1947.2.20）。

61 〈租戶延期開會以後〉，台北《人民導報》第三版（1947.2.24）。此篇未具名的文章謂長官公署已經答應，使原住的人可以得到居住的權利，所以原訂24日在中山堂召開的房屋租戶大會，改期再開。

影響已經造成。

（四）政治歧視

中日戰爭結束之後，滯留中國大陸各省的台灣人民，由於身分不明，迭遭當時政軍紳民的歧視，台灣史學者陳芳明認為，國府領袖蔣介石對日本宣布以德報怨的政策，使中國人無法直接在日本人身上進行報復，台灣人不免成為日本人的替代品，並且「來台接收的官員，如果帶有反日情緒的話，自然而然就轉嫁到台灣人身上」。[62] 證諸以下的事實，這似乎是合理的推論。

當時擔任國民黨台灣省黨部執行委員的丘念台，曾到重慶向蔣介石說情，丘念台認為，台民原係中國國民，只因滿清戰敗割讓台灣，才取得日本國籍成為日本臣民，投降後的日軍日僑既獲致寬待，為何對自己同胞不予寬待？「所以我要求政府對於早已喪失中國國籍，而被日人徵用致散居於大陸各省的台胞，不能一概治以漢奸罪，……台人文官做不到鄉鎮長，武官做不到團長，實在夠不上做漢奸和戰犯的資格。」這所謂台籍漢奸嫌疑犯問題，丘念台自稱先後向中央及台省當局反覆解釋請求，才獲消除誤解而得圓滿，不過也是延到1946年11月，中央才正式通令各省對以前被日人徵用的台胞不能治以漢奸罪。[63]

一般說來，戰後台民對政府的種種措施固然多所不滿，但

---

62 陳芳明，〈二二八事件史導讀〉，收入《鞭傷之島》（台北：自立報系文化出版部，1989），頁263。

63 丘念台，《嶺海微飄》（台北：中華日報社，1962），頁246、252。

未必達「自絕於中國」的地步，然而由於以下二事未能改善，此種情勢漸有轉變。[64]第一、南京政府決定之「台灣省行政長官公署組織條例」，賦予行政長官之權力遠較大陸各省之省政府主席爲大，不但對於在台之中央政府機構有指揮及監督權，並得制定、發布署令與單行規章，加上陳儀始終兼任台灣省警備總司令，因此形成集立法、司法、行政三權於一身之行政長官獨裁制度。台灣人民最直覺的看法是：這與昔日日本在台的總督制有何區別？這問題，心理的不滿恐比純政治的因素嚴重。第二、用人方面，高級官員之中很少台籍人士，例如公署九個處的正副處長（十八人）及四個委員會的主任委員之中，台籍僅有一名，即教育處副處長宋斐如；全省八縣九市之中亦僅有台籍縣市長二人，之所以如此，用何漢文引述的話說：「台灣人沒有政治人才。」[65]或者用官方控制的《新生報》社論所言：「由於過去日人統治的專橫，今日有經驗的政治人才實感缺乏。」[66]

　　台灣人民對這種「用人歧視」的不滿，在林茂生所發行的《民報》有清楚的表達，一篇題爲〈談談政治人才〉的社論說，台灣並不缺乏政治人才，「由本省教育普及的程度和台灣的文化水準

64　〈隨時可以發生暴動的台灣局面〉，上海《觀察》週刊第 2 卷第 2 期（1947.3.8），頁 18。該文引述若干台人的看法謂：「爲謀台灣人的福利，爲謀整個民族將來的繁榮，我們的國籍問題，是決定於我們自身，是由 650 萬台灣人民的總民意來決定。」

65　何漢文，〈台灣二二八事件前因〉，鄧孔昭編，《二二八事件資料集》，頁 8。

66　社論〈由行憲談到政治人才〉，《台灣新生報》第二版（1947.1.3）。該文的用意原本不惡，即希望台胞在布憲而未行憲的今後一年內「努力磨練自己」，以爲他日之用，惟該文對當時用人歧視的現象避而不談，又宣稱台灣缺乏政治人才，自然引起公憤。

看來，比較任何省份有勝無不及」[67]，另一篇題為〈司馬昭之心路
人皆知〉的社論更強調，當權者一方面宣揚民主政治的理想，一
方面又說台灣沒有政治人才，其目的是「在高談民主的糖衣之
中，緊緊密密包著特殊階級的野望」，事實上「真正的政治人才
來自民間，為人民服務，而不是玩弄權謀，欺矇人民」。[68]

　　從另一方面看，中國大陸經過兵荒馬亂的世代，當時來台的
幾千個官員之中[69]，除了憑藉「國語國文」能力和牽親引戚的關係
之外[70]，真正具備任用資格者究竟佔有多少？鍾逸人在回憶錄中
提起一件事，即當二二八暴動發生不久，一位「中商」的學生不
知從何處提來一個大皮箱找他，他打開一看，裡面赫然竟有福建
省政府關防、朝陽大學和集美中學的校印圖章，也有幾顆其他學
校機關的關防圖記，於是鍾逸人說：原來這些「阿山」的學歷都
有問題，多半是偽造的，怪不得有那麼多年紀輕輕，不過二十來

67　社論〈談談政治人才〉，《民報》（1947.1.18）。
68　社論〈司馬昭之心路人皆知〉，《民報》（1947.2.2）。
69　有人曾經做過初步統計，台灣省行政長官公署及其直轄各單位的簡任薦任人
　　員達 500 餘人，如果連同委任人員在內，當有 3000 餘人。台灣人口在接收
　　時還不到 700 萬人，僅及江蘇省的 1/5、四川省的 1/10，而高級簡任官人數
　　卻凌駕各省之上，就長官公署的組織規模而言，幾乎與抗戰時期的重慶政府
　　相伯仲。見楊鵬，〈台灣受降與「二二八事件」〉，全國政協等文史資料研
　　究委員會編輯組編，《陳儀生平及被害內幕》（北京：中國文史出版社，
　　1987），頁 95。
70　為陳儀辯護的人說，陳儀曾三令五申要儘量羅致本省籍人士，但各級主管人
　　則層層汲引私人，乘機舞弊，這就不可避免地為本省人所不滿，而把這筆帳
　　寫在陳儀頭上。周一鶚，〈陳儀在台灣〉，《陳儀生平及被害內幕》，頁
　　111。

歲的小毛頭，竟然也當起主管來。[71]

　　不論鍾逸人提起的事例是特殊的或者普遍的，當時台灣民眾對參政權、對平等自主的渴望顯而易見，根據3月7日下午二二八事件處理委員會通過的「處理大綱」，除主張縣市長於該年6月以前實施選舉，更要求省各處長人選應經省參議會之同意，各處長三分之二以上須由在本省居住十年以上者擔任之，警政處長及各縣市警察局長應由本省人擔任，一切公營事業之主管人由本省人擔任……可見其一斑。[72]甚且，在更早的3月4日，擔任高等法院院長的楊鵬即已聽說，人民團體向陳儀提出的要求，主要之點是取消擾民的專賣制度，「並給本省人以重要職位」，當天晚上他逕赴長官公署探詢究竟，在會議裡看見幾位處長正在討論人民團體提出的要求，果然是機構和人事調整問題，大家覺得事變已擴大至此，不答應也是不行的，「只要事件能夠迅速解決，我們不當處長也沒有什麼關係」。[73]只是，這時候才說出這樣的話，不免太遲了些。

（五）政治腐敗

　　強調「台灣永爲中國領土，台灣人盡屬黃帝子孫，台胞絕無

71　鍾逸人，《辛酸60年：二二八事件二七部隊隊長鍾逸人回憶錄》，頁455。

72　〈處委會闡明事件真相向中外廣播處理大綱〉，鄧孔昭編，《二二八事件資料集》，頁274-276。

73　楊鵬，〈台灣受降與「二二八事件」〉，《陳儀生平及被害內幕》，頁100、101。

脫離祖國傾向」的楊肇嘉，在談到日本政府與中國政府時，也不得不說：任何事都怕比較，日本人過去五十年固然是以「殖民政策」統治台灣，但日本人卻有其長處。第一、法令簡單明瞭，「不像我們的多如牛毛」；第二、日本人雖然妄自尊大，氣勢凌人，但是辦起事來認真負責，他們的確做到「分層負責」的程度，沒有「推、拖、敷衍」和「踢皮球」的習慣，影響所及，日治時代台灣商場交易是真不二價的，「不像上海的姨娘到消費市場買東西除了講價以外，還自己帶著一桿秤」。楊肇嘉認為，經由比較而來的失望和怨尤，是台灣二二八事件的重要原因。[74]

一般認為，陳儀是一個「不要錢」的長官，但是他的班底是否也能廉潔？「尤其是在今日政局之下，尤其是挾征服者的優越感以去的地方，尤其在『專賣』、『貿易』的官許與民爭利的制度之下，那就誰也不敢擔保了。」[75]當時民間盛傳幾件貪污大案，包括專賣局長任維鈞、貿易局長于百溪、台灣省紙業印刷公司總經理李卓芝（秘書長葛敬恩的女婿）、台北縣長陸桂祥等等。1946年夏天，南京方面派劉文島率清查團來台檢查官吏貪污情事時，受理了二百多個案子，事後雖然對任維鈞、于百溪「備公文附證據」移送長官公署辦理，但是絕大部分的案子查無實據、不了了之，劉文島還公開說：「台胞似乎可以怪我們辦事不上勁，但我們卻也可以怪台胞沒有給我們案件拿出證據。沒有證據，案子雖多，又叫我們從何辦起？」[76]此種作風當然無法平息民怨。[77]難怪

---

74 楊肇嘉，《楊肇嘉回憶錄（下）》（台北：三民書局，1967），頁 365。

75 吳世昌，〈論台灣的動亂〉，上海《觀察》週刊第 2 卷第 4 期（1947.3.22），頁 9。

76 蕭鐵，〈劉文島談清查〉，《海潮》第九期（1947.9.15），頁 24、25。該文

二二八事件發生後，3月5日《台灣民報》在「熱言」中說：「不幸事件是兄弟鬩牆，現目標已漸趨一致，即反對貪官污吏。」

政府之外，黨、軍、特的情況如何？曾是陳儀重要班底之一的周一鶚說，陳儀抵台以後，警備總部、憲兵團及國民黨省黨部對於所謂「異黨活動分子」即偵察不遺餘力，對於社會知名人士他們猶有稍許顧忌，對於一般人士，只要瞞過陳儀，他們就為所欲為；而陳儀也曾接受省黨部主委李翼中的建議，指定總部參謀長柯遠芬、周一鶚（時任民政處長）、李翼中組織特別小組，對「異黨活動名單」進行審查；周一鶚的印象是，「軍統、中統同流合污，無所顧忌地為所欲為」，二二八事件中的情況就是這樣，例如宋斐如和林茂生的被殺害，陳儀就很痛心地對周一鶚說：「他們事前不請示，事後還要求補辦手續，真正無法無天！」[78]

軍警不守紀律，是二二八事件的導火線，連具有官方色彩的《台灣新生報》亦有如下的指陳：陳儀長官曾屢次下令警察出勤不得帶槍，可是言者諄諄、聽者藐藐，警察和專賣局的查緝人員，不但隨便帶槍，而且隨便開槍，這次延平路不幸事件的發生，「顯然是他們違反陳長官平日不准帶槍的指示的後果」。[79]

引述劉文島的話說，敵偽物資在內地倉庫，常由甲機關轉乙機關，轉來轉去是否發生偷漏，百姓無從知道。但在台灣不同，台人認為敵人所有物資皆屬台省600萬同胞心血，監視極嚴、偷漏不易，故報案的特別多。筆者認為，這種背景的不同，正是貪污在台灣特別容易激起民怨的原因。

77 詳見張琴，〈台灣人民為什麼仇恨台灣省政府〉（筆者按，陳儀主政時還不叫省政府，此處的意思應是台灣省的政府），鄧孔昭編，《二二八事件資料集》，頁43-46。該文認為台灣人民怨恨政府，是由於貪污政治所激成。

78 周一鶚，〈陳儀在台灣〉，《陳儀生平及被害內幕》，頁108、109。

79 社論〈延平路事件感言〉，《台灣新生報》第二版（1947.3.1）。該文對於

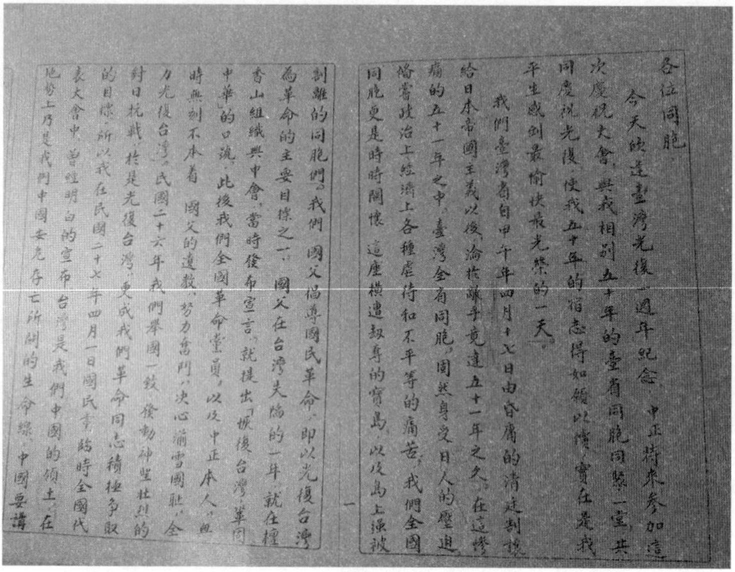

各位同胞：

今天欣逢臺灣光復一週年紀念，中正特來參加這次慶祝大會，與我相別五十年的臺省同胞同聚一堂，共同慶祝光復，使我五十年的宿志得如願以償，實在是我平生感到最愉快最光榮的一天。

我們臺灣省自甲午年四月十七日由昏庸的清廷割讓給日本帝國主義以後，淪於敵手竟達五十一年之久。在這慘痛的五十一年之中，臺灣全省同胞，固然身受日人的壓迫，備嘗政治上經濟上各種虐待和不平等的痛苦，我們全國同胞更是時時關懷這座橫遭劫奪的寶島，以及島上被割離的同胞們。我們 國父倡導國民革命，即以光復台灣為革命的主要目標之一。國父在台灣失陷的一年，就在檀香山組織興中會，當時發布宣言，就提出「恢復台灣，鞏固中華」的口號。此後我們全國革命黨員，以及中正本人，無時無刻不本着 國父的遺教，努力奮鬥，決心湔雪國恥，全力光復台灣。民國二十六年我們舉國一致發動神聖壯烈的對日抗戰，於是光復台灣，更成我們革命同志積極爭取的目標。所以我在民國二十七年四月一日國民黨臨時全國代表大會中，曾經明白的宣布台灣是我們中國的領土，在地勢上乃是我們中國安危存亡所關的生命線，中國要講

圖 2-2　蔣介石於 1946 年光復節發表告台灣同胞書 1

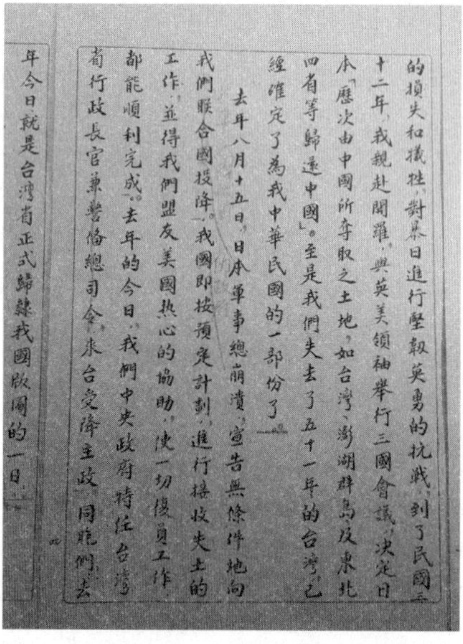

的損失和犧牲，對暴日進行堅毅英勇的抗戰，到了民國三十二年，我親赴開羅，與英美領袖舉行三國會議，決定日本「歷次由中國所奪取之土地，如台灣、澎湖群島及東北四省等歸還中國」。至是我們失去了五十一年的台灣，已經確定了為我中華民國的一部份了。

去年八月十五日，日本軍事總崩潰，宣告無條件地向我們聯合國投降，我國即按預定計劃，進行接收失土的工作，並得我們盟友美國熱心的協助，使一切復員工作都能順利完成。去年的今日，我們中央政府特任台灣省行政長官兼警備總司令，來台受降主政。同胞們，去年今日就是台灣省正式歸隸我國版圖的一日。

圖 2-3　蔣介石於 1946 年光復節發表告台灣同胞書 2

如果說，政治歧視指對於台灣的士紳、知識分子較有切膚之痛，然而政治腐敗則是一般市井小民亦能共感共見。有人說二二八事件是「政治野心家想分官做」[80]，處委會提出來的處理大綱「一看就知道是台灣士紳們的要求，而不是香煙攤販或其他民眾提出來的要求」。[81] 這種惡毒的說法，若與本文上述的事實、事理相對照，顯然是站不住腳的；我們從戰後初期台灣民間流傳的一首民謠，益可以得到佐證：「台灣光復歡天喜地，貪官污吏花天酒地，軍警橫蠻無天無地，人民痛苦烏天暗地。」[82]

（六）文化差距

二二八事件發生後，奉命來台「宣慰」的白崇禧，曾屢次發表他的訪察心得，3月22日謂：「此次事變的原因，即是台胞青年過去受日本狹隘偏激的教育，由於日本對殖民地所施奴化教育的遺毒，不正確的思想，不了解國情，以致輕視祖國政府人民和軍隊。」3月27日上午又謂：「本人抵台宣慰，北由基隆，南至高雄，時近10日，沿途所得報告，深知此次不幸事件之原因，為

査緝私煙乙事亦有中肯的批評：如果沒有走私的香煙進口，沒有人暗中批售，根本即不會有私煙攤販的存在。專賣局對於大規模的香煙走私與批售，無力查緝，獨獨對於取締街頭攤販，沒收他們的香煙，雷厲風行，不稍寬假，以致發生這次不幸事件，不能不說是捨本逐末。

80　《陳公洽與台灣》，頁96。

81　蕭鐵，〈我在台灣二二八事件中〉，上海《新聞天地》月刊第24期（1947.6.1），頁31。

82　引自陳炳基，〈紀念台灣人民「二二八」起義40週年〉，台灣民主自治同盟編，《歷史的見證》，頁18。

過去日人毒化教育，使台胞輕視祖國，即祖國來台之軍政人員，與祖國造成對敵形勢。」當天晚上的「對全國廣播詞」再度提到：「此次事變是由台灣同胞受了日本五十一年的統治，日人對台胞偏狹的惡性教育，一方面是把統治殖民地為基本的馴服和分化他們，另一方面是歪曲宣傳中國政府、人民、軍隊的不良，使台胞輕視祖國人民軍隊，發生深刻惡感，所以台灣同胞先入為主，深深種下了不良的印象，這是暴動的原因。」[83] 白崇禧對於日本在台統治的現實，採取「狹隘偏激」、「奴化」、「偏狹」的認知態度，恐怕也是陳儀政府乃至劉雨卿部隊的認知態度，這是經過八年浴血抗戰之後「餘怒未消」的中國人態度，可以部分說明二二八事件中、後期何以會有恐怖屠殺現象。

　　日本政府有效統治台灣達半個世紀之久，其影響的確是深遠，舉凡鼓吹國家神道、推行國語運動、更改姓氏運動、志願從軍運動，莫不影響了台灣文化；日本政府企圖把台灣人變成日本人的努力雖然沒有成功，但是卻成功地使台灣人變得「不像中國人」，或容易與中國的思考行為方式疏離。[84] 這是就台灣與日本、台灣與中國的關係而言。若就「台灣自身」而言影響，半世紀的日本統治，似已為台人的「國家單位真實感」打好基礎：它提供了第一個全島性的有效行政、對古老的迷信代之以比較現代的教

83　〈白崇禧在事件中的講話和廣播詞〉，鄧孔昭編，《二二八事件資料集》，頁 351、354。

84　Wan-Yao Chou, "the Kominka movement in Taiwan and Korea: Comparisons and Interpretations".Paper Presented for the Conference on the Japanese Empire at War, 1937-1945, held at the Hoover Institution, August 22-24, 1991.。

育、切斷與中國大陸的大部分紐帶、生活水準遠高於騷亂的亞洲大陸，有助於融合台灣人民，此種融合又因日本的「殖民統治」刺激而益形堅固。[85]台灣人民具有以上的歷史經驗，原沒有自豪或自卑的必然，只有在高壓統治與政治歧視之下，台灣人民的日本文化背景才產生了政治意義。[86]

　　討論戰後初期台灣的「外省人」與台灣人的相處問題，有人以「優越感與自尊心的對抗」來描述；大陸有很多城裡人到鄉下或異地，往往帶有一種優越感，看不起其他各地方的人，例如抗戰時期，下江人便曾將這種優越感帶到大後方去，致引起川滇黔陝一帶人民的反感。「台灣光復後，想不到內地的外省人，居然又把這種優越感，又依樣畫葫蘆地帶到台灣去了。當然，這並不是說每一個到台灣去的外省人，都具有這種優越感，相反的，這種優越感，是和各個人的人格道德、學識修養成反比的。」外省人的優越感幾乎引起每一個具有自尊心的台灣人的強烈反感，這種反感比大陸其他各地更顯得特別尖銳。「其實，外省人固然看不起台灣人，而台灣人又何曾瞧得起外省人呢？」[87]當初台灣人對於能打日本的「強大祖國」或許懷有過多的憧憬，一旦看到來

85　Douglas Mendel, *the Politics of Formosan Nationalism*（Berkeley and Los Angeles: University of California Press, 1970），p.25.。

86　這一方面的進一步論述，參見陳芳明，〈二二八事件史導讀〉，收入《鞭傷之島》，頁261-265。

87　唐賢龍，〈台灣事變的原因〉，鄧孔昭編，《二二八事件資料集》，頁29、30。《台灣新生報》4月1日的社論有一段常被引述的話：「我們來到邊疆工作，和在其他一般省份工作不同，除了應盡的職守而外，還負有特殊的任務。這任務就是要使本省同胞擺脫日本思想的桎梏，消滅日本思想的毒素，充分認識祖國，瞭解祖國。」也可以做為「優越感」的註腳。

台接收的軍隊，挑著鍋子盆子、拿雨傘、穿草鞋，也有打著零亂如麻繩的綁腿，宛如烏合之眾[88]，他們每到一鄉一市，便亂佔其公共場所、學校及民房，「住得進便休想趕他們出去；看到店裡、路邊攤上，有中意的東西，隨手便拿，根本不付錢……。如此所謂『祖國軍隊』，把台灣人沸騰的熱血，頓時降壓至冰點」。[89]

　　當事件爆發初期，2月28日下午公署警衛開槍打死人民六人，憤怒的群眾抬著死者的屍體乘著卡車走遍全市，連連高喊的口號竟然是「打死人啦，『阿山』打死人啦！」[90]隨後各地發生「打阿山」的現象，各方的記載出入甚大：其一，3月2日晨嘉義市中山路噴水邊，為失業和飢餓所煎熬、滿腹憤恨無從發洩的青年，一見到著中山服的「阿山」便衝動起來，不分皂白予以修理[91]；其二，受台中處委會節制的三六部隊是在保護國府的官兵眷屬，他們把散居在外面宿舍區的人，接到比較安全的部隊裡面來加以保護、照顧，他們沒有任何政治訴求，對於任何方面的求

88 這樣的印象應非傳說而已，1945年10月17日與七十軍六十二師同船抵達基隆的嚴演存，也有同樣的描述。見氏著，《早年之台灣》（台北：時報文化，1989），頁37。

89 黃武東，《黃武東回憶錄》（美國加州：台灣出版社，1989），頁128、129。此外，筆者從1946年9月25日《台灣新生報》第一版，看到一則行政長官公署與警備總司令部的布告：「查乘搭公共汽車，無論何人，照章均須購票，乃據報過去常有無票乘車情事，尤以憲警軍公人員，每多藉口公差，自居例外，不肯照章辦理，殊屬違紀亟應佈告嚴禁，茲特明白規定，……」這時所指的憲警軍公人員，主要當然是屬「外省同胞」。

90 謝牧，〈「二二八」人民起義親歷記〉，台灣民主自治同盟編，《歷史的見證》，頁111。

91 鍾逸人，《辛酸60年：二二八事件二七部隊隊長鍾逸人回憶錄》，頁506。

援，也一概加以拒絕[92]；其三，當時任職於台灣省編譯館的李何林說，「起義」的次日早晨，他在街上、公共汽車上看到有人被打，但「多是專賣局和軍政機關的」，事後知道，人民對文教衛生的外省人都不打，認為是來替台灣人民工作的。下午他回到家裡，看到所有他們宿舍區的外省人都和台灣同胞相安無事，跟平常一樣到附近商店買東西。「可見，台灣同胞並非仇視一切大陸人，他們抗擊的對象是明確的，他們心中有是非標準，知道誰好誰壞。」[93]其四，沈雲龍在他編輯的《台灣月刊》說，事態擴大時，野心分子即利用少數台胞之偏狹排外心理，公然張貼「打死中國人」之標語，普遍煽動毆打外省人，因此無論通衢僻巷，公私場所，凡不能操台灣語之外省公教人員、商民及婦孺，一律贈以「阿山」、「豬仔」之諢號，橫加狙擊。「最殘忍者如虐殺孕婦，迫令婦女裸體受辱，摔死嬰孩等事，亦層出不窮。」[94]該刊另有一篇〈悼新的吳鳳們〉，把台灣人民比喻作「殺人成性的蕃族」，外省人自然就是高貴的吳鳳了；這篇文章描述失去理性的台民盲目毆打「阿山」的情形，描述得有點「失去理性」，它說不論男女老幼任何職業的「阿山」，只要在路上被碰上都無可倖免，包括「那些保國衛民的官兵憲警，也成為人群追逐逼害的對象，……他們還奉令不准開槍，他們是只許被打，不許打人，不是被打傷，便是

---

92 鍾逸人，《辛酸 60 年：二二八事件二七部隊隊長鍾逸人回憶錄》，頁 502、504。

93 李何林，〈我所見的「二二八」大起義〉，台灣民主自治同盟編，《歷史的見證》，頁 106、107。

94 雅三，〈「二二八」事變的透視〉，《台灣月刊》第 6 期（1947.4.10），頁 2-3。

被打死！」[95]

　　以上這一段「族群衝突」現象延續多久？上海《觀察》週刊
有一位讀者於3月7日自台北寄了一則投書，除了描述外省人無
辜受害的悽慘情形以外，還說「連續騷動達三晝夜。近日已漸趨
緩和，公署允改組為省政府，縣市自治，民選於六月底以前完
成。……現政治目標鮮明，毆擊之事於三號後即停止。……全
市業於四日起照常營業……」[96]對於這一段「族群衝突」，《觀察》
週刊亦有一段公允的評論謂：「在群眾行動當中，排斥外省人的
情緒，相當火熾，這是事實。但此種排外色彩，實不只台灣一省，
我們知道的很多。台灣所以特別強烈，原因有二：（一）語言隔
閡。（二）五十年殖民地生活帶有濃厚反宗主國的感情。不幸『外
省』酷似宗主國。但我舉出許多反證，說明民變是政治性的，不
完全是封建意識，例如：國大代表謝娥，她是台灣人，為了幾句
（悖離事實的－筆者按）話，群眾就把她的傢私搬到馬路焚毀了。
感情衝動過後，台北及其他地方，由民眾組織起來的『治安服務
隊』，保護外省人一點，尤經民眾代表一再強調，反覆呼籲。……
由是觀之，我們也不能目台灣民變為絕對野蠻的排外舉動。」[97]

95　任山，〈悼新的吳鳳們〉，《台灣月刊》第 6 期（1947.4.10），頁 22-26。
96　陳至明，〈台灣暴動鱗爪〉，上海《觀察》週刊第 2 卷第 5 期（1947.3.29）。
　　頁 2 跳接頁 20。
97　純青，〈台灣民變真象鉤沉〉，上海《觀察》週刊第 2 卷第 4 期（1947.3.22），
　　頁 11。

四、屠殺原因分析

　　由於文化差距的先天因素，加上經濟、社會、政治等方面的人謀不臧，就像烈日下的乾柴已經準備好了，就等著任何偶然的星星之火。2月27日晚上發生專賣局緝私員槍殺陳文溪事件，2月28日長官公署衛兵更對前來請願的憤怒群眾施以機槍掃射[98]，四散的民眾成群結隊攻擊政府機關乃至毆打外省人以洩憤，使軍民衝突加劇。當天晚上宣布戒嚴，禁止民眾集會遊行，3月1日遂又發生鐵路局前蝟集的民眾被軍隊機關槍掃射以致死傷數十名等情事，據「合眾社南京一日電」稱，台北暴動死三、四千人[99]，此一數目似有誇大之嫌，然而當人民反抗的怒火燃起之後，政府當局不能靈敏地從政治層面省察前因後果，只迷信以武力、以戒嚴來鎮壓，不啻火上加油，使暴動蔓延到新竹及其他各地去。

　　據吳濁流的分析，為了緝煙的小事可以演變成隨便開槍殺人的局面，乃使得任何一個外省人拿槍是一件頗危險的事，於是青

98　如註 18 所述，陳儀政府自撰的報告謂：群眾的衝撞、搶奪在先，衛兵開槍在後。但是根據目擊者周青所述，「隊伍進到離公署大門不到 100 米處時，隱伏在公署頂樓的幾挺機槍向人群開火。這時我站在公署對面原台舞廳前側的大樹下，看得清清楚楚，死傷者有 7、8 個人，人群迅速後退。……人群突然散開而瘋狂起來，台北街頭便出現幾十股報復的人潮，到處在追逐穿著中山裝的貪官污吏，真正的暴動由此起始。」見氏著，〈「二二八」暴動的原始形態〉，台灣民主自治聯盟編，《歷史的見證》，頁 78。

99　香港《華商報》（1947.3.3）第 1 頁。人數可能沒那麼多，但軍隊在街上巡邏掃射的武器已包括聯合國禁用的軟鼻子彈，見 George H. Kerr 著，陳榮成譯，《被出賣的台灣》（譯者自印，1986），頁 227。

年們不約而同地起來接收武器，想自動地來維持治安。[100]這種「天
真浪漫」的想法，是一個層次。另據二七部隊部隊長鍾逸人的說
法，必須憑著武力才能獲得民主自治。他批評處理委員會「光開
會能生雞蛋？沒有實力，沒有軍隊，能跟陳儀一夥人談什麼？豈
不是想與虎謀皮？」[101]這是第二個層次。至於謝雪紅，周明認為
她當然不同意鍾逸人這種「以武裝來做合法鬥爭的後盾」的幼稚
看法，因為一旦武裝起來就不可能再合法鬥爭了，武裝本身就不
是合法的；謝雪紅主張要擴大武裝，支援各地的武裝鬥爭直至奪
取政權，成立人民政府[102]，這是第三個層次。不過，民間建軍的
嘗試僅限於台中、嘉義等少數地區，比較具有全面性影響力的，
還是「處理委員會」。

　　3月2日台北成立「二二八事件處理委員會」，3月3日擴大
改組，增加各界人民代表，官方代表退出，4日該會討論組織草
案，決定「以團結全省人民，改革政治及處理二二八事件為宗
旨」，當天並決議立即通知17縣市參議會，緊急分別組織「全省
的處理委員會」。此時處委會的成員已相當複雜，成為台灣人民
各種政治力量與國民黨統治政權進行政治鬥爭的場所。接下來的
幾天，處委會與陳儀政府談判交涉，儼然成了台灣人民的臨時政
府，中山堂內外擠滿了成千上萬的群眾，「人人笑逐顏開，等候

---

100 吳濁流，〈無花果（有關二二八部分）〉，收入韋名編，《台灣的二二八事
　　件》，頁76。
101 鍾逸人，《辛酸60年：二二八事件二七部隊隊長鍾逸人回憶錄》，頁510。
102 〈二二八事變中的謝雪紅──訪周明談謝雪紅、「二七部隊」吳振武和鍾逸
　　人〉，葉芸芸編，《證言2.28》，頁36。

宣布佳音，佩帶袖章的人進進出出，忙個不停。人們滿以爲勝利在握，從此可以揚眉吐氣，主宰自己的命運了。他們哪裡知道這不過是國民黨當局鑒於防務空虛，不足以控制局面的一種緩兵之計。」[103]

美國出版之《悲劇性的開端：一九四七年的台灣二二八暴動》一書認爲，2月28日迄3月4日國民政府的眞正目標是和平解決（因爲從大陸調兵來台將影響國共戰局），奈因不滿分子3月2日趨激進，直到3月7日處委會更提出幾近革命的要求，所以蔣介石才決定派兵鎮壓；儘管政府內部往來的文件資料尚待補強，但因果關係是很清楚的；不滿分子要求之激烈化，導致政府由安撫轉向鎮壓。[104]其實這只是全盤接受蔣介石和陳儀的一面之詞，不願進一步細心求證，所得到的草率結論。蔣介石在3月10日，發表「台灣事件之經過及處理方針」，除了指責共產黨員乘機煽惑造成暴動以外，還說明事件爆發以後，「陳儀長官秉承中央指示，已公開宣布定期改設省政府，取消長官公署，並允於一定期限內實施縣長民選，台灣省同胞對此皆表示歡欣，極願接受。故此次不幸事件，本已可告一段落，不料上星期五（7日）該省所謂『二二八事件處理委員會』突提出無理要求，……此種要求，已踰越地方政治範圍，中央自不能承認，而且昨又有襲擊機關等不法行動，相繼發生，故中央已決派軍隊赴台維持當地治

---

103 謝牧，〈「二二八」人民起義親歷記〉，台灣民主自治同盟編，《歷史的見證》，頁112。

104 Lai Tse-han, Ramon H. Myers, And Wei Wou, op, cit., pp.177-178.

安，……」[105]這段話的意思非常明白，即中央之所以決定派兵赴台，是由於3月7日處委會提出無理要求及隨後發生的不法行動使然。但是，同樣的官方資料告訴我們，3月5日蔣介石已經「派第廿一師劉雨卿師長率部赴台灣維持秩序」，「蓋台灣事件已演變至叛國及奪取政權階段，而其暴動且擴及於台北以外之台中、嘉義等縣市也」。[106]顯然官方的資料已否定了官方自己的說詞。此外，柯遠芬早在2月28日當天就認定：「奸偽已經混入群眾中，積極地在煽動，因此我召第三處盧處長商討軍事佈置，同時計畫今晚戒嚴的部署。當時最感困難的是兵力不夠，……」[107]3月4日柯遠芬又說：「事情如此變化莫測，忽晴忽雨，真是不知如何處理才好。此時我經過之周密的考慮後才決定盡速做軍事上萬全的準備。一俟他們叛國的罪證公開後，馬上即使用軍事力量來戡亂，……」[108]這些證據，已足以打散《悲劇性的開端》一書所陳述的因果關係。

事實上，根據民間的資料已經可以描繪出事件發展的清晰軌跡。二二八事件發生之初，陳儀以為問題不大，所以給蔣介石的報告只輕描淡寫：「由於市民與經濟警察之誤會，發生衝突，唯

---

105 秦孝儀總編纂，《總統蔣公大事長編初稿》卷六（下冊）（台北：中國國民黨中央黨史會，1978），頁401。

106 秦孝儀總編纂，《總統蔣公大事長編初稿》卷六（下冊），頁398。柯遠芬公開發表的〈事變十日記〉亦提到，3月5日下午即接奉蔣介石來電，謂已調駐淞滬一帶的整（編）廿一師146旅來台，並且於本月10日前可全部到達基隆登陸，同時又將駐福建的憲兵第四團一個營亦歸還建置。見氏著，〈事變十日記（四續）〉，《台灣新生報》（1947.5.17），第三版。

107 柯遠芬，〈事變十日記（初篇）〉，《台灣新生報》（1947.5.10），第三版。

108 柯遠芬，〈事變十日記（初篇）〉，《台灣新生報》（1947.5.15），第三版。

有少數奸徒，乘機滋事，致有死傷，旋即平息。」但在3月2日，他看到群眾蠭起如野火燎原，乃謂「奸匪煽動，挑撥政府與人民間之感情，勾結日寇殘餘勢力，致無知平民脅從者頗眾，祈即派大軍，以平匪氛」。[109]3月3日時駐江蘇昆山的廿一師（或稱整編第廿一師）軍部，即已「奉主席蔣電令」：該軍全部開台平亂、限3月8日以前到達、抵台後該軍歸陳長官指揮，依當時擔任廿一師副官處長的何聘儒所記載的行程，他在3月4日率領中少校及尉級副官十一人和一個汽車排，運送公文行李到昆山車站，5日車運吳淞軍用碼頭，6日中午上船出吳淞口，8日晚上隨軍部船隻在基隆港靠岸登陸。部隊登陸後主力迅即向台北推進，「沿途見到人多的地方，即瘋狂地進行掃射」，438團到達台北的當天下午即空運一個營到嘉義，使受困的守軍得以配合向四周的武裝人民進行屠殺，436團在基隆港上岸後即派一個營分赴新竹、桃園、中壢等地鎮壓，而廿一師軍部是在午夜到達台北，進駐師範學院，當晚「因為沒有柴燒，把學校門簾拆來燒，數百軍眷同住一處，到處大小便，亂拿學院東西，連電線、電燈泡也取走不少，使台北師範學院遭受一次空前的浩劫」。翌日軍部才由台北開往台中。[110]以上，可以看出奉派軍隊開台「平亂」的急忙情狀。

---

109 以上兩段話錄自何漢文，〈台灣二二八事件見聞紀略〉，原載《湖南文史資料》第四輯，收入鄧孔昭編，《二二八事件資料集》，頁184、185。按，何漢文係當時奉派來台調查之監察委員，應有機會看到政府的內部文件，可惜未註明出處。又，1949年之後台灣與大陸分離，身在大陸的何漢文撰寫此文，相對於國民黨政府而言自可視為「民間」。

110 何聘儒，〈蔣軍鎮壓台灣人民紀實〉，原載《文史資料選輯》第十八輯，收入鄧孔昭編，《二二八事件資料集》，頁189-192。

　　當3月6日陳儀接到第廿一師已由上海開出、憲兵第四團也已離開福州赴台的中央密電，即曾召開會議部署援軍開到以後的作戰計畫，但對於3月5日處委會所提出的要求條件卻欣然接受，並向全體人民廣播[111]，撒最後一次大謊，這就是陳儀的「誠意」。

　　對於廿一師登陸以後（或再度戒嚴以後）的鎮壓行動，從以下幾點跡象，吾人有理由稱之為「報復性的濫殺」。（一）當白崇禧到各地視察之後返回台北，召開綏靖清鄉會議，會中警總參謀長柯遠芬說，警總已令各縣鄉地方實行清鄉計畫，限期年底完成，柯遠芬主張寧可枉殺九十九個，只要殺死一個真的就可以，他還引用列寧的話謂，對敵人寬大，就是對同志殘酷。白崇禧遂糾正他，要他「今後」對於犯案人民要公開逮捕、公開審訊、公開法辦。[112]（二）《大明報》的編輯謝牧，在他的同仁被殺、被關以後，擬於3月21日搭輪船由基隆潛返上海，他提前在3月20日由台北乘火車去基隆，當時在台北火車站還看到一輛卡車滿載學生、工人模樣的人，由憲兵押解著急駛而過；到了基隆，港灣裡穿梭不停的小艇正在打撈屍體，有老婦、少婦在岸邊呼天喚地地嚎啕大哭，想必是從拖上岸的死屍中發現了她們的兒子或丈

---

111 莊嘉農（蘇新），《憤怒的台灣》（香港：智源書局，1949.3），頁119。關於「撒謊」，3月8日中午，憲兵第四團團長張慕陶造訪處委會總部，曾作明確聲明：「……本省之政治改革要求，甚為正當合理。國民政府將不派遣軍隊來台……我本人可以生命擔保國民政府對台灣，將不採取任何軍事行動。」可見他們以欺騙做緩兵之計，原來的讓步並非真正接受改革要求。見《台灣新生報》（1947.3.9）。

112 《白崇禧先生訪問紀錄》（下冊）（台北：中央研究院近代史研究所，1984），頁257、258。

夫。[113]吾人以為，若是依法定程序處決的，不需要、亦不至於丟入海裡。（三）前曾述及，嘉義市的陳復志、潘木枝、盧鈵欽、陳澄波等十二位前往機場的「和平使」只回來三人，其餘九人在數日後被綁赴火車站前槍斃示眾，並且不准收屍，一位嘉義市民回憶說：「他們將火車站、公路局前廣場當作刑場，所有槍決的屍體都堆積在那裡，並強迫市民去看，我跟媽媽一起，也排隊去看現場。那裡的屍體很多，散發著一陣陣的惡臭，蒼蠅飛來飛去，乾掉的血跡一灘一灘地黏在地上，好怕人！」[114]

整編廿一師師長劉雨卿，描述「平亂」的順利過程謂：「暴徒係臨時糾合之眾，既無一定組織與嚴格統御，自然缺乏戰鬥能力，有聞風自動解體者，有略抵抗即經我擊潰者，經十餘日之清掃，最後將謝雪紅殘部驅散於埔里迄日月潭地區，各地方政權隨情勢之轉移，次第恢復，暴亂遂即終止。」[115]以一支裝備精良的現代化部隊，對付「臨時糾合之眾」，當然輕而易舉，問題是，為什麼在掌控局面以後，還到處發生濫捕濫殺？原因除了陳儀藉機對付政敵（含CC派分子、三民主義青年團）[116]，藉機拔除台灣

113 謝牧，〈「二二八」人民起義親歷記〉，台灣民主自治同盟編，《歷史的見證》，頁117。

114 詳見李筱峰，《二二八消失的台灣菁英》，頁228-253。

115 劉雨卿，《恥廬雜記》（台北：川康渝文物館，1982），頁111。本來整編第廿一師在赴台之前，即「鑒於以往去台友軍準備未周的缺點」，奉准換發全部新裝備，於是軍容整肅、氣象一新，再利用機會加以短期訓練，待命赴台。見頁110。

116 當時擔任《國是日報》編輯的一位「目擊者」說：「直到事後才肯定是CC派企圖攬走政學系的陳儀取而代之，而陳儀惱羞成怒反撲的結果卻在台灣留下一頁血腥的紀錄。」野僕，〈「二二八」事件的真相——一位目擊者的見

菁英之外[117]，更重要的是，當時國民黨政權的暴力本質。

　　吾人若翻開當時中國大陸的報紙，不難發現在國民黨統治區內，有不少格殺打撲的「國家恐怖主義」(state terrorism)[118]現象，例如，1947年2月17日，北平市動員憲警八千餘人，午夜侵入民家大肆搜捕，前後一共捕去市民二千餘名；2月9日，上海發生勸工大樓慘案，以職工店員的愛用國貨運動，竟遭國民黨特務的毒打，毆死永安公司職員梁仁達；3月1日，蘇州軍警午夜施行全城大搜查，捕去市民六百餘人。[119]對此，有論者分析謂：「國民黨政府在各種各樣的危機襲擊下，已經喪失了功用。現在，它已經不能不採取公開的法西斯的恐怖統治了。」[120]

　　在事件發生後的台灣，一位去過中國、瞭解中國政治的日本

<hr>

證〉，陳芳明編，《台灣戰後史資料選──二二八事件專輯》，頁405。至於三青團，台灣區團負責人李友邦亦因而被監禁三個月差點罹難，參見鍾逸人，《辛酸60年：二二八事件二七部隊隊長鍾逸人回憶錄》，頁641。

117 關於藉機摧毀台灣人組織或拔除台灣菁英，除了鍾逸人的指證（前揭書，頁641）以外，吳濁流也說：「陳儀長官這一邊卻走入感情一途，認為這一個機會不能逃失，……這時候給本省一個痛擊，那將來就容易統治了。像這種論調，在當時報章上常常可以看到。大概就是以這種見解下，實行的恐怖政策吧，胡亂地逮捕，或殺害。」見氏著，《無花果（有關「二二八」部分）》，收入章名編，《台灣的二二八事件》，頁89。

118 所謂國家恐怖主義，意指權威當局為了政治目的，採用一般所不能接受之致命的、暴力的、殘忍的手段。若是在一個不民主的國家，「非官方」團體採取上述手段猶有一項藉口，即為了促成他們的目的別無選擇；但是就權威當局（國家）而言，連這一藉口亦付闕如。見 R. G. Frey, Christopher W. morris (ed.), *Violence, Terrorism, and Justice*（Cambridge: Cambridge University Press, 1991），p.258.

119 新聞標題是「中國學術工作者協會華南分會，抗議政府恐怖政策」、「上海六十六教授，抗議大搜捕」，香港《華商報》（1947.3.9），第2頁。

120 金林，〈另一種內戰在開展〉，香港《華商報》（1947.2.23），第2頁。

教授大瀨貴光，是林宗義醫師的好友，他要林宗義勸告乃父林茂
生教授，不可自恃「沒有參加任何反政府的活動」，務必到別處
暫避幾天，理由是：「這個政府是軍閥政府。……他什麼都不在
乎，只是在乎他的權力、貪婪與面子。經過了這次暴動與處委會，
台灣人已經威脅到他的權力，也使他失去面子。……他的報復一
定是迅速、嚴酷，而且不容辯解。」[121] 這位日本教授，是不幸而
言中了。

五、原因與責任的關聯（兼結論）

　　不論是3月10日的蔣介石講話，陳儀（改變口氣後）的廣播
詞，白崇禧在事件中的諸多講話和廣播詞，乃至4月7日在中樞
紀念週的報告，以及楊亮功、何漢文的「二二八事件」調查報告，
都不厭其煩地敘述事件發生的原因，其中除了楊、何的調查報告
基於監委職責需要具備較完整的形式之外，政府高層袞袞諸公並
非在寫學術論文，何須為「原因」說那麼多話？仔細一讀即可知
悉，是由於「原因敘述」與「責任歸屬」之間有著密切的關聯。

　　就像事件中入獄的鍾逸人所說：他們（國府）始終把二七部
隊和謝雪紅看成一體，事實上他們也只有做這樣的解釋和處理才
吻合陳儀一班人的利益，即二二八的發生是「中共在幕後策動，
與陳儀的失政無關；謝雪紅過去是正牌共產黨徒，所以二二八便

121 林宗義，〈林茂生與二二八——他的處境與苦悶〉，陳芳明編，《二二八事
　件學術論文集》（美國加州：台灣出版社，1989），頁26、27。

是共產黨煽動，謝雪紅領導發難的」。鍾逸人經過親友的提醒之後竟也「恍然大悟」：「如今她（他）們都遠離台灣，我何不趁機將所有責任推到永遠逮不到的人身上，……也許我的案情會單純一點，能早日結案。」[122] 蔣介石之所以把二二八事件歸罪於共產黨的煽動，在當時是有脈絡可循的，隨手拈來的例子，如1947年2月上海發生黃金風潮，人心惶惶，國民黨當局就說這是共產黨搗亂，在上海、北平買賣黃金所造成的。又如南京《中央日報》發生火災，損失六億元以上，國民黨亦把這筆帳算在共產黨身上，這種「萬方有罪、罪在共黨」的邏輯[123]，在當時已是一種「流行」。

然而本文並不認為二二八事件與共產黨人毫無瓜葛，只是認為他們介入的方式、時機、程度、結果，都不足以承擔「策動、主持」二二八事件的罪責或榮耀。事實上日治時代台灣的思想界已經相當多元活潑，台共便是在這種環境中發生、成長，經過日本當局的檢肅之後，他們重返戰後的台灣社會，可能尚有些影響力，但是尚未「整隊」，以特立獨行的謝雪紅而言，當時亦不可能受什麼「組織」的指揮。而事件發生之後，中共這股勢力會想插手，亦是情理之常，奈何當時在台基礎薄弱，所引起的作用有限。[124] 無論如何，承認共黨分子在第二階段做某種程度的介入，

122 鍾逸人，《辛酸60年：二二八事件二七部隊隊長鍾逸人回憶錄》，頁623、625。

123 社論〈奇妙的邏輯〉，香港《華商報》（1947.3.17），第1頁。

124 1946年春從上海來台兩年，搜集不少資料的江慕雲也說，做為一個新聞記者的客觀報導：共產黨勢力是在事件發展的中期介入，可是沒有發生多大作用。見氏著，《為台灣說話》（上海：三五記者聯誼會，1948），頁112。

並不能與第一階段（暴動）的原因相混淆，亦即不能為國民政府的失政卸責，更不能做為第三階段濫捕濫殺的藉口。[125]

　　其次，以「文化差距」做為二二八的原因，亦為（白崇禧為代表之）國民黨當局所喜愛的說詞，彼強調日本治台五十一年對台民的「奴化」、「毒化」，不瞭解祖國，正可以把國民政府的責任推得一乾二淨，甚至陳儀在離開台灣前夕的「臨別贈言」還強調，希望台灣同胞加緊學習國語國文，了解祖國累積優良文化，如此一來「不獨能夠增強團結建設的力量，且可消滅若干野心分子的邪念」。[126]其實，日本政府治台初期何嘗沒有感受到「文化差距」？但他們的處理態度似乎迥不相同，民政長官後藤新平曾說：「本島內雖狹小，但言語種類不少，無法互相溝通，而其習慣制度亦諸多不同，因此如不調查這些習慣及有關民事、商事之複雜習慣，貿然主張可實行內地之法律者，是何等輕忽欠妥」，「對於將來統治台灣而言，現任總督絕非僅制定地籍、戶籍為已足，必定會進一步，明瞭舊慣制度，然後確立完妥的法律制度。」[127]他們劍及履及，成績斐然的「臨時台灣舊慣調查會」、「台灣慣習研究會」，即是此種觀念的產物。相較之下，自大和虛心，野蠻和文明，豈不判然？

　　至於，台灣人民對於戰後前來接收的中國軍隊軍容不整，

125 楊逵說得好：赤色分子又怎樣？豈可與一般竊盜之徒相提並論？見鍾逸人，
　　《辛酸60年：二二八事件二七部隊隊長鍾逸人回憶錄》，頁596。
126 《台灣新生報》（1947.5.6），第四版。
127 後藤新平，〈經營台灣必須調查舊慣制度的意見〉，台灣慣習研究會原著，
　　《台灣慣習記事》第一卷（上）（台中：台灣省文獻委員會編譯，1984），
　　頁154-157。

軍人之紀律不佳，官吏之貪瀆與缺乏效率，產生失望乃至嘲弄的心情，也是自然而然，因爲半世紀的日本統治雖不一定使台灣親日，但是日本人的確提供了一個戰後中國國民黨人無法相比的「標準」[128]，有些狂熱的大中國民族主義者，對於台人的上述心情不能理解，竟窄化、醜化爲殖民地、半殖民地「買辦知識分子」的想法：「買辦知識分子以殖民者的眼光卑視和仇視自己的社會、文化，仇恨祖國的落後，必欲切斷自己的祖國的臍帶，按照殖民者的形象改造自己而舒暢、自在。」[129]吾人以爲，這是強迫別人接受其「祖國」信仰而後才有的推論，台灣是否爲一殖民地，並非決定於受誰統治，主要係決定於統治方式如何，以戰後台灣的陳儀政府而言，亦可被評爲殖民政治[130]（這時爲陳儀政府辯護的台灣知識分子，即是「買辦知識分子」？）退一步說，一個人批評中國、甚至以日本爲標準來批評中國，亦不一定就是認同、崇拜日本。

　　本文同意「文化差距」是造成二二八「暴動」的重要原因之一，不論從妄自尊大的國府官員角度看，或是從失望而怨懟的台民角度看，都必須承認此一「差距」的事實。當然，若只是「差距」——如字面所示的中性意義——應不至於造成動亂，實乃經過叢生的經社問題以及政治歧視的催化，文化差距才變成族群矛

---

128 Douglas Mendel, op. cit., p.40.

129 陳映真，〈爲了民族的和平與團結——寫在「二二八事件：台中風雷」特集卷首〉，《人間》第 18 期（1987.4），頁 65。

130 吳世昌就說：「中國素無殖民地，而偏要在淪陷 50 年的台灣嘗嘗殖民的味道。」見氏著，〈論台灣的動亂〉，上海《觀察》週刊第 2 卷第 4 期（1947.3.22），頁 9。

盾，同時與官民矛盾糾纏不清，這就是二二八事件的真相。

不過在敘述經社問題與政治歧視的時候，不能以「陳儀主台失政」含糊帶過，因為接收台灣的基本建制，不論是政治或經濟的特殊化，雖大致由陳儀擬定，卻都得到蔣介石的核許[131]，況且戰後台灣原有的生產事業多未恢復的情況下，南京「當局惟眼前利益是圖，只想殺機取蛋，用各種名義和方式，從中搜括一些東西，應付這種局面是複雜而艱難的」。[132]再者，戰後很多滯外台灣人不但不能迅速獲得中華民國國籍，甚至有淪為漢奸、戰犯的嫌疑：為了「慶祝」中華民國憲法公布，有幾千個人犯大赦出獄，這些，當然都是中央政府的責任。

最後，關於二二八事件第三階段的恐怖鎮壓，是「在軍事大屠殺以後，接著由黨、政、軍、憲、警聯合實行全面大搜捕，加以秘密殺害，這樣被殺害的人民當不下千數[133]，當時「台灣旅京滬七團體」認為，對屠殺罪行應負全盤責任者為行政長官兼警備司令陳儀，以次為警備司令部參謀長柯遠芬、基隆要塞司令史宏熹、高雄要塞司令彭孟緝諸人；其中屬行恐怖、殺人最多之部隊為陳儀私人武力之特務大隊、別動總隊，與駐防基隆、高雄兩要

---

131 丁果著，陳俐甫、夏榮和合譯，〈台灣「二二八」事件之一考察──以陳儀與台灣行政長官公署為中心〉，《台灣風物》第 41 卷第 1 期，頁 109、110、124。

132 這是周一鶚引述陳儀的感慨之言，見氏著，〈陳儀在台灣〉，《陳儀生平及被害內幕》，頁 107。

133 何漢文，〈台灣二二八事件見聞紀略〉，鄧孔昭編，《二二八事件資料集》，頁 184。

塞之部隊，捕人最多者爲憲兵第四團。[134]有學者認爲以上的殺戮
大部分是違背最高統帥（蔣）和行政長官陳儀的意旨，也就是屬
下違令的結果[135]，於此，我們可以有三點駁斥：第一、如果屬下
違令，爲什麼事後未曾聽說有任何執行戰鬥或搜捕行動的任何軍
憲警官受到處分？相反地，只看到憲兵第四團團長張慕陶，陳儀
以其「鎮壓叛亂異常出力，著記大功二次，並傳令嘉獎」[136]，以及
「彭孟緝中將調升台灣警備司令」的消息。[137]第二、有些行動狀況
或許爲陳儀所不知，但是3月10日蔣介石公開講話所歸咎的「昔
被日本徵兵調往南洋一帶作戰之台胞，其中一部分爲共產黨員」，
即是陳儀在3月6日提供的情報[138]，套用劉文島在三中全會上批評
的話說：「如果陳儀不知道他的行政措施之病民，他就是無知，
如果他知道而不加改正，他就是不盡職，應予以罷免。」[139]此外，
曾有任職警總的人說，那些被捕的知名人士之所以下落不明，
「是經行政長官兼警備總司令陳儀批以『密裁』二字而暗中幹掉
的」。[140]第三、不論是2月28日下午開始（3月1日午夜結束）的

---

134 〈台灣旅京滬團體關於台灣事件報告書〉，鄧孔昭編，《二二八事件資料集》，
　　頁 326。

135 Lai Tse-han, Ramon H. Myers, and Wei Wou, op. cit., p.149、164.

136 旅平同鄉會等，〈二二八大慘案日誌〉，鄧孔昭編，《二二八事件資料集》，
　　頁 254。

137 《台灣新生報》（1947.5.5），第四版。

138 Lai Tse-han, Ramon H. Myers, and Wei Wou, op. cit., p.142.

139 香港《華商報》（1947.3.23），第 1 頁。這是根據「合眾社南京 22 日電」
　　的消息。

140 蒲人，〈一場歷史噩夢的回想——台灣「二二八」事件身歷記〉，收入閩台
　　通訊社，《二二八事件真相》（台北：陳世傑發行，1985），頁 344。

戒嚴，或是3月9日開始（迄5月15日為止）的戒嚴，皆非國民
政府所宣告，而是當地最高司令官所宣告的「臨時戒嚴」，依國
民政府在1934年公布施行的戒嚴法規定，「臨時戒嚴」之宣告應
由該地最高司令官呈請國民政府依法追認，而國民政府經立法院
之議決之後，才可以「依本法宣告戒嚴或使宣告之」。然而我們
看不到這些「程序」的證據，只知道陳儀與蔣介石之間電報頻頻。
其中蔣介石雖曾在3月13日電令陳儀，謂「請兄負責嚴禁軍政人
員施行報復，否則，以抗命論罪」。[141]但是在其他諸多電報沒有公
布以前，光憑這一紙命令是無法為蔣介石卸責的。[142]當3月22日
國民黨三中全會表決通過撤免陳儀並予以懲辦以後，蔣介石竟然
還在24日公開為（王世杰、宋子文及）陳儀辯護，他說他看不
出偏要把他（們）交付懲戒的理由，因為他（們）「善盡職守」。[143]

---

141 這紙電令的手稿在十幾年前就已在《蔣總統秘錄》中展示，值得注意的是，
　　原稿的「應嚴禁……」塗改成「請兄負責嚴禁……」，顯示蔣介石為陳儀設
　　想的苦心。陳儀的復電當然是「已遵命嚴飭遵辦」。電文見秦孝儀總編纂，
　　前揭書，頁403。原稿影印見古屋奎二編著，《蔣總統秘錄》全譯本第14冊
　　（台北：中央日報社出版，1977），頁105。

142 在軍閥割據以後的中國，曾流行所謂「通電文學」，一些官員堂皇的訓示，
　　往往是為了列作例行紀錄之用，或是為了彰顯一代強人的道德性，故僅僅利
　　用官方的資料以研究二二八事件，在先天上充滿缺陷，容易陷入解釋力的貧
　　困。參見〈澄清二二八——關於馬若孟（R. H. Myers）論文的幾點澄清〉，
　　陳俐甫編著，前揭書，頁86。

143 香港《華商報》（1947.3.25），第1頁，根據的是「美聯社南京24日電」。
　　當3月22日的中全會以臨時動議方式通過撤辦陳儀案以後，當天晚上蔣介
　　石請每位委員在勵志社吃飯，那場宴會氣氛甚愉快，蔣介石已經「把各個方
　　面大員的責任，都由他老人家一肩捐」，使得第二天全國各報的中央社南京
　　電，關於三中全會消息，都不敢點明通過的臨時動議內容是什麼。詳見宋中
　　堂，〈三中全會中的幾門大砲〉，上海《新聞天地》月刊第23期（1947.5.1），
　　頁14。

爲什麼蔣介石如此厚愛陳儀？一個合理的推論是：陳儀在主台之後，乃至二二八事件中，一直秉承蔣介石的指示。

1947年5月10日，陳儀離台赴京，獄中的吳新榮聽到此一消息之後說：「這個陳儀乘飛機離台了，各人非無感慨，最少這次事變所流的血，也可使一個惡政家陳儀垮台。」[144]不幸的是，陳儀並沒有因而垮台，1948年夏，蔣介石又命陳儀出任浙江省主席。二二八事件的血到底有沒有白流？筆者認爲，不能只從追究一二人之責任，或受難者的冤屈是否平反來看，更應該從台灣這個美麗島，對內是否已建立民主法治、社會公平，對外是否已獲致完整的國際人格來看，否則，難保未來不會再發生類似的悲劇。

　　※本文係1991年7～12月於美國加州史丹佛大學胡佛研究所訪問時寫成，撰寫期間蒙該所研究員張富美女士協助搜集資料，獲益良多，非常感謝。

---

144 吳新榮，《吳新榮回憶錄》（台北：前衛出版社，1989），頁249。

第三章

再探二二八事件
處理委員會

———關於其政治立場
與角色功能的評估

一、前言

　　近年來隨著禁忌的解除以及較多官方原始資料的公布，台灣社會透過二二八事件而「認識自我」的衝動得到相當程度的滿足，但是更多研究、更多口述史記錄出現以後，除了發現一些官方說法已被推翻，同時亦有一些民間說法仍待佐證或修正。前者例如指二二八事件是共黨介入乃至主導[1]，後者例如指處委會自始至終都被陳儀玩弄於股掌之中，或者由公職士紳組成的處委會本質上是買辦立場[2]、註定妥協云云。

　　除了就學術發展的角度，須要對過去二二八的研究成果做批判性地回顧，若

圖 3-1　《新生報》報導 3 月 8 日中午張慕陶赴中山堂向處理委員會談話。

1　例如 1988 年時任行政院院長的俞國華，1989 年時任國防部部長的鄭為元皆採此說。關於各種官方說法，詳見楊家宜編製，〈「二二八」的官方說法〉，《中國論壇》月刊號第 4 期（31 卷第 5 期，1991.2.1），頁 45-56。

2　史明先生根據 1947 年 3 月 6 日處委會發表的〈告全國同胞書〉，就認為「自此，一向被視為抗暴運動最高司令部的『二二八事件處理委員會』漸漸被民眾看破其買辦立場，台灣人內部也因而更加混亂」。見氏著，《台灣人四百年史》（美國加州聖荷西：蓬島文化公司，1980），頁 774。台北「自由時代週刊社」翻印。

要供作追求台灣主體性的「功課」，除了把二二八的不幸歸因於
外來統治者的野蠻、欺騙以外，更要反省「自己人」到底怎麼了？
過去太強調半山的罪過，或者太教條地歌頌武裝路線的偉大，恐
怕都不是眞切的反省。在這樣的心理需求下，在紀念二二八屆滿
五十週年的此刻，願繼前輩研究之後，「再探」二二八事件處理
委員會。

二、問題提出與概念界定

筆者曾在初次研究二二八事件的論文中，把該事件的範圍界
定爲：1947年2月27日晚上，台北市發生緝煙傷人情事，以及
第二天抗議群眾遭到軍警機槍掃射致多人死亡，進而引起全島性
暴動；其後經過3月2日成立之台北「處理委員會」的折衝交涉，
各地民間力量的收繳槍械、施加壓力、維持治安，及陳儀的應對
與求援；最後當援軍抵達，3月9日再度宣布戒嚴，3月10日解
散處委會，國民黨政府展開鎮壓屠殺，直到5月16日魏道明接任
省主席，宣布取消戒嚴，結束「清鄉行動」爲止，謂之二二八事
件。[3]其間，3月4日台北（已無政府代表的）處委會決議通知17
縣市參議會，緊急組織處理委員會縣市分會，並選派代表來參加
「全省的」處委會；最先派來的是新竹市的五人代表團，出席3
月5日在台北中山堂舉行的委員會，他們因爲「看到會場秩序紊

3　陳儀深，〈論台灣二二八事件的原因〉，收入陳琰玉、胡慧玲編，《二二八
　　學術研討會論文集（1991）》（台北：台美文化交流基金會，1992），頁
　　28-29。

亂」、「沒有看到其他縣市的代表到會」所以翌日即返回新竹。[4] 各
地陸續成立的處理團體雖然有些響應台北市採用正式的「二二八
事件處理委員會CC分會」名稱,例如台南市、屏東市,甚至較
小規模的「板橋鎮支會」、「台南縣處理委員會北門地區支會」亦
有之[5],但是各地的情況不一,成立的時間甚至在3月4日以前,
亦即不待台北通知就自動組成,例如台中是於3月2日下午,在
市參議會成立「台中地區時局處理委員會」並組織治安隊,嘉
義市在3月3日經過市民大會就成立「嘉義市三二事件處理委員
會」,由三民主義青年團嘉義分團籌備處主任陳復志擔任主任委
員兼保衛司令部司令。[6] 可見,就像二二八的台北暴動之所以在短
時間內蔓延全島,主要是社會基礎使然,並非任何人或是黨派團
體所能掌握操控一樣,各地類似台北處委會的應對組織之陸續成
立,主要亦是順著既有的社會階層結構,由當地的民代士紳爲主
自動組成。這就是說,當我們在討論二二八事件處理委員會的政
治立場、角色定位的時候,雖然是以3月2日於台北中山堂成立、
3月3日擴大組織的處委會爲主要對象,但不能忘記尚有分布各
地且名稱不一的「處委會」,筆者認爲要把「全省的」、「地方的」
互相參照,才能把處委會的性質看得通透。

---

4 〈曾重郎的回憶〉,收入張炎憲、李筱峰編,《二二八事件回憶集》(台北:
   稻鄉出版社,1989),頁115。
5 (行政院)研究二二八事件小組,《二二八事件研究報告》(台北:時報文化,
   1994),頁73、114。
6 許雪姬,〈台灣光復初期的民變:以嘉義三二事件為例〉,收入賴澤涵主
   編,《台灣光復初期歷史》(台北:中央研究院中山人文社會科學研究所,
   1993),頁175。

　　過去研究處委會的代表性論文，如李筱峰的〈「二二八事件處理委員會」與陳儀的對策〉，已經扼要指出：

> 處委會本身雖然不是一個武裝革命的團體，但它顯然有意乘著整個民變的態勢，藉機向統治當局提出具體的政治改革要求。民間激進的行動，無形中成為處委會向統治當局討價攤牌的籌碼；而站在統治者一方的陳儀而言，處理委員會則成為陳儀藉以緩和（或安撫）民眾激越行動的媒介。處委會就處在這種尷尬的立場中，苟存了九天。[7]

　　這一段描述可謂謹慎、客觀，但同文隨後不能免俗地認為「這個非武裝的組織，自始至終，卻被陳儀玩弄於股掌之中」，這就是沒有把處委會「整體來看」所致的誤解，且不說全島各地的分（支）會不是陳儀所能玩弄的，即以台北的處委會而言，若干資料顯示它亦成為CC派鬥爭陳儀的戰場。其次，另一篇研究處委會的代表性論文是黃富三的〈「二二八事件處理委員會」與二二八事件〉，該文描述處委會的組成、運作與結局甚詳[8]，但是論斷的時候說「處委會或主動或被誘引，不斷地升高其政治目標，終於引起國民政府之強力鎮壓」；「『處委會』以地方高度自治為主軸的政治要求完全牴觸中國自古至今之中央集權統治模

7　李筱峰，〈「二二八事件處理委員會」與陳儀的對策〉，收入陳琰玉、胡慧玲編，《二二八學術研討會論文集（1991）》，頁190。
8　黃富三，〈「二二八事件處理委員會」與二二八事件〉，收入賴澤涵主編，《台灣光復初期歷史》，頁127-168。

式與國府的政治理念，武力鎮壓幾乎是必然的結局」。姑不論處
委會的政治訴求是否「不斷升高」[9]，黃富三把處委會「不適當」的
政治訴求和「武力鎮壓」之間劃上明確的因果關係，其實正是蔣
介石的說法，1947年3月10日蔣介石發表〈台灣事件之經過及
處理方針〉，除了指責共產黨員乘機煽惑造成暴動以外，還說明
陳儀處置得宜，「故此次不幸事件，本已可告一段落，不料上星
期五（七日），該省所謂『二二八事件處理委員會』突提出無理
要求，……此種要求，已逾越地方政治範圍……故中央已決派軍
隊赴台維持當地治安」[10]。可是依照國民黨自己公布的資料，蔣介
石在3月5日就已經「派第廿一師劉雨卿師長率部赴台灣維持秩
序」，因為「台灣事件已演變至叛國及奪取政權階段，而其暴亂
且擴及於台北以外之台中、嘉義等縣市也」[11]。換句話說，蔣介石
先前已把二二八事件定位在叛國及奪取政權層次，先已決定派
兵，並不是等3月7日處委會提出「無理要求」之後才做的決定，
他拿處委會做代罪羔羊，顯有卸責用意，研究者焉能不察？

　　處理委員會到底是改革團體或是叛亂團體？他們的台灣人立
場和官民立場是一致的或是切割的？他們在動亂中扮演滅火或是

9　《悲劇性的開端》一書即認為：異議分子提出的條件「越來越激進」，才引
　　發政府從妥協和解轉向高壓鎮暴。見 Lai Tse-han, Ramond H. Myers, and Wei
　　Wou, *A Tragic Beginning: The Taiwan Uprising of February 28, 1947*（Stanford,
　　California: Stanford University Press, 1991）, p.177. 筆者對此說保留，後詳。
10　〈蔣介石在中樞紀念週上的講話〉（1947年3月10日上午9時），鄧孔昭編，
　　《二二八事件資料集》（台北：稻鄉出版社，1991），頁367-368。
11　秦孝儀總編纂，《總統蔣公大事長編初稿》卷六（下冊）（台北：中國國民
　　黨中央黨史會，1987），頁398。

縱火的角色？最後，他們「失敗」的意義是什麼？都是本文嘗試
回答的問題。

三、處委會的台灣人立場與官民立場

《悲劇性的開端》一書認為，二二八事件是一種「經常伴隨
中國政權的移轉所發生的大規模的城市暴力事件」，它與大多數
台灣人──佔全人口80%的鄉下住民極少關連。[12]這樣的認定頗
有問題，動亂的範圍其實包括花蓮、台東，台南縣的鹽水、麻豆
糖廠的工人亦「揭竿而起」，很難以城鄉標準來劃分；再者該書
既然承認半世紀的日本統治使台灣人與大陸人的「世界觀」產生
重大差距，台灣人的「我群意識」甚至與（曾受異族統治的）大
陸沿海各省大有不同，怎能與歷史上經常發生的「城市暴力事件」
相提並論？毋庸諱言，二二八民變發生的原因除了官逼民反、生
活困難等方面，更夾雜「本島人vs.內地人」、「本省人vs.外省人」
乃至「台灣人vs.大陸（中國）人」的族群矛盾，才會那樣星火燎
原。例如2月28日公署警衛開槍打死數位民眾之後，憤怒的民眾
抬著屍體遊行的口號是「打死人啦，『阿山』打死人啦！」[13]隨後
各地亦發生「打阿山」的現象；其次，林衡道先生亦目擊台北車

---

12 Lai Tse-han, Ramond H. Myers, and Wei Wou, op. cit., p.7. 原文是：……only the
   cities and large towns were involved. The vast majority of the Taiwanese － up to
   80 percent － were rural folk who played little if any role.

13 謝牧，〈「二二八」人民起義親歷記〉，台灣民主自治同盟編，《歷史的見證》
   （北京：台灣民主自治同盟，1987），頁 111。

站前有家中國旅行社，招牌上的「中國」二字已被打掉，「其他冠有『中國』二字的招牌，『中國』二字都被消滅掉了」。[14]

　　在這種氣氛之下，3月1日上午台北市參議會邀請國大代表、省參議員、參政員等組成之「緝煙血案調查委員會」，在中山堂召開成立大會，會中決議派代表赴公署謁見陳儀，並提出釋放被捕市民及官民共組處理委員會等五項請求；3月2日下午「二二八事件處理委員會」在中山堂首次召開會議，政府官員代表與焉，會中除一致要求解散警察大隊，還決定擴大組織，由商會、工會、學生、民眾、政治建設協會五方選出代表參加；3月3日上午擴充改組之後的處委會召開會議，政府方面的代表已不出席（或謂政府代表增為七人，增加的兩位是柯遠芬、張慕陶）[15]，會中決定派二十餘位代表會見陳儀要求撤退巡邏軍隊及哨兵，派李萬居等五人赴美國在台領事館說明祈使事件周知全世界及國民政府當局，並且決議籲民眾不可再亂打外省同胞。本日下午處委會治安組開會決定成立「忠義服務隊」以維護北市治安。3月4日上午處委會繼續開會，做成的八項決議，包括通知17縣市組織處理委員會，以及特派黃朝琴、張晴川、顏欽賢三人向柯遠芬交涉制止武裝軍隊巡邏等等，同時由李萬居報告外地之誇大消息，謂台灣人民發生暴動係要求託管云云，李氏強調此次事件之發生，純

14　〈二二八事變的回憶：林衡道先生訪問記錄〉，中央研究院近代史研究所「口述歷史」編輯委員會，《口述歷史》第2期（1991.2.1），頁227。

15　據《台灣新生報》3月4日所載，公署官員已不出席3月3日之大會，惟據中央通訊社台北分社發出的電訊稿，則有新增二位政府官員之記述。見林德龍輯註，《二二八官方機密史料》（台北：自立晚報，1992），頁22。何者為是？暫存疑。

粹在要求今後之政治改進，非有其他企圖。[16]3月5日下午，界定為全省性組織的處委會在中山堂召開臨時大會，通過了〈二二八事件處理委員會組織大綱〉以及〈八項政治根本改革草案〉，確立處委會的宗旨是團結全省人民、處理二二八事件及改革台灣省政治。3月6日下午處委會補開正式成立大會，完成改組為一全省性組織，並依昨日通過之組織大綱選出常務委員17名，包括：

> 國民參政員：林獻堂、陳逸松
> 國大代表：李萬居、連震東、林連宗、黃國書
> 台北市參議員：周延壽、潘渠源、簡檉堉
> 　　　　　　　徐春卿、吳春霖
> 台灣省參議員：王添灯、黃朝琴、黃純青
> 　　　　　　　蘇維梁、林為恭、郭國基[17]

這顯然是一份「公職掛帥」的名單，蔣渭川方面的人馬無一上榜。吾人不應忘記3月4日處委會決議通告各縣市組織分會時，也是以各縣市參議會為對象，希以參議會為主體組織各縣市處委會分會。按，戰後台灣各級民意機構的建立係由下而上，從公民宣誓開始，1946年2月16日至28日經由村里民大會直接選

---

16 1945年5、6月間，李萬居在重慶負責《台灣民聲報》的主要編務工作，對於「國際托治制與台灣」的問題已有深思，大致是站在中國的立場發言。此時處委會由他來報告，或與此背景有關。參見楊錦麟，《李萬居評傳》（台北：人間出版社，1993），頁110-112。

17 蔣永敬等合著，《楊亮功先生年譜》（台北：聯經出版公司，1988），頁348。

出7,078名鄉鎮民代表→接著選出523名縣市參議員→4月15日
由各縣市參議會同時選出30位省參議員。[18]雖然行政長官公署直
接承命於南京政府,各局處首長只有一位教育處副處長宋斐如
是「本省人」,但是民意代表部分的選舉,顯然是「本省人」的
舞台。由於這種「本省人民意代表vs.外省人官僚」的結構,加
上「光復後不久,他們對祖國的政策未盡明瞭,……於是會議一
經開始,勢如脫韁之馬,駕馭為難了」![19]時任省參議會議長的
黃朝琴即批評議員們「只知主觀需要,不顧客觀困難」,有時候
「旁聽的民眾如狂如癡,轟動叫囂,鼓掌附和,秩序幾已無法維
持」。[20]為了進一步明瞭戰後台灣政治的對抗情勢,茲以圖表方式
顯示如下頁圖3-2。[21]

　　圖中把半山人士做為統治集團一部分,把國民黨台灣省黨部
做為民間社會一部分,應屬靜態分析,只是現實的某一面向。當
二二八事件發生時,以民意代表為主軸所組成的處理委員會,雖
然也有半山人士,但在當時的社會壓力之下,處委會基本上站在
民間──台灣人的立場,應毋庸懷疑。這時候圖3-2應該順時針
旋轉90度,依省籍來界定官民立場較為接近事實。

18　黃朝琴,《我的回憶》(台北:龍文出版社,1989),頁156、157。
19　黃朝琴,《我的回憶》,頁163。
20　黃朝琴,《我的回憶》,頁165。對此,黃朝琴語帶譏諷地說:「我在英國
　　看過民主國家的作風,我在國內受過民主的訓練,所以見解也許與台灣的民
　　主作風有點不同。」他自認擔任省參議會議長失敗了,「失敗在所受的民主
　　教育與台灣的民主作風不同」,因而堅辭議長表明心跡,不過後經參議會議
　　決「挽留」才打消辭意。以上見頁169、171、172。
21　引自陳翠蓮,《派系鬥爭與權謀政治──二二八悲劇的另一面相》(台北:
　　時報文化,1995),頁245。

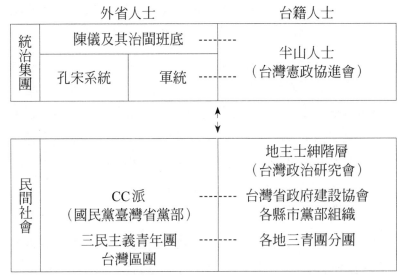

圖 3-2　戰後台灣政治對抗情勢簡圖　　　　　　　對抗← →　聯合 ------

　　回到二二八事件本身來討論，3月6日完成改組的處委會除了選出常務委員，還發表一篇〈告全國同胞書〉，向中國各省的同胞說明「我們」的目標是在肅清貪官污吏，爭取本省的政治改革，不是要排斥外省同胞，「我們歡迎外省同胞參加這次改革本省政治的工作，以便台灣政治的明朗，早日達到目的」，同時表白「我們同是黃帝的子孫」，承認「有一部分的外省同胞被毆打，這是出於一時的誤會，我們覺得很痛心，……今後絕對不再發生這種事件」。[22]既然處委會的宗旨是在團結省民改革政治及處理二二八事件，不是要進行獨立革命，那麼站在台灣人的立場表

22　鄧孔昭編，《二二八事件資料集》，頁 269。

明不排斥外省同胞，歡迎外省人參加改革省政，應是很正常的說法；至於黃帝子孫云云，乃是當時中華民國體系下的概念，顯示台灣人學做中華民國「國民」的現實。其次，3月6日下午的處委會，在王添灯的動議下，通過要以國語、客語、閩語、英語、日語向中外宣布二二八事件的前因後果及處理建議[23]，翌日下午的處委會果由王添灯就其擬就之處理大綱文件向大會說明並獲得通過，當時在會場秩序混亂的情況下又增列十條，成為〈卅二條處理大綱〉暨十項要求。應該注意的是，這份處理大綱並不是從天而降，而是順著3月5日八項改革草案、3月6日產生17位常委並發表公開文告的理路而來，即使是標榜以強有力的左派隊伍「控制」整個處委會的地下黨成員，也說3月6日在王添灯的授意下，潘欽信、蕭友三和蔡子民三個人在《自由報》辦公室，將處委會得到的對事件的處理意見，「綜合起來加以研究討論」，然後由潘執筆草擬完成。[24]至於一般人認定為失控而後追加的十項要求，特別是撤銷警總、無條件立即釋放「本省人之戰犯及漢奸嫌疑被拘禁者」，比起卅二條本文並不更為嚴重，請看卅二條的部分條文：

> 第一條：政府在各地之武裝軍隊，應自動下令暫時解除武
> 裝，武器交由各地處理委員會及憲兵隊共同保管，以免繼

---

23 3月6日應該只是通過王添灯的「動議」要做這件事，詳細內容則是3月7日才拿出來報告、討論、通過。

24 詳見蔡子民，〈憶「二二八」與王添灯〉，台灣民主自治同盟編，《歷史的見證》，頁68-74。

續發生流血衝突事件。

第六條：在政治問題之根本解決之前，政府之一切施策（不論軍事、政治）需先與處理委員會接洽，以免人民懷疑政府誠意，發生種種誤會。[25]

處委會這樣要求解除武裝、共同保管武器，過問政府之一切軍政措施，豈不是以另一交戰團體或新政府自居？所謂「嚴重」莫此爲甚，而出現至少六次「○○主管（或委員，局處長）應由本省人擔任」之要求猶其餘事。

處委會處理大綱除了條文部分的具體要求，其前文敘述事件的因果關係及責任歸屬，更可以看出處委會是站在「民間的」、「台灣人的」立場說話：

這樣廣泛而大規模的事件是由查緝私煙、槍斃人命這樣單純的原因所能發生的嗎？絕不是！查緝私煙、槍斃人命不過是導火線而已。這次事件完全是全省人民對於一年餘來之腐敗政治的不滿同時爆發的結果。……

由此可知，事件根本由腐敗政治之結果而來。已非肇因專

---

25 鄧孔昭編，《二二八事件資料集》，頁273、274。附帶説明的是，日治時代台灣人被徵兵去打仗，包括去中國大陸，等到日本戰敗以後台灣籍的兵卻被當作漢奸拘禁，為此丘念台曾先後向中央及台省當局反覆請求。二二八時台人提出釋放這種「漢奸」的要求，怎能算是過分？

賣局吏之不法行爲所致，亦非由於省界觀念而發生的事件。故對此次事件，整個台灣政府應負全部責任。[26]

認定「腐敗政治」是引發事件的原因，而陳儀政府必須負全責——這也許是入情入理的描述而且表達了多數台灣人的心聲，但對陳儀而言不啻宣判政治死刑，無怪乎3月7日傍晚處委會代表黃朝琴、王添灯、吳國信等人將處理大綱暨十項要求面交陳儀時，陳儀尚未閱畢就「將文件擲地三尺以外」而斷然拒絕[27]，柯遠芬也在日記中見獵心喜地指爲叛國證據的大暴露。[28]

要之，陳儀在3月5日接獲中央已派兵赴台增援（包括番號、數量、抵達時間）的電文[29]，3月6日草擬給蔣介石的信函已經提到「不只違法而已，顯係叛亂行爲」、「必須迅派得力軍隊來台」[30]，並不是等到3月7日親見處理大綱才認定爲叛亂事件，不過，合理的推測是：處理大綱所表達的完整而堅定的立場（觀點），必然強化了陳儀、柯遠芬日後反撲、整肅的決心。

---

26 鄧孔昭編，《二二八事件資料集》，頁271、272。

27 蔣永敬等合著，《楊亮功先生年譜》，頁353。

28 柯遠芬，〈事變十日記〉，李敖編著，《二二八研究》（台北：李敖出版社，1989），頁257。

29 〈陳儀與招商局總經理徐學禹來往文電〉，收錄於陳興唐主編，《台灣「二·二八」事件檔案史料（上）》（台北：人間出版社，1992），頁165。

30 〈陳儀呈蔣主席3月6日函〉，大溪檔案：台灣二二八事件，中央研究院近代史研究所編，《二二八事件資料選輯（二）》（台北：中央研究院近代史研究所，1992），頁71-80。

四、處委會是放火的，或是滅火的？

3月1日、2日陳儀的兩次公開廣播，給處理委員會的存在賦予合法性。[31]但事後長官公署提出的〈台灣省二二八暴動事件報告〉之中，對處委會做以下的定位：

> 處委會之性質，原爲容納民意，商討「二二八事件」發生後有關卹死救傷等善後事宜，詎該會成立之後，對此毫不商議，反進行種種越軌行動。其後，該會即擯棄政府所派五代表，而自演變爲一非法團體，從事叛亂行動。……決議凡政府發佈新聞、採購糧食，須經該會證明，……對台中等地暴徒之佔領各機關，公然宣稱接收完竣，叛亂陰謀，已極昭彰。[32]

其次，根據當時國防部所屬《掃蕩週報》出版關於二二八民變「始末記」的說法，認爲處委會與自治青年同盟等非法組織一樣，「如火如荼般，擴大事變到處襲擊倉庫，以期天下大亂，好混水摸魚」。[33]此外3月10日「中統局」局長葉秀峰給蔣介石的呈文（轉述台灣省黨部調統室3月8日的急電）亦提到：「台北

31　〈陳儀在事件中的講話和廣播詞〉，鄧孔昭編，《二二八事件資料集》，頁335-337。

32　鄧孔昭編，《二二八事件資料集》，頁403、404。

33　〈台灣二二八事變始末記〉，收錄在林木順編，《台灣二月革命》（台北：前衛出版社，1990），附輯，頁154。

二二八事件處理委員會，已形成台灣最高政權機關，每日均提出不法條件，要脅政府，並集中陸海空軍人才，以海南島返台青年為基幹，徵召壯丁，到處搜集車輛，收繳零星槍械，積極裝備，顯在準備次一行動。」[34] 後半段的描述顯在張冠李戴羅織罪名，但處委會基本上站在陳儀政府的對立面，應是不爭的事實。

　　來自民間的說法，則謂：「處理委員會在人民的壓力之下，與政府所期待著的目的相反，逐漸由調處及維持治安之任務，而進為政治改革的鬥爭。」「事實上，此時陳儀的『長官公署』的政令，已經不出公署門外，全省的治安和施政都幾乎由『處理委員會』代替。」[35] 另一本寫於1948年、自稱是「根據曾經領導或是參加過這次民變的同志提供的資料編成的」小冊子則認為3月4日處委會的領導權已經被CC分子所控制，並且「大部分的處理委員，都忙於爭取地位，造成勢力，排擠傾軋」；3月6日陳儀第三次廣播以後，一般青年學生和市民都「已經看透了處委會上了陳儀的當，為了挽回這個危局，一方面準備肅清處委會中的大部分妥協分子和奸偽，另一方面使一部分青年學生趕到台中，在台中武裝後，編隊再攻上台北，徹底消滅台北敵人的武裝部隊，生俘陳儀以下的大小官僚，尤其以陳儀首級祭死者之靈」。[36] 這一段描述把處委會和「一般青年學生和市民」對立起來並且安上「妥協」

34　〈葉秀峰呈蔣主席3月10日呈〉，中央研究院近代史研究所編，《二二八事件資料選輯（二）》，頁136。

35　莊嘉農（蘇新），《憤怒的台灣》（台北：陳世傑出版，年不詳），頁137、138。

36　林木順編，《台灣二月革命》，頁27、32。

的罪名，不過後續所揄揚的武裝路線未免太自說自話、脫離現實。

與上述「民間說法」有關的蘇新（1907～1981），終於在1977年為處理委員會大力辯護，認為「二二八起義」的失敗，不能歸咎於處委會：

> 「處理委員會」（省的和縣市的）始終沒有做過「決議」反對武裝鬥爭。王添灯的演講和廣播都是鼓勵「全省人民團結起來進行鬥爭」，從來沒有說過「你們不要鬧，靜待處理委員會的處理」之類的話。當然，在那樣的情況下，也不可能、也不應該公開提出「你們不要等待處理委員會，趕快起來進行武裝鬥爭」之類的話。到最後一次向全省的廣播時，王添灯才提出這個號召。所以，認為「處理委員會」妨礙了武裝鬥爭，是沒有根據的，也是沒有理由的。[37]

至於陳儀利用處委會做緩兵之計，又如何解釋？蘇新說：

> 陳儀利用了「處理委員會」，我們也利用了「處理委員會」。陳儀利用「處理委員會」的談判，爭取時間調兵；我們則爭取時間，組織人民武裝。……在這麼短時間內，如果沒有各地「處理委員會」來牽制蔣幫政權，地下黨能夠這樣迅速、這樣大規模地建立武裝，進行這樣廣泛的武裝鬥

37　蘇新，〈關於「二二八事件處理委員會」〉，收錄於《未歸的台共鬥魂：蘇新自傳與文集》（台北：時報文化，1993），頁197。

爭嗎？[38]

　　蘇新在同文中承認「中共在台灣開始建黨還不到一年，沒有多少黨員，工人農民還沒有組織起來，在工人農民中間還沒有扎根」，可是另一方面又誇大「地下黨」主導武裝路線的能耐，顯有矛盾之處。不過若不假設一個背後操控的主體，純就事情的演變而言，只要站在民間的台灣人立場，交涉談判路線本來就與武裝路線不相衝突，而且可能相輔相成。

　　本文既然強調看待處委會應該「整體來看」，茲將台北以外的地方處委會所扮演的相關角色摘要列舉如下：[39]

宜蘭：3月5日上午，處委會「宜蘭分會」成立，立即以處委分會名義，要求陸軍倉庫、陸軍醫院之武器，移交處委分會保管。因飛機場負責人周分隊長拒絕移交，一時發生糾紛，四名交涉代表自五日中午被扣留，至下午六時始獲釋放。

花蓮：3月5日上午，處委會「花蓮分會」成立，會中議決：（一）治安由青年團、學生、陸海空軍軍人（按：自日軍退役之台人）、消防隊、警察等共同負責；（二）禁止憲警外出，有外出必要時不帶槍，憲警糧食由

<hr>

38 蘇新，〈關於「二二八事件處理委員會」〉，收錄於《未歸的台共鬥魂：蘇新自傳與文集》，頁197。

39 以下摘要整理之各地概況，除非特別註明，皆依據（行政院）研究二二八事件小組，《二二八事件研究報告》。

處委會負責；（三）糧食局、專賣局殘糧交處委會平糶……（四）官營事業歸與民營……3月6日上午，王明進等五人代表處委會至兵營要求接收憲警武器，縣長等堅拒之。

台東：3月4日台東、關山、新港等區分別組成處委會，台東處委會下設學徒隊、臨時保安隊、青年革新隊、陸海隊等，上述負責治安的隊伍均曾出面接收警察局（所）、憲兵或駐軍之武器。

屏東：3月4日發生所謂「三四事變」，市面混亂，上午處委會開會，決議「由各機關選出代表接洽移交管理」，會後十一位代表往見市長交涉武器移交之事，為市長所拒。3月6日處委會屏東分會正式成立，會中通過十三項要求，包括軍事、政治、經濟等各方面的意見。

嘉義：3月2日發生所謂「三二事件」，3月3日經市民大會而成立處理委員會，決議接管電台，藉由廣播向各地「募集志願軍」；其後數日處委會與孫市長的軍事鎮壓相對峙，長官公署派代表下來談判，亦以處委會為對手。處委會主任委員陳復志的立場雖和戰不定，但處委會的主要要求仍是國軍繳械。

台中：3月2日下午成立「台中地區時局處理委員會」並立即組織治安隊，部分委員對謝雪紅的「紅色」立場疑忌[40]，僱請吳振武另組治安維持隊牽制之，謝雪紅則

---

40 蔣永敬等合著，《楊亮功先生年譜》（台北：聯經出版公司，1988），頁

於3月3日上午成立「作戰本部」，並於往後數日以收
繳之軍火支援其他縣市。3月4日台中市官方機構大
多為民軍接管，下午重組處委會，謝雪紅活躍其間，
通過章程決定「以武裝力量為背景，徹底爭取民主自
治」。3月11日晚上處委會開會最後決定解散「台中
地區時局處理委員會」，並推選市長黃克立復職。3
月12日下午「二七部隊」撤往埔里。

由上所述，可知各地處委會（乃至其他名目的「治安維持
會」）皆有共同的特徵，即企圖保管武器、接收政府單位、維持
地方治安，偶還提出政經改革主張，除了台中地區因謝雪紅、林
獻堂的存在而有較明顯的兩條路線（但在11日解散之前仍整合
在一個處委會中）以外，若要問他們的角色，恐怕只能說：既是
放火的、也是滅火的，因為他們必須能夠維持社會治安與秩序，
才能對政府形成真正的壓力。

問題是，手段既然那樣激烈，為什麼提出的目標只是政經改
革、民主自治？

五、派系鬥爭對二二八事件的影響有多大？

以二二八這樣大規模的歷史事件，當事人不免受限於個人局

348。

部的經驗去看待、去評價，所謂遠看成嶺側成峰。當時擔任《國
是日報》編輯的野僕，認為台灣省黨部運用林紫貴與蔣渭川的私
人關係去控制事態的發展，「肯定是CC派企圖攬走政學系的陳
儀取而代之，而陳儀惱羞成怒反撲的結果卻在台灣留下一頁血腥
的記錄」；「事件肇因責任在CC，進行暴力鎮壓則責在政學系及
警總」；「一部中國現代史，實際就是黨派之爭和特務政治實踐的
血淚史」[41]。這種觀點之下，人民的好惡、政權的是非都成了沒有
意義的東西，不免是「管窺」之見。事實上，儘管以台灣省黨部
為主體的CC派在台人馬與陳儀之間有矛盾關係，且結合本土勢
力與長官公署對抗[42]，是戰後台灣政壇的現實，但CC派領導人有
什麼動機去觸發幾近革命的二二八事件？有什麼能耐去主導處理
委員會？就蔣渭川而言，早先或與CC派（省黨部）頗有淵源，
但在事件中，曾於3月5日赴公署與陳儀密談，達成所謂「改革
三原則及辦法細則六條」的共識，並且在電台一面推銷這些方
案，一面批評處委會是由特權分子所組成，以致被認為是「單槍
匹馬走長官路線」。[43]事後蔣渭川成為被整肅的對象之一，幸賴省
黨部主委李翼中再三力保，才度過一劫。這樣的角色要如何歸
類？

---

41 野僕，〈「二二八」事件的真相──一位目擊者的見證〉，陳芳明編，《台
　　灣戰後史資料選──二二八事件專輯》（台北：二二八和平日促進會，
　　1991），頁405。
42 詳見陳翠蓮，《派系鬥爭與權謀政治──二二八悲劇的另一面相》，第四章
　　第一節，頁219-234。
43 蔣渭川遺稿，《二二八事變始末記》（台北：蔣氏家屬自行出版，1991），
　　頁102。

其次，「三民主義青年團」被認爲是事件後被誅殺最爲慘重的派系，包括台北分團主任王添灯、嘉義分團主任陳復志、台南分團主任莊孟侯、高雄分團主任王清佐等人都在事後被殺、被捕、被刑求，由此是否可以做爲三青團深深涉入此次民變，進而又是派系因素主導事變的例證？於此不難予以辨明：（一）王添灯、陳復志、莊孟侯等人是以個人在當地的聲望、人際關係而介入領導，沒有證據顯示他們在事件中有互相連絡，或有什麼三青團的一致立場；（二）雖然監察委員何漢文在3月26日給蔣介石的呈函中認爲「台灣三民主義青年團分子複雜，各地負責人此次參加暴動者甚多，應予徹底改組，並加嚴格訓練」。[44]但在戰後台灣三青團是最早「登陸」並在各地吸收台人菁英的團體之一，加入者固顯示了「熱心愛做大事之面貌」[45]，然而碰到族群矛盾、官民衝突所激起的對壘，他們會站在什麼立場是不問可知的；（三）3月29日憲兵司令部司令張鎮給蔣介石的情報，竟然指三青團台灣分團主任李友邦窩藏奸匪，且「此次台省事變李爲幕後操縱人物之一，此次叛亂行動，青年團居領導地位」[46]，恐怕也是信口開河。經過一番折騰，到了6月4日李友邦因得三青團中央團部書記長陳誠上蔣介石簽呈爲他平反，才得釋放。

總之，儘管事後的整肅與平反，有著派系鬥爭的脈絡，可以

---

44 〈何漢文呈蔣主席3月26日函〉，中央研究院近代史研究所編，《二二八事件資料選輯（二）》，頁228。
45 張良澤主編，《吳新榮日記（戰後）》（台北：遠景出版公司，1981），頁8。
46 〈張鎮呈蔣主席三月二十九日報告〉，中央研究院近代史研究所編，《二二八事件資料選輯（二）》，頁231。

顯示中國官場的惡習以及台灣人文化的劣質面，但應不足以證明派系鬥爭對二二八事件的發生、演展有什麼決定性的影響。

六、結論

　　過去幾年台灣學界對二二八的研究，包括筆者在內，輕易把處理委員會認定是代表「談判交涉──和平解決」路線，似乎隱含著與民間另一條「收繳武器──武力解決」路線是相對立的。然而經過本文的討論，吾人把處委會「整體來看」，可以發現許多地方的處委會本身就是收繳武器、組織群眾、維持治安的單位，而且經常與「縣市長、軍憲警」是處在對立的位置。至於台北的處委會，從擴大組織、要求解散（開槍最多的）警察大隊及軍隊回營、成立「忠義服務隊」（後雖被軍方把持利用）、訴諸國際輿論、指示各縣市成立分會、制訂章程確立目標完成改組、向陳儀提出處理大綱等等，可謂亂中有序，表現可圈可點。儘管最後證明被陳儀、（憲兵團長）張慕陶所騙，但是他們反映台灣社會的條件，做了該做的事。他們還有什麼選擇？無奈，和無知畢竟不同，筆者反對以「事後孔明」的態度責備處委會諸位委員。

　　至於想像中的武裝路線，最有代表性的是嘉義圍攻水上機場的行動以及台中二七部隊。嘉義方面，根據一些口述史的資料顯示：「攻了五、六天，早上來打，沒有子彈就回去，沒有車坐，都從市內走來。」「真正的攻擊時間一天只有兩個鐘頭，早上八、九點集合出發去打一打，中午吃飯時間就回家，吃完飯今天就不

去了，明天再去，每天如此。在機場的兵並不多，卻攻不下，最主要是民眾武器不好，缺乏組織，基本上只是一批烏合之眾。」[47] 台中方面，二七部隊被認為在中南部的武裝鬥爭中極具代表性，但是最後為什麼失利？真正堅持到最後一刻的副官古瑞雲（周明）說有兩個敗筆，一是隊長鍾逸人處處排擠謝雪紅且又凌駕於謝之上[48]，鍾逸人與處委會的若干「御用紳士」同一立場、等於幫了國民黨大忙；二是「歐巴桑奉命拋棄了我們」，後來知道是因為謝雪紅收到中共台灣省工委的指令「黨員立即停止一切活動，隱蔽起來，以保持組織的力量」。[49] 換言之，戰鬥還沒開始，領導人就跑掉了，這個仗怎麼打？領導人為何跑掉？客觀條件之不足——只剩下兩三百位戰士[50]，根本不足以抵抗整編第廿一師這種精銳部隊[51]，恐怕才是主要原因。

---

47 引自許雪姬，〈台灣光復初期的民變：以嘉義三二事件為例〉，賴澤涵主編，《台灣光復初期歷史》，頁186。另外有關「有槍沒子彈」、拿竹劍去和「中國兵仔」車拚的情形，見張炎憲、高淑媛等採訪記錄，《嘉義北回二二八》（台北：自立晚報，1994），頁182、183。

48 古瑞雲的前後文又提到「鍾逸人這位隊長本來就有名無實，他走了，無關大局」此說不免矛盾：既然有名無實，怎能排擠謝雪紅又凌駕謝雪紅？

49 古瑞雲，《台中的風雷——跟謝雪紅在一起的日子裡》（台北：人間出版社，1990），第四章：埔里戰役，頁68-90。

50 古瑞雲，《台中的風雷——跟謝雪紅在一起的日子裡》，頁68。另根據劉雨卿的報告，台中、嘉義的武裝暴徒都是三百餘，見〈劉雨卿呈蔣主席三月元電〉，中央研究院近代史研究所編，《二二八事件資料選輯（二）》，頁165。

51 廿一師除了先已來台的獨立團及師屬工兵營以外，留在大陸的部隊正好「奉准換發全部新裝備，於是軍容整肅，氣象一新，再利用機會加以短期訓練，待命赴台」。詳見劉雨卿將軍遺著，《恥廬雜記》（台北：川康渝文物館，1982），頁110。

　　以上說明武裝路線的脆弱性，目的不是要反證台北處理委員會的正當性，而是要指出：沒有思想的武裝，是不成其為「路線」的。謝雪紅影響下的台中民間組織，決定的宗旨是「以武裝力量為背景，徹底爭取民主自治」，道盡此一路線的限制。其次，台中市乃至埔里的士紳若對謝雪紅的「紅色背景」有疑忌也是自然之事，正如本文所強調，二二八事件的本質主要是族群（文化、利益）矛盾與官民衝突的糾纏，當時並沒有階級革命的空間，所以筆者以為謝雪紅因素就像「CC派 vs. 政學系」因素一樣，只是二二八事件的「插曲」而已。

　　當3月7日陳儀悍拒處委會的處理大綱，「毫無禮貌而去」以後，處委會推派宣傳組組長王添灯，下午六時二十分對外做最後的廣播，王添灯說：「處委會的使命已經完了，從今以後，這次事件，已不能單由處委會處理，只有全體省民的力量，才能解決，……全體省民繼續奮鬥。」[52]這等於宣布處委會的結束，不待陳儀來宣布「解散」。至於3月8日何以有那一篇自我否定的聲明？有人說是一些「半山」委員受到陳儀、柯遠芬的強硬態度以及國軍登陸傳言的影響，「動搖軟化」才製造出來的聲明[53]，但依蔣渭川的記述，是日上午處理委員劉明從中山堂打電話來約請，希望蔣渭川針對卅二條「共同出來聲明反對或者可以挽回大局」，隨後見面時蔣渭川責怪說：「現在惡化了，中山堂連一個鬼也不來真是不負責太甚。」[54]蔣渭川在當天下午是以〈台灣省政治建設

52　林木順編，《台灣二月革命》，頁 34。

53　林木順編，《台灣二月革命》，頁 39。

54　蔣渭川遺稿，《二二八事變始末記》，頁 121。

協會告同胞書〉來否定處委會的處理大綱，謂「本會徹底反對，亦非本省人民之公意」。[55]處委會到底有多少人與蔣渭川一樣相信表達這種反對聲明「必有反應可以挽回大局」？不能無疑。

　　總之，站在台灣人、民間的立場而言，二二八事件「失敗」了，但這個失敗不是誰的錯，而是歷史條件造成的。近半個世紀以後，王添灯的兒子（王政統，二二八當時已21歲）回顧說：戰後台灣的政治運動漸漸恢復，知識分子開始摸索台灣的未來，「未達共同的方法以前，1947年2月，民眾的不滿就達到高點，終於一發不可收拾」。包括王添灯都還沒有明顯的統獨或「左」、「右」政治意識，因為「思想不是和換西服一樣，（可以）隨便換的」。[56]簡言之，1947年事件發生時距台灣脫離日本統治才一年多，台灣人還沒有想清楚未來的方向，台灣社會還沒有準備好如何應對二二八這樣的變局。處在2019年的今天，筆者不禁要問：若換成現在的台灣社會，可以算是準備好了嗎？

55 蔣渭川遺稿，《二二八事變始末記》，頁122。
56 張炎憲、胡慧玲、黎中光採訪記錄，《台北南港二二八》（台北：財團法人吳三連台灣史料基金會，1995），頁274、283。

第四章

南京政府對台灣
二二八事件的處置

———————著重於
蔣介石責任的分析

一、前言

　　二二八事件已經過去半個多世紀，可是對當時身歷其境的受
害者而言，「始終沒有過去」，因為這樣的恐怖屠殺「從來沒有
一個公開形式的結束，該道歉的沒道歉，該賠償的沒賠償，只想
糊裡糊塗、馬馬虎虎把它從歷史上抹去，直到今天，還一直影響
著台灣的社會文化」。[1]若是九〇年代以前國民黨政府的官方說法，
大都把二二八事件歸因於「中共利用偶發事件來擴大事端」（1988
年行政院長俞國華），直指謝雪紅等三十幾個共黨分子是「幕後
策劃、操縱之主謀」（1989年國防部長鄭為元）[2]，言下之意當然是
國民黨政府鎮壓有理、免負責任；事實上台共在日治後期遭到檢
肅，戰後尚無組織重建，而中共方面在台黨員僅約50名左右、
最多不超過100名，其主要負責人蔡前（蔡孝乾）既然估測不
可能發生自發性的群眾武裝暴動，也就不可能事前進行策劃。[3]
這部分的事實在當時亦有冷靜的情治人員予以指出：「共產黨在
台目前僅有散布刊物之啟蒙運動，對民眾組織工作尚少跡象可
尋……，此次事變確非出諸共黨之煽動，惟事變擴大後共黨分子
混雜其間進行部分的煽動則確有其事。」[4]

1　黃秋芳，《鍾肇政的台灣塑像》（台北：時報文化，2000），頁150-151。
2　詳見楊家宜編製，〈「二二八」的官方說法〉，《中國論壇》月刊號第4期（31
　　卷第5期，1991.2.1），頁45-56。
3　葉芸芸，〈風流雲散悲今日：記戰後初期的左翼人士〉，《中國論壇》月刊
　　號第4期（31卷第5期，1991.2.1），頁33-36；古瑞雲（周明），《台中的
　　風雷——跟謝雪紅在一起的日子裡》（台北：人間出版社，1990），頁50。
4　〈金燮佳上言普誠代電呈報二二八事件經過概況及其對事件的觀察認知（民

　　九〇年代台灣政治走向自由化、民主化，研究二二八事件不但不是禁忌，而且由於資料開放而有日益便利的趨勢。遺憾的是，仍有一些學者迴避（隱藏）價值立場，連篇累牘談論二二八反而模糊了加害者與被害者的界線[5]，甚至有人把參與二二八事件之民眾的動機認定為「台獨」，從而認為高雄要塞司令彭孟緝「出兵平亂是正當的」[6]，或者根據財團法人二二八事件紀念基金會近幾年來接受申請補償成立的案件中，「只有死亡673人、失蹤174人」，從而質疑行政院研究小組所估計的18,000～28,000人之不確。[7]其實戰後台灣國際地位問題，在和平條約簽訂之前本來就有討論空間，因而1946年這一年，台灣民間有人逐漸失去對國民黨政府的信心，轉而期待美國或聯合國的保護、託管，但畢竟沒有發生影響力[8]；最重要的，二二八事件是一場星火燎原的、沒

　　國36年4月7日批）〉，侯坤宏、許進發編，《二二八事件檔案彙編（二）》（台北：國史館，2002），頁179-184。

5　例如戴國煇，一方面運用豐富資料敘述二二八事件中民眾遭受諸般「恐怖黑暗」的屠殺，一方面歸因於日治時期台灣人「甚少有過為自己的自主權和自己的尊嚴向日帝真正鬥爭過」，台籍菁英「沒有足夠充實的學力」、「不曾有就中國的社會、經濟、政治作出本質性的思考」。見氏著，《愛憎二二八》（台北：遠流出版公司，1992），頁28-30。戴國煇的意思似乎是：由於日治時期台灣人抗日不力，台籍菁英學歷不足、不夠瞭解中國，所以1947年遭受屠殺是罪有應得？

6　中研院院士黃彰健，在高雄市參加一場「重探二二八」論壇時，發表一篇二十多萬字的報告〈彭孟緝與高雄事件真相〉，即持此觀點。參見《聯合報》2004年2月3日A13版，記者包喬晉報導。駁論文字見陳儀深〈二二八事件的責任歸屬問題——兼論彭孟緝「出兵平亂」之不正當〉，收入氏著《為台灣辯護》（台北：台灣北社出版，2004），頁58-62。

7　這是中研院研究員朱浤源在同一場「論壇」中的發言，他甚至質疑這673人的死亡數字亦有灌水之嫌。同上註，並見頁63-64。

8　參見柯喬治（George Kerr）著，陳榮成譯，《被出賣的台灣》（台北：前衛

有特定個人或組織所能領導的反抗行動,全島各地所訴求之主張的激烈或溫和程度不一,其中所謂武裝路線的代表人之一謝雪紅,在台中提出的訴求也只是「高度自治」,處理委員會提出的卅二條處理大綱和十項要求之中,亦無一涉及台獨;其次,根據閩台監察使楊亮功、監委何漢文當年所撰寫的調查報告,僅僅3月6日那天彭孟緝在高雄市「以武力攻入市區及暴民大本營(第一中學),斃暴民二百餘人」[9],可是今天二二八基金會接受申請補償成立的案件統計表中,高雄市累計只有87人死亡[10],可見從今日申請補償案件的數字,不可能推知當年實際死亡的數字。

不過,二二八事件是官民衝突與族群衝突夾纏的事件,就族群衝突的面向而言,事件初期顯然有很多「打阿山」(即台灣人打外省人)的現象[11],這種現象只能從戰後台灣與中國的文化隔閡、長官公署的弊政、台灣人遭受的委屈等複雜因素得到理解。事件當時被推舉為「二二八事件處理委員會台南市分會」之主任

出版社,1991 年根據 1973 年譯本出版),頁 211-228。

9   蔣永敬等合著,《楊亮功先生年譜》(台北:聯經出版公司,1988),頁 389。另據一份情治人員報告,高雄要塞司令部計擊斃「匪」五、六百人以後,高雄市才漸平復。〈朱元鎮上盛先生代電續報高雄暴動經過〉,侯坤宏、許進發編,《二二八事件檔案彙編(二)》,頁 30。

10 這是 2005 年 1 月 18 日之統計數據,詳見:http://www.228.org.tw/031.htm

11 從既有的檔案與口述史料可以得到此一印象,但實不應誇大渲染——如李敖所說:「一開始時,台灣人殺外省人,殺了十天,外省人大概死了八百多人。然後 3 月 10 日,外省的部隊開上來,又開始殺台灣人,現在查出來的大概也是八百多台灣人被殺掉了。大概是你殺我八百,我殺你八百。」引自鳳凰寬頻〈1月 5 日李敖有話說陳儀將軍之死〉,lawyer@phonenixtv.com.cn(瀏覽時間:2005.12.13)其實 3 月 6 日高雄的彭孟緝就開始殺人了,不必等到 3 月 10 日,尤其要以死亡數字來定是非是很冒險的,不知聰明的李敖為何出此下策?

委員的韓石泉醫師，即稱此爲「社會精神異常暴躁症」。[12]雖然長官公署在1947年3月21日即公布「台灣省行政長官公署暨所屬各機關公教人員因二・二八事件傷亡損失撫卹救濟辦法」，讓受害的「外省人」很快得到補償[13]，不若受害的台灣人那般「噤聲」近半個世紀，然而族群衝突的是非難斷，總是天地不仁、以萬物爲芻狗，吾人能夠處理、應該處理的重點應該在官民衝突——也就是國家暴力的這一面，這也是撰寫本文的主要動機。

　　無論如何，只公布檔案資料不足以還原公道是非，必需更多的研究和公正的解釋乃可。財團法人二二八事件紀念基金會在2003年6月28日舉辦「二二八事件新史料學術研討會」，即是此種嘗試，會中筆者所撰拙文雖將「元凶的責任評量」指向當時的最高領導人蔣介石，但限於時間、篇幅只著重於蔣氏對事件的認知與派兵決策之作成[14]，若要完整討論南京政府的責任——特別是蔣介石的角色，實應回溯1947年前後的南京政府體制，然後從他們回應台變的過程中，發現制度理性如何遭到人爲破壞，並比較出當權者不同的介入程度以及人權觀念之有無，以便貼近歷史實況，並分別責任之輕重。

---

12 莊永明，《韓石泉醫師的生命故事》（台北：遠流出版公司，2005），頁321。

13 救恤辦法九條的內容，以及各地實施救恤的實際情形，詳見（行政院）研究二二八事件小組，《二二八事件研究報告》（台北：時報文化，1994），頁370-399。

14 陳儀深，〈豈止是「維持治安」而已——論蔣介石與省軍政首長對二二八事件的處置〉，收入李旺台總編輯，《二二八事件新史料學術論文集》（台北：財團法人二二八事件紀念基金會，2003），頁144-161。

圖 4-1　1947 年 3 月 11 日《大公報》報導蔣介石公開對台灣事件定調。

二、微弱的監督機制

依照中國國民黨總理孫中山的建國理論，在施行憲政民主之前須經一「訓政時期」，孫文學說第六章提及：「是故民國之主人者，實等於初生之嬰兒耳；革命黨者，即產此嬰兒之母也。既產之矣，則當保養之、教育之，方盡革命之責也。此革命方略之所以有訓政時期者，爲保養教育此主人成年而後還之政也。」[15]1928 年國民黨完成北伐、建立南京政府時，即依上述理念制定〈訓政綱領〉，宣布訓政時期開始，並於 10 月 26 日發表的

〈南京國民政府宣言〉中說：「中國國民黨本其歷史上所負之使命，適應國家實際之需要，代行政權，而以治權授諸國民政府，並爲之制定其組織，設立五院分工擔任……。」[16]換言之，訓政時期國民政府必須受黨的指導監督，行憲以前五院（行政、立法、司法、考試、監察）各自對中國國民黨中央執行委員會負責，一旦國民黨認爲政府施政不當即可撤換政府，這就是黨治——以黨治國的意思。

中國國民黨的最高機關是全國代表大會，由全國各地黨部及海外黨部推派代表參加，自1924年第一次全國代表大會以迄1930年代的全代會人數率皆500人以上，故每次集會時須選舉一個「中央執行委員會」與一個「中央監察委員會」，在全代會閉會期間代行其職權。中央監察委員會的責任在維持黨的紀律，監察全體黨員的言論行動；中央執行委員會舉行全體會議是政治上的一件大事，它的決議對於當時中國的中央政治通常有莫大的關係。[17]

雖曰以黨治國，但黨的中常會、中執會並不直接與政府發生關係，而是由中執會產生一個「政治委員會」，做爲黨與政府之間的聯鎖，政治委員會的組織歷經擴充，1935年五全大會又改爲中央政治委員會制度（不再是中執會之下的一個委員會）。中

15 孫文，〈孫文學說〉第六章，《國父全集》第一冊（台北：中國國民黨中央黨史會，1973），頁470。

16 〈南京國民政府宣言〉，彭明主編，《中國現代史資料選輯》第三冊，1927～1937（北京：中國人民大學出版社，1988），頁39。

17 陳之邁，《政治學》（台北：正中書局，1970三版），頁125。

日戰爭爆發以後，中央政治委員會暫停運作，職權改由國防最高
會議──即後來的國防最高委員會來行使。[18]

　　此外，黨治型態上有一項特徵即民主集中制，黨章規定總理
對於全國代表大會之議決有交覆議之權，對於中央執行委員會之
議決有最後決定之權；1939年臨時全國代表大會決定設總裁一
人，並選舉蔣介石爲總裁，總章中特別規定「總裁代行第四章所
規定總理之職權」。

　　1946年12月25日，制憲國民大會三讀通過中華民國憲法，
由國民政府於1947年1月1日公布，立法院隨即草擬各種重要的
選舉法、組織法於3月31日由國民政府公布，1947年10月21～
23日舉行國大代表選舉、12月21～23日舉行立法委員選舉。[19]台
灣二二八事件，就是發生在這個訓政即將過渡到憲政的尷尬階段。

（一）劉文島的閩台清查團

　　陳儀自1945年10月25日在台北舉行受降典禮，11月1日起
開始接收並進行各項行政工作，竟然在1946年1月16日即被國
民黨中執會秘書處抄送一份「台灣現狀報告書」要求行政院各部
會答覆，這份報告書描述台灣人對祖國已由熱烈歡迎轉而冷眼旁
觀，並質疑米價肉價飛漲，建議立刻停用台幣、取消戰時統制

18　中政會或國防最高委員會實爲「五院匯集之總樞紐」，可對五院下命令；
　　1943年又經改制，五院院長對國府主席負責，集權趨勢愈爲明顯。陳之邁，
　　《中國政府》（上海：上海書店，出版年不詳），頁161。
19　陳茹玄，《中國憲法史》（台北：文海出版社，1985），頁289-292。

法令、廢除中間剝削機構，更批評「台胞出入島內反比日寇統制下之台灣尤為困難，實令人費解」等等[20]，同年3月又有美國記者William Newton報導台灣當局「充滿腐敗散漫氣象」、「大小官員均竭盡其吸收貪圖（瀆）能力」，而遭到行政院長行文關切。陳儀面對這些批評，已先以極機密電向重慶蔣主席有所說明，謂該記者「專以日人台人為對象，傾聽一面之詞」，「查台紳中向為日人御用者頓失地位，每好詆毀政府，信口雌黃，甚或謬謀獨立」。[21]不從內容方面澄清指控，只從形式上抹黑對方，不知蔣介石是否相信這種卸責之詞？針對1946年台灣經濟出現危機，長官公署更被批評「由於戰爭及自然之影響者少，由於人為政策之造成者多」[22]，進一步說，政策錯誤所造成的民怨，還不如貪污造成的民怨嚴重，一位自稱「完全祖國化的台灣人」的作者說：「台灣人民怨恨政府是由於貪污政治所激成。」他舉出的證據包括省專賣局長任維鈞、貿易局長于百溪、台北市專賣分局長李卓芝（葛敬恩的女婿）、台北縣長陸桂祥等。[23]

20　〈國民黨中執會秘書處為抄送「台灣現狀報告書」致行政院函及各部復核情形〉，收入陳興唐主編，《台灣「二‧二八」事件檔案史料（上）》（台北：人間出版社，1992），頁49-60。

21　〈美國記者報導台灣接收之後行政腐敗混亂情形〉、〈陳儀為美國記者報導台政腐敗情形致行政院秘書處電〉，陳興唐編，《台灣「二‧二八」事件檔案史料（上）》，頁65-68。

22　〈旅滬福建台灣各團體為駁斥陳儀關於台灣現況談話致各報書〉，陳興唐主編，《台灣「二‧二八事件檔案史料（上）》，頁62。

23　〈張琴著「台灣真相」〉，陳興唐主編，《台灣「二‧二八」事件檔案史料（上）》，頁135-143。此篇文章原發表於《文萃》，係中共之地下刊物，胡允恭自稱以筆名張琴所撰。詳見胡允恭，〈陳儀在浙江準備反蔣紀實〉，全國政協等文史資料研究委員會編輯組編，《陳儀生平及被害內幕》（北京：

　　如前所述，國民黨中央設有監察委員會，責任在維持黨的紀律、監察全體黨員的言論行動，其中一位委員劉文島（1893～1967），奉國防最高委員會之命率領「中央清查團」到台灣來考查，即可視爲此種監督機制的運行。按，劉文島是湖北省人，保定軍校出身，曾留學日本早稻田大學、法國巴黎大學，擔任過漢口市長，1930年代駐德國公使、駐義大利公使（後升大使），中日戰爭期間擔任國防最高委員會委員，晉升陸軍二級上將，戰後奉命出任閩台清查團團長。[24]

　　劉文島從1946年7月開始來台考查前後四十多天，發現貿易局長于百溪、專賣局長任維鈞貪污證據確實，遂備公文附證據移長官公署辦理[25]，陳儀卻遲遲不做處理，直到劉文島在上海發表談話，于、任二人才被移送法院，當法院將兩人拘捕，長官公署反而替他們說話，謂未辦移交不能拘捕，于、任因而得以具保釋放。[26]這件事可謂沸沸揚揚，當台灣發生二二八事變以後，劉文島以黨中央監察委員的身分列席六屆三中會第八次會議，在「政治檢討」的時候報告自己奉命赴台調查四十多天的經驗，他認爲台灣人民不分職業都對長官公署「異常怨恨」，專賣局和貿易局

中國文史出版社，1987），頁163-168。

24　參見資料室，〈有膽有識的劉文島先生〉，《湖北文獻》第24期（1972.7），頁39-44；第25期（1972.10），頁52-57。

25　清查團的全名應是「閩台區接收處理敵僞物資工作清查團」，清查團的報告詳見〈檢舉台灣專賣局長任維鈞等案〉，中央研究院近代史研究所檔案館藏，檔號：228G：1-4。

26　〈張琴著「台灣真相」〉，陳興唐主編，《台灣「二・二八」事件檔案史料（上）》，頁142。

兩個局長明明貪污鹽和鴉片，陳儀卻寫信迫使法院檢察官不准起訴，「所以無論如何陳長官應該撤職」。[27]其次，國防最高委員會在4月7日召開常務會議的時候，王秉鈞委員亦不滿地說，清查團查出貿易局長、專賣局長舞弊，送到法院裡，陳長官卻用公文到法院把人保出來，兩位局長跑到上海來了，就以「事出有因、查無實據」宣告無罪，王秉鈞接著強調，「台灣暴動不能不說這是一個原因」；隨後劉文島委員的補充說明更為仔細：

> 王委員談到台灣問題，要補充說明幾句。這件事我們很痛苦，我們查的時候請陳長官派了會計長會同去查，少多少鹽、多少糖、多少金子，有他部下簽字蓋章。……陳長官對檢察官寫信，信已呈給總裁，這種壓迫法院的行為，國家還有法紀嗎？監察院丘念台、國大代表黃國書說，法院推事吳鴻基（麒）得罪了警察局長，在不幸的事件中把吳鴻基（麒）綁到郊外去殺了，同時被殺的有八人之多。台灣同胞到長官公署請願，就在樓上用機槍打死了幾個，樓上人還拍掌說，你們請願，現在打死了。台灣暴動就這樣起來的。本人和王委員忝為列席者之一，國防會派我們查了四十多天，兩個局長非但不撤職、還要復職，我這樣還能做人？我走了也算了，（痛哭）我奉命去查，我又把證件呈給總裁，不能說不忠實，現在兩個貪污局長復職了，

27 中央研究院近代史研究所檔案館藏，〈六屆三中全會主席團會議紀錄〉，1947年3月，檔號：228-G：1-4。

我怎麼還有臉見人？[28]

　　劉文島陳述的時候，也許因為述及台灣高等法院推事吳鴻麒
等南港八屍的慘案，加上自己背負的指責和無奈，才當場痛哭起
來，但以一個清查團團長、擔任過駐德駐義公使且官拜上將的
人，碰到陳儀的跋扈以及蔣介石的護短，也只能一哭，可見在當
時政治氣氛下，監督機制之微弱。尤其，當第六屆三中全會在3
月22日通過劉文島等55人連署，決定對陳儀「撤職查辦」的決
議以後，3月28日中執會秘書處即以公函致國民政府文官處轉
呈，文官處在擬辦欄簽註的意見是（一）遵照三中全會決議交行
政院提出繼任人選，即由府將陳長官撤職查辦；（二）鈞座以總
裁身分行使本黨總章賦予之最後決定權，裁復該案另有辦法，
「究應如何辦理，敬請核示！」蔣介石竟在批示欄寫下「照第二
項辦理」。[29]可見政府或政黨內部儘管設有理性的監督制度，其中
的成員也不乏明是非、辨善惡之人，可是獨裁者往往視若無睹，
聽若罔聞，也就罔費了這些監督機制。

28　中央研究院近代史研究所檔案館藏，〈國防最高委員會常務會議223～226
　　及230次會議紀錄〉，1947年3月～4月，檔號：228G：1-1。
29　國民黨中執會秘書處的公函以至國民政府文官處的呈核文件，俱見侯坤宏
　　編，《國史館藏二二八檔案史料（上）》（台北：國史館，1997），頁74-
　　88。

（二）監察院派楊亮功、何漢文赴台查辦事變

　　監察院於1928年10月成立，首任院長爲蔡元培；1931年2月于右任以國府委員兼監察院長，遂提請國民政府任命首屆監察委員劉三等23人，1933年再提請國民政府任命楊亮功（1895～1992）爲監察委員。1938年，于右任院長呈請國民政府特派楊亮功爲安徽、江西區監察使。依照監察院組織法規定：「監察院院長得提請國民政府特派監察使分赴各監察區，行使彈劾職權」，「監察使得由監察委員兼任」，「監察區由監察院定之」。皖贛監察使楊亮功於1944年調任閩浙監察使，中日戰爭結束後，全國監察區重行劃分（納入東北、台灣），1945年10月楊亮功調任閩台監察使。[30]中日戰爭期間，監察權行使不輟，監察院在此期間計提彈劾案632件，被彈劾公務員有1,135人，內有急速處分者四十餘件，數量不可謂不多，但有研究者分析之後批評彈劾權行使範圍太過廣泛，而且彈劾對象「末官胥吏多於高官權臣」。[31]

　　1946年1月16日楊亮功首次抵台巡察，設閩台監察使駐台辦事處於台北市濟南路（幸町），1月23日即應台灣廣播電台之邀向全台廣播，講述「監察權之行使與此次巡台任務」，其中說到：

　　　　監察使之職權，依照民國31年所公布監察使巡迴規程及

30　蔣永敬等合著，《楊亮功先生年譜》（台北：聯經出版公司，1988），頁247、307、319。

31　雷震，《監察院之將來》（台北：自由中國出版社，1953），頁87-88。

　　27年所公布非常時期監察權行使暫行辦法之規定，監察
　　使對於所轄區域內之公務員違法或失職之行為，得提出彈
　　劾與糾舉。又監察使對於所轄區域內之公務員，對於應辦
　　事項奉行不力或失當者，得以書面提出建議或意見。現全
　　國已成立之監察區有12區，而閩台區是在台灣光復後最
　　近劃分成立的。……本人日內即赴台中、台南一帶視察，
　　除訪問民間疾苦，考察地方吏治、經濟及各種設施外，並
　　得隨時隨地接受地方人民檢舉公務員違法或失職之控告，
　　依法予以處理，這是本人此次來台視察之任務。[32]

　　3月19日楊亮功在台視察完畢，搭機飛返福州。同年4月又
曾來台參加「光復後首次高考」監試；10月再度來台時以時間較
為充裕，可往台東、澎湖、高雄等地巡視，其間在高雄與各界人
士座談時，有人反映台省政治制度的缺失，以及機構用人的省籍
問題，楊亮功答覆現下制度是接收當時的權宜措置，將來儘可調
整，而「就地取用人才」則是很應該而且合理。[33]

　　根據檔案，楊亮功首次來台視察期間即曾將台灣民情密報于
右任院長，例如：「此間物價高漲，盜案迭起，軍紀欠佳，搶劫
走私，辦不勝辦，影響民心，致（至）為可慮。」（1月25日電）；
「各界人士對省政多不諒解，其原因為經濟強制，私人企業難發
展，工廠多未恢復，失業加多，糧價高，對外貿易及匯兌隔絕，

32　蔣永敬等合著，《楊亮功先生年譜》，頁323-324。
33　蔣永敬等合著，《楊亮功先生年譜》，頁331-332。

亦為各方所指責。」（2月6日電）；而10月來台那次視察則已密抵
澎湖，說到：「光復後政府高級人員來此視察者尚係初次。連日
視察各處村鎮、海港、機關學校，地方土產僅地瓜花生，戰後漁
業衰弱，人民失業甚多，生活至苦，亟待救濟。」（10月20日電）[34]
可見楊亮功對戰後台灣的接觸理解堪稱深入，當時擔任中央社在
台分社主任的葉明勳就說：「他（楊亮功）對台灣省政的應興應
革，曾有不少的獻言。陳公洽對亮老雖相當尊重，無如在他的心
目中凡是屬於中央機構，必欲持之以距離。這些忠言，表面上雖
諾諾稱是，而實際則從未以行動證明他的接納。」葉明勳又感慨
地說：「當時陳公洽如能接納亮老這些忠言，一面廣納各方意見，
集思廣益，台灣的變局，恐又有另一番新的氣象，二二八事件或
可消弭於無形，亦未可知。」[35]

　　台灣二二八事件發生以後，監察委員何漢文於3月4日即上
簽呈給于右任院長，謂此次暴動「死三四千人」，「不惟於新收
復地方發生重大不良影響，且於國際觀瞻亦發生重大之惡劣印
象……責任如何，本院職司監察，自有徹查之必要，可否由院派
遣委員前往調查，謹祈核奪」。[36]結果于院長迅即致電楊亮功「盼
迅速赴台查辦，並希隨時具報」，楊亮功是在3月7日偕二位調查
員馳赴台北，而何漢文後來也收到「加派該委員並往台灣查辦」

34　〈楊亮功致于右任密報台灣民情不穩情形電文一組〉，陳興唐主編，《台灣
　　「二‧二八」事件檔案史料（上）》，頁47-49。
35　葉明勳，〈敬悼楊亮功先生──「百年遺恨負忠言」〉，《傳記文學》第60
　　卷第2期（1992.2），頁35。
36　〈監察委員何漢文簽呈〉，陳興唐主編，《台灣「二‧二八」事件檔案史
　　料（下）》（台北：人間出版社，1992），頁753。

的訓令，於3月21日偕一位秘書前往台北。楊亮功自3月8日抵達基隆港至4月11日離台，計留34天，曾赴各地調查，據稱對事件「有全面而深入之瞭解」，且留下一篇〈二二八事變奉命查辦之經過〉的長文[37]，敘述至4月29日行政院院會通過魏道明為台灣省政府主席為止，至有參考價值。

　　楊亮功的〈查辦經過〉長文，除了少部分的錯誤[38]，或複製當時的官方觀點[39]以外，實提供了理解二二八事件的幾個重要面向：（一）3月7日處委會的代表向陳儀面遞四十二條處理大綱時，陳儀「批閱綱要敘文未畢，忽赫然震怒，將文件擲地三尺以外，遂離座，遙聞屬聲，毫無禮貌而去。……卒定刪去敘文再遞」。下午6時王添灯將條文廣播。（二）楊亮功與福州過來的兩營憲兵同船，3月7日下午5時上船、3月8日早晨7時抵達基隆港口，卻一直等到夜間10時才進港上岸，這批憲兵共六連，留一連在基隆，餘五連陸續開來台北，陳儀才放心宣布（第二次）戒嚴，楊亮功認為這批憲兵之及時趕到台北，「對於事變之免於擴大，實為一大關鍵」。（三）台灣高等法院檢察官吳鴻炘（麒）被捕乃至南港八屍的事，楊亮功詢陳儀、張慕陶均不得要領，「當即力

37　〈「二二八」事變奉命查辦之經過〉，收入蔣永敬等合著，《楊亮功先生年譜》，頁340-376。

38　例如指女煙販林江邁被抬進醫院急救以後，「未幾亦死去」，不確，林江邁並未死亡，她在1947年3月8日還以證人身分出席高等法院接受檢察官詢問，見〈台灣省高等法院及警備總司令部軍法處關於二‧二八事件起因調查詢問筆錄〉，收入陳鳴鐘、陳興唐主編，《台灣光復和光復後五年省情》（南京：南京出版社，1989），頁580-585。

39　例如指3月6日改組後的處理委員會「那些士紳要乘機利用這次事件作為獵官的進身之階」，所以才向陳儀提出了苛刻的卅二條處理大綱云云。

斥其事，並告以將以正式公文要求查復，但其後一直沒有下文」。
（四）蔣經國於3月17日與白崇禧一同抵台，「蔣經國來台的名
義是視察團務，實則他才是真正調查人」。（五）柯遠芬本人違
法殺人作惡，還企圖向林家花園主人林宗賢勒索鉅款。

　　至於楊亮功和何漢文合撰的〈調查「二二八」事件報告〉[40]，
除了敘述各縣市情形較詳，還把事件分成三階段：初期是由流氓
首先參加、鼓吹擴大，第二階段之主動者是各地政治野心家脅持
各地處理委員會，第三階段事變蔓及全省，已無指揮全局之主動
者，「共黨人數甚少，亦無控制全局之力量」。這份報告最後建
議中央今後之治台方針，既不能「高壓恐怖」以殖民地視之，亦
不能任其高度自治或獨立，惟有一條出路就是「使其一方趨於民
主坦途，一方使完全與祖國一元化而不至增加台灣對中央之離心
力」。

　　令人納悶的是，楊亮功、何漢文既然是奉命「查辦」，並且
目睹耳聞諸多殘殺慘狀，為何沒有針對事件提出任何彈劾糾舉？
根據1947年「國民政府監察院彈劾案登記表」，全年142案合計
286位被彈劾人之中，包括違法失職、貪污、舞弊、違法濫押、
違法殺人等等，竟無一發生在台灣的軍警公務人員身上[41]，實令
人費解。吾人只看到3月13日楊亮功致電于右任院長，謂「地方
政府濫事拘捕，人心惶惶。擬請轉陳中央嚴令地方政府不得採取

40　〈附：調查「二二八」事件報告〉，收入蔣永敬等合著，《楊亮功先生年譜》，
　　頁377-408。
41　監察院實錄編輯委員會，《國民政府監察院實錄（第十冊）》（台北：監察
　　院秘書處，1984），頁1-25。

報復行動，並須注意下列兩點：（一）非直接參加暴動者不得逮捕；（二）處理人犯須依法律程序」可以推知當時濫肆逮捕之嚴重、處理程序之隨便，儘管于院長隨即復電云：「所見即是，已面陳主席矣。」[42]甚至有蔣主席致陳儀「請兄負責嚴禁軍政人員施行報復，否則以抗令論罪」即3月13日的電文[43]，然而此份電文不過是官樣文章，三月中旬以後利用綏靖清鄉「施行報復」才要開始，台省軍政首長並無任何一人因二二八事件而被「論罪」。合理的解釋是，應被論罪的層級太高、數量太多，在民主法治尚未生根的環境下，常被譏爲只拍蒼蠅、不打老虎的監察權，自是無能爲力。

（三）丘念台的建言

丘念台（1894～1967）本名琮，父親丘逢甲爲他取號「念台」，1894年出生於台中潭子鄉，台灣割日之後舉家返回廣東，1913年至1925年留學日本，返國後曾任廣東省政府顧問兼廣東省工業學校校長、中山大學地質系教授，中日戰爭期間轉任軍職（少將參議），1943年奉派轉任國民黨台灣黨務工作，1946年擔任監察委員，是年曾組「台灣光復致敬團」赴南京、西安等地拜

---

42 引自〈「二二八」事變奉命查辦之經過〉，收入蔣永敬等合著，《楊亮功先生年譜》，頁366。

43 〈蔣主席致陳儀三月元電〉，中央研究院近代史研究所編，《二二八事件資料選輯（二）》（台北：中央研究院近代史研究所，1992），頁163。

會。⁴⁴

二二八事件發生甫滿一週（3月6日），丘念台即以監委身分致電于右任謂：「禍機之伏屢經痛陳，蓋現代化之民而施國內落後之政，久離隔之族而接五十年未習之風，自多枘鑿搖惑，敬希速派黨國元老前往協助安撫，藉達下情，並希寬大處置，藉消萌蘗以防離間。」⁴⁵當時丘念台仍在廣東梅縣，很快接到白崇禧部長邀同赴台的電報，丘念台於3月25日從汕頭搭船赴台，27日晨抵基隆，他自稱此行的目的是協助白部長傳達中央的「宣撫德意」，並把外間對長官公署的「誤解與嫉忌」向地方人士解釋疏導，以及協助地方人士向陳長官和白部長的陳情，「以謀問題的圓滿解決」。丘念台對於林茂生、陳炘、宋斐如等人「連屍首都無法找到，罪名也始終不明白」不以為然，所以當長官公署策動台籍人士聯名電呈中央擁護陳儀續任改組後的省主席時，丘念台婉詞推卻。又，4月2日白崇禧結束宣慰任務，搭機離台返京時，同機的丘念台向他建議：事變後應該依據功罪調換台省軍政長官，如果要獎賞提升，也不宜在台灣就地升任，以免引起台人不快之感。⁴⁶眾所周知，這些建議並未受到上級採納。

丘念台基於監察委員職責，於4月11日向于右任院長提出事變後的報告、建議書及意見書，其中分析二二八的近因是「官吏

44　整理自丘念台先生記事年表。丘念台，《嶺海微飆》（台北：海峽學術出版社，2002），頁389-399。

45　〈丘念台關於處理「二‧二八」事件善後致于右任電〉，陳興唐主編，《台灣「二‧二八」事件檔案史料（下）》，頁760。

46　丘念台，《嶺海微飆》，頁277。

非良」、「政治未當」，即政治不滿才是禍變的主因，並非共黨、日僑、流氓、散兵有所預謀，他描述3月8日以後「軍警擴大屠殺」的慘狀，認為武力鎮壓無益，只能依法嚴懲始能服人，日後則應實現民權、消泯畛域云云。[47]這些呼聲在當時的時空環境顯得微弱無力，這些用詞和見解則為後人留下重要的紀錄。

總之，即使是「以黨治國」的訓政時期，壟斷政權的黨為求鞏固權力也應該戒除貪污腐化以收攬民心，國民黨中央之所以設有監察委員會，國民政府五院之中之所以有監察院，都有著澄清吏治的制度用意。可是政治權力一旦過度集中，人治的色彩鮮明，制度設計的本意即難實現，這也是1930年代胡適、張佛泉、蕭公權等人批評訓政理論的主要依據。二二八事件發生的因素相當複雜，如前所述——長官公署包庇兩位貪污的局長應該只是其中一端，不過若與1946年一月底楊亮功已經上報的物價高漲、軍紀欠佳、搶劫走私乃至「各界人士對省政多不諒解」，或與丘念台所謂的「禍機之伏屢經痛陳」合而觀之，二二八事件的發生乃成歷史的必然。不論蔣介石是不願管或管不動行政長官陳儀，這位黨政軍最高領袖都難辭其咎。

後來的人若由於同情國民政府或支持蔣介石的心理，會以為弭平暴亂、維持治安是任何統治者「理所當然」的行為，可是做為監察委員、反台獨、黨政關係良好的丘念台，1947年4月所用的字眼是「軍警擴大屠殺」，所擔心的是「今台省官吏，已以私

47　〈丘念台關於妥處「二·二八」事件善後事宜之報告、建議書及意見書〉，陳興唐主編，《台灣「二·二八」事件檔案史料（下）》，頁801-809。

鄙疏昧禍台，幸勿再任令以武力失台」。奈何，當時掌握大權的
蔣介石、陳儀、柯遠芬、彭孟緝等等都是迷信武力之人。

三、國防部長白崇禧赴台「宣慰」

　　白崇禧（1893～1966），字健生，出生於廣西桂林的一個回
民家庭，曾在1911年辛亥革命發生以後加入廣西學生軍敢死隊，
1916年12月畢業於保定軍官學校第三期。1920年代白崇禧先助
國民政府統一廣西，繼於蔣介石北伐行動中擔任參謀長，從此在
國民黨的政治舞台上有一席地。白崇禧雖然在北伐、抗戰過程中
助蔣，卻又「三次逼蔣下野」、「蔣、白之間的悲歡離合，紀錄
了國民黨政權從發展、分裂到衰敗的歷程」。[48]

　　1946年即中日戰爭結束的第二年，白崇禧得到美國和何應
欽的支持，擔任國防部長，但因參謀總長陳誠「是蔣的親信、
非常跋扈」而總攬一切，白崇禧成為有職無權的空頭部長。[49]不
過1947年台灣發生二二八事件，白崇禧奉蔣之命擔任赴台宣慰
的中央大員，大約半個月的時間相當程度介入台灣事變的善後處
理，有人說白崇禧於3月17日飛抵台灣以後，宣布中央處理事變
的四項基本原則，「危機卒告解除」[50]，其實是過度簡化、甚至偏

48　詳見程思遠，《白崇禧傳》（香港：南粵出版社，1989，授權台北市曉園出
　　版社發行），序。

49　文思主編，《我所知道的白崇禧》（北京：中國文史出版社，2003），何作
　　柏口述，頁133-136；程思遠口述，頁153-156。

50　文思主編，《我所知道的白崇禧》，頁153。

離事實的講法，吾人透過當年電報函件等檔案材料，可以還原白崇禧在二二八事件善後處理中的角色，並給予適當的評價。

儘管過去已有學者撰文討論「白崇禧與二二八事件」，敘述堪稱詳細，但該文預設的立場是：白氏做爲中央指派的大員，不可能不顧立場「公然大唱與中央不同的調子」，因此「吾人實不忍心，更不應該對其個人有所苛責」。[51] 顯然，這是立場限制了視角。本文的目的既是追究責任，自不採用此種態度。

（一）各方期待的「宣慰」任務

1946年8月，丘念台帶領一群台灣各界知名人士組成的「台灣光復致敬團」赴中國訪問，重點是晉謁蔣主席並向中央各機關首長致敬，具有化解隔膜、加強聯繫的用意[52]，致敬團成員之一的葉榮鐘，在1947年3月知道白崇禧「奉蔣主席的命令要來處理事變」，遂作〈白部長的印象〉一文，憶起去年參加致敬團在南京國民政府大禮堂看到白崇禧演講的情形，「只覺得這位軍官非常精悍而有魄力」、「乃是一位魁梧奇偉、溫而厲、威而不猛的將材」[53]，聽不懂國語的葉榮鐘，初見面即對白部長有這樣主觀的好印象，恐怕是過度期待的心情有以致之，但不知白部長於4月

---

51 陳三井，〈白崇禧與二二八事件〉，《中華民國史專題第一屆討論會論文集》（台北：國史館，1992），頁825-844。

52 葉榮鐘，〈台灣省光復前後的回憶〉，收入氏著，《台灣人物群像》（台北：時報文化，1995），頁400-434。

53 葉榮鐘，〈白部長的印象〉，《台灣人物群像》，頁327-328。

2日搭機離台返京之後，葉榮鐘是否感到期待落空。

　　自二二八事件發生之後，陳儀曾有兩電向蔣介石報告，3月6日則始以信函詳述經過、分析原因並建議處置的態度與辦法，其中說道：「台灣至少須有紀律嚴明、武器精良之國軍兩師，派大員主持。職前請派湯恩伯、李良榮等來，亦即此意。」「必要時鈞座可派大員來台協同辦理，但為保持台灣使其為中華民國的台灣計，必須迅派得力軍隊來台；如派大員，亦須俟軍隊到台以後，否則亦恐難生效力。」[54] 由此可知，陳儀傳達的訊息是「得力軍隊」為先，若要簡派大員，也是與「軍隊到台」不可分的事，這與國防最高委員會檢討台變之後，建議應派大員前往宣慰[55]的用意有些出入，無論如何，蔣介石畢竟做成派任國防部白部長赴台宣慰的決定。

　　白崇禧是在3月17日飛抵台灣，但3月12日已得閱陳儀、柯遠芬的來函，並將此兩函送請蔣介石「鈞閱」，柯遠芬在函中說：「奸偽之陰謀業已完全暴露」，陳儀則是報告：「近自廿一師146旅之436、438兩團及憲兵兩營分批到台後，台北、基隆均已平靜，惟台中、嘉義、台東各縣市尚在騷動……現正擬逐步向南推進，俟145旅到達後全省動亂當可戡定。」[56]另一方面，白部長於3月11日曾派何司長孝元、張秘書亮祖飛台，陳儀謂已將此間情

54　〈陳儀呈蔣主席三月六日函〉，《二二八事件資料選輯（二）》，頁71-80。

55　〈王寵惠呈蔣委員長三月八日呈〉，《二二八事件資料選輯（二）》，頁100。

56　〈白崇禧呈蔣主席三月十二日呈〉及附件，《二二八事件資料選輯（二）》，頁148-155。

形詳告，何、張二人旋又於3月12日「原機飛京」。[57]可見白崇禧身為國防部長已儘可能要瞭解狀況，並於3月13日給蔣的呈函中提出若干「處理台灣政策建議」，包括內定朱一民擔任省主席，而警備總司令一職則建議由閩籍的國防部史料局局長吳石中將出任。[58]隨後，3月16日在「國防部佈告」中提到，他奉命赴台宣慰的同時，要對此次事件「查明實際情形，權宜處理」，至於中央的四項基本原則包括：台灣地方政治制度之調整、人事之調整、經濟政策以及恢復台灣地方秩序等。[59]恢復台灣地方秩序一項說到，參與此次事變者或事變有關人員，「除煽動暴動之共產黨外，一律從寬免究」，事實的發展顯然並非如此。

（二）白崇禧向陳儀的立場靠攏

白崇禧抵台的同一天，陳儀即向蔣介石發出「篠電」：「乞鈞座念職衰老，不堪再膺繁劇，准予辭去……本兼各職，另選賢能接替。」[60]第二天即3月18日，蔣介石的答覆是，一方面對陳的倦勤「勉從尊意」，一方面則謂長官公署須待台灣秩序完全恢復時始得取消（改為省政府制度），在此之前「仍須兄負責主持善後，勉為其難也」。[61]而白崇禧做為國防部長，首先注意的是兵力部署

---

57 〈陳儀呈蔣主席三月文電〉，《二二八事件資料選輯（二）》，頁159。

58 〈白崇禧呈蔣主席三月十三日呈〉，《二二八事件資料選輯（二）》，頁160-162。

59 〈國防部佈告〉，《二二八事件資料選輯（二）》，頁185-189。

60 〈陳儀呈蔣主席三月篠電〉，《二二八事件資料選輯（二）》，頁193。

61 〈蔣主席致陳儀三月巧電〉，《二二八事件資料選輯（二）》，頁196。

問題，3月17日晚上即向蔣報告：「劉師及憲兵並要塞守兵已足用，205師可免調，以便應付他方緩急。」[62]至於新的省府組織與各廳長人選，蔣對白部長交代「請兄與公俠長官切商具體辦法呈報候核，以便發表也」。[63]

比較起來，蔣、陳關係似乎遠比蔣、白關係親近。關於新任省主席人選，陳儀曾在3月17、18兩個晚上與蔣經國談話，徵求他同意接任省主席，但蔣經國「堅決拒絕」不肯應承，陳儀「不得已」才又向蔣介石推薦（秘書長）吳鐵城接任省主席，（財政處長）嚴家淦擔任秘書長。[64]同樣在3月18日，蔣介石有一封電報經由長官公署轉蔣經國處長，謂「來電悉，望於二日或三日內返京為要」。[65]蔣經國到底來台灣做什麼？他向蔣介石報告什麼？尚乏資料而難窺究竟。

白崇禧抵台甫滿一週，即向蔣介石發出洋洋灑灑的「養電」，分析台灣事變的遠因、近因，指控暴動者的企圖「不僅如在京所聞係出於不滿現狀，自有關文件中獲悉⋯⋯則直欲奪取政權已無疑義」，所以原擬提前實行的縣市長民選，應該「再斟酌情形辦理」，專賣及貿易局制度今後如何改善也要「俟詳查實況再行報核」，總之今後治台方針「與職在京所擬者確有修改之必要」[66]，3

---

62 〈白崇禧呈蔣主席三月篠電〉，《二二八事件資料選輯（二）》，頁194。

63 〈蔣主席致白崇禧三月巧電〉，《二二八事件資料選輯（二）》，頁198。

64 〈陳儀呈蔣主席三月十八日函〉，《二二八事件資料選輯（二）》，頁200-204。

65 〈蔣主席致蔣經國三月巧電〉，《二二八事件資料選輯（二）》，頁199。

66 〈白崇禧呈蔣主席三月養電〉，《二二八事件資料選輯（二）》，頁214-218。

月23日白又向蔣報告：「此次台變內容並不單純，共黨暴徒操縱煽動，蔓延既廣被害復大……對台事決定最好待職宣慰工作整個完成，報請鈞裁較爲適當。近閱報載國內台籍各團體人民代表，僅憑風說，提出種種要求，尙懇鈞座勿輕許諾，以免增加善後困難。」[67]在同一張電文後面，有蔣介石親筆批示：「復准待宣慰工作完成，報告到後再定辦法；現並未有任何之許諾，陳長官查辦案亦已打銷，勿念。」白崇禧所謂的台籍團體人民代表，例如台灣省政治建設協會上海分會代表人張邦傑、台灣重建協會上海分會代表人楊肇嘉、旅滬台灣同鄉代表人李偉光等等曾於3月19日聯名發出「爲挽救台灣危局致于右任電」，其中認爲慘案的起因雖是緝煙事件非法捕人殺人，而根本原因實在於台灣行政制度之特殊化，陳長官不恤民意屬行專賣統制政策所一手造成，所以挽救之道包括「懲辦陳儀及軍警實際負責人」、「取消台灣特有之專賣及省營貿易」等等[68]，這樣的聲音在當時形成一定的壓力，事實上國民黨六屆三中全會在3月22日也有懲辦陳儀的決議，只是旋被蔣介石打消罷了。

白崇禧赴台宣慰，而終於與陳儀站在同一陣線，從他回南京之後的報告再獲佐證：「此輩少數反動派之野心，絕非出於單純之不滿意現狀，乃欲企圖顚覆政府、奪取政權。」[69]根據前引國防

67　〈白崇禧呈蔣主席三月廿三日電〉，《二二八事件資料選輯（二）》，頁219。

68　〈台灣二二八慘案聯合後援會為挽救台灣危局致于右任電〉，收入陳興唐主編，《台灣「二‧二八」事件檔案史料（下）》，頁793-795。

69　〈（白崇禧）報告事變起因及善後措施──1947年4月7日上午9時於中樞紀念週〉，鄧孔昭編，《二二八事件資料集》（台北：稻鄉出版社，1991；

最高委員會常務會議的紀錄，緊接在中樞紀念週聽完白部長的報告，吳鐵城在常務會議中批評，白部長把台灣事變的原因歸結到「一是共產黨，一是美國要台灣、台灣人勾結美國」，吳鐵城認為「這是哪裡有的事」；朱家驊也說：「處理台灣問題，總以為是台灣人受奴化教育，傾向日本、傾向美國的錯誤觀念，千萬不能有。台灣問題，絕對不是共產黨、日本人、美國人鬧出來的。」那麼台灣問題是怎樣「鬧」出來的？多數與會者認為是陳儀失政所造成的，應該懲辦陳儀，鄒魯在同一場會議中說：「我們對陳長官沒有一點成見。如果我們沒有一個比較嚴厲的辦法，恐怕國家民族都會受人家的侮辱，台灣將來究竟屬誰都成問題。黨裡已經通過撤職查辦，國防會也應明是非。我們大家都是為國家民族說話，不是為了對付某人。」[70]至於陳儀本身，當然極力為自己辯護，他在4月11日的呈蔣電文中說：「各部部隊除迎擊攻擊機關要塞等暴徒外，絕無殺戮無辜之事。」而蔣介石的幕僚在下面附註：「謹按此案係前據台灣政治建設協會張邦傑等報告台灣警備總部繼續捕殺人民達萬餘人等情一案，奉鈞批查報，茲據呈復如上，核與白部長返京後之報告尚屬相符合。」[71]被檢舉人的脫罪之辭，怎可以做為查報的結果或證據？而白崇禧把台灣事變定位為顛覆政府、奪取政權的嚴重程度，當然有助於為陳儀脫罪。

原由廈門大學研所於1981.10出版），頁363-366。

70 中央研究院近代史研究所檔案館藏，〈國防最高委員會第226次常務會議紀錄〉，1947年4月7日，檔號228G：1-1。

71 〈陳儀呈蔣主席四月真電〉，《二二八事件資料選輯（二）》，頁234。

（三）白崇禧與事變後的人事異動、人員獎懲

前文述及，白崇禧知道台灣未來將軍、政分治，曾於3月13日（即赴台之前）向蔣建議由朱一民擔任台灣省主席、由吳石擔任警備總司令，隨後陳儀卻在呈蔣函中對朱一鳴（民）此一人選「期期以為不可」，認為他「思想太舊、缺乏現代知識」，陳儀建議的人選是蔣經國或嚴家淦或吳鐵城任省主席，李良榮任警備總司令。[72] 白崇禧抵台以後不再提起吳石，轉而推薦李良榮：「李師長良榮係閩南人，公俠先生當面極推重，如能調掌台灣軍事，人地亦頗相宜。」[73] 不過，參謀總長陳誠認為台灣警備總司令部可以撤銷、不另設機構，由現駐台灣之整編廿一師劉雨卿師長兼任警備司令即可；蔣介石在此一簽呈上批示：「暫不撤銷，但可改為全省警備司令而不加總字，決任彭孟緝為台灣警備司令但歸省主席之指揮。」[74] 由於駐台之陸海空軍及要塞部隊需有統帥機構，警備總司令的位置乃動見觀瞻，國防部白部長還曾推薦（陸軍總部副參謀長）冷欣以及彭孟緝，參謀總長陳誠也曾推薦（陸軍中將）林蔚[75]，最後是由彭孟緝雀屏中選。

---

72 〈陳儀呈蔣主席三月霰電〉、〈陳儀呈蔣主席三月十八日函〉，《二二八事件資料選輯（二）》，頁 195，頁 200-204。

73 〈白崇禧呈蔣主席三月十九日函〉，函末附言，《二二八事件資料選輯（二）》，頁 208。

74 〈陳誠呈蔣主席四月十一日簽呈〉，《二二八事件資料選輯（二）》，頁 235。按，二二八事件處理委員會提出的四十二條處理大綱，即包括「警備司令部應撤銷，以免軍權濫用」。鄧孔昭編，《二二八事件資料集》，頁 276。

75 〈陳誠呈蔣主席四月十一日簽呈〉，《二二八事件資料選輯（二）》，頁

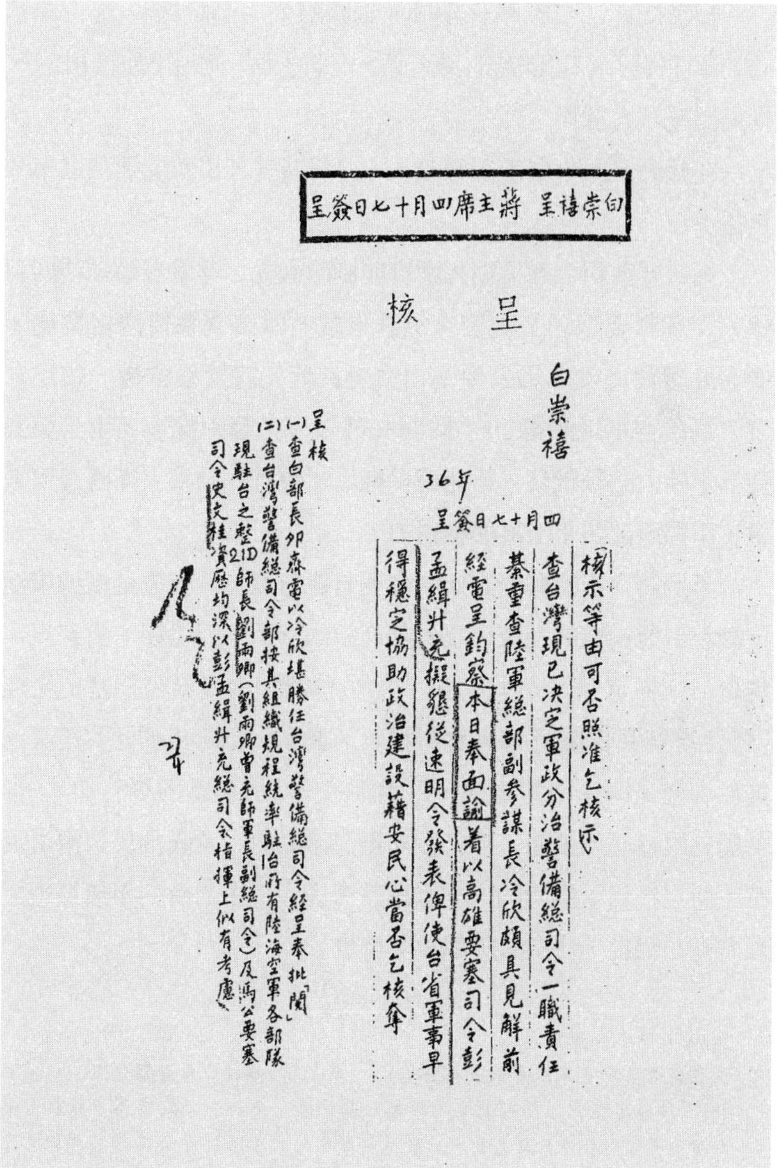

白崇禧呈請　蔣主席四月十七日簽呈

核　呈

白崇禧

36年
四月十七日簽呈

核示等由可否照准乞核示

查台灣現已決定軍政分治警備總司令一職責任

綦重查陸軍總部副參謀長冷欣頗具見解前

經電呈鈞鑒本日奉面諭着以高雄要塞司令彭

孟緝升充擬懇從速明令發表俾使台省軍事早

得穩定協助政治建設藉安民心當否乞核奪

呈核
(一)查白部長邲森電以冷欣堪勝任台灣警備總司令經呈奉批「閱」
(二)查台灣警備總司令部按其組織規程統率駐省府有陸海空軍各部隊
現駐台之整21D師長劉雨卿(劉雨卿曾充師軍長副總司令)及高雄要塞
司令史文桂資歷均深以彭孟緝升充總司令指揮上似有考慮

圖4-2　白崇禧於1947年四月中奉蔣介石面諭要升任彭孟緝為台灣全省警備司令。

　　彭孟緝在二二八事件期間「獨斷應變、制敵機先」(白崇禧語)，獲得蔣介石青睞或有跡可循，但省主席一職由魏道明出任，則是出乎眾人意料之外。

　　在獎懲方面，白崇禧曾於4月17日簽呈列出敘獎建議名單，包括：

　　高雄要塞司令彭孟緝獨斷應變制敵機先、俘虜滋事暴徒四百餘人；基隆要塞司令史宏熹沉著果敢，擊破襲擊要塞之暴徒，使台北轉危為安；馬公要塞司令史文桂先將警察繳械，防患未然；嘉義空軍地勤第29中隊隊長魏聚日，督率數十名士兵與暴徒三千餘人激戰數日，終能確保機場；整廿一師獨立團團長何軍章，率領所部防止叛亂亦稱得力。

　　不過蔣介石的幕僚對此一名單有保留意見，首先是根據事變後派赴台灣視察的上校參謀長陳廷縝的回報，彭孟緝、史宏熹、魏聚日、何軍章等人「確屬有功允宜獎勵」，但馬公要塞史文桂「對台變無甚貢獻且有人責以按兵不動」，故似可不獎；其次，鑑於台變是國家不幸事件，彭孟緝等「處置適當固屬有功」，惟功勛之獎賞必須公布，但如公布則恐激動台人及國內反對派之反感，所以在給予勛獎的方式上應該考慮。以上的斟酌不無道理，但蔣介石仍批示「交國防部敘獎可也」。[76]

235，幕僚簽註意見。

76　〈白崇禧呈蔣主席四月十七日簽呈〉，《二二八事件資料選輯（二）》，頁252。加註這些意見的人應是當時軍務局局長俞濟時；二戰後蔣介石將侍從室改為軍務局和政務局，俞濟時擔任軍務局局長，1947年曾由國防部挑選人員組織視察組，派赴各戰區監督檢查，直接向軍務局密報。詳見馬民康，〈國民黨戰地視察機構的形成與作用〉，原載《團結報》2178期（1999.7.1），

　　同樣在4月17日，白崇禧主張懲處柯遠芬：「查現任台灣警備總部參謀長柯遠芬，處事操切、濫用職權，對此次事變舉措尤多失當，且賦性剛愎不知悛改，擬請予以撤職處分，以示懲戒而平民忿。」蔣介石的批示是「應先調回候審」。[77]實則，白崇禧在後來的口述回憶當中，對柯遠芬亦頗有微詞，亦即當1947年三月下旬白崇禧赴台灣各地視察之後，返回台北召開綏靖清鄉會議，會中警總參謀長柯遠芬說到清鄉計畫，主張寧可枉殺99個，只要殺死1個真的就可以，他還引用列寧的話謂，對敵人寬大，就是對同志殘酷；白崇禧遂糾正他，要他今後對於犯案人民要公開逮捕、公開審訊、公開法辦。[78]

　　白崇禧站在國防部長的位置，又擔當事變後赴台宣慰的重任，在台期間若非目睹亦必耳聞鎮壓屠殺之慘狀，竟然建議獎賞彭孟緝、史宏熹等惡名昭彰的屠夫，雖然他同時亦主張懲處柯遠芬，但並不足以改變其在此一事件中應受之譴責。

　　轉登「軍史館」：www.mgjs.com（瀏覽時間：2005.12.22）

77　〈白崇禧呈蔣主席四月十七日簽呈〉，《二二八事件資料選輯（二）》，頁250。應注意的是，軍務局俞局長又根據陳廷縝的回報加註意見，謂柯遠芬雖有判斷錯誤，警備疏忽之過，但未宜苛責，「蓋事文職過失多而責重，軍人僅聽命行動而已」。按，俞濟時任軍務局長時，白天在軍務局辦公，晚上到總統府辦公，凡屬軍務文件皆先由俞閱後呈蔣批示，可謂紅極一時，致俞濟時門前每日顯貴盈門，經常有軍政大員前來拜望以圖拉攏。參見王正元，〈為蔣介石專線接話十二年〉（五），原載《台灣週刊》，2003第42期，轉登 www.china.org.cn（瀏覽時間：2005.12.22）

78　賈廷詩等訪問紀錄，《白崇禧先生訪問紀錄》（下冊）（台北：中央研究院近代史研究所，1984），頁257-258。

（四）白崇禧與陳誠角色的比較

　　白崇禧在來台宣慰之前擬訂的治台方針，抵台甫滿一週即向蔣介石建議「確有修改之必要」，包括縣市長提前民選以及對專賣、貿易局制度改變的看法都顯得猶豫不決，顯然向陳儀的立場靠攏，原因何在？根據一份情治系統的報告：「陳長官對白部長採取敷衍態度，對中央處理事變原則似不樂予接受；對白部長行動力加包圍，凡有晉謁者嚴受監視……陳長官現策動游彌堅、劉啓光等發動聯名向中央請求挽留，但威信已失、民心難服。」[79]換言之，台灣是陳儀的地盤，加上陳儀的政治手腕靈活，白崇禧勢必受到他的影響，何況白部長一旦發覺陳長官背後有蔣介石撐腰，會選擇什麼立場已不難想像。

　　白崇禧所建議的五位敘獎名單之中，有三位是要塞司令，因為先前在3月25日的呈蔣電文中他已說到，此次台變鎮壓，得力於基隆、高雄及馬公各地要塞司令之處置適宜；同時他建議今後各要塞編制不應縮減，應該維持基隆、高雄兩要塞官兵各六千人，馬公要塞官兵三千八百人云云，以增強台省及各要塞力量。蔣介石對此議批「似可照准」。[80]這才引起4月12日陳誠呈蔣的電報，其實先前陳誠鑒於要塞兵員無從補充並爲節省軍費，已呈准暫停興建各要塞在案，如今蔣又有新的指示，陳誠乃「准予基隆、高雄、馬公三要塞，各再成立工兵營、偵測隊各一，並限四月底

79　〈葉秀峰呈蔣主席三月廿六、七日情報〉，《二二八事件資料選輯（二）》，頁230。
80　〈白崇禧呈蔣主席三月有電〉，《二二八事件資料選輯（二）》，頁220。

調整完畢」。[81]

　　比較而言，國防部長白崇禧在職位名分上高於參謀總長陳誠，但實際上陳誠比白崇禧更握有實權，因為陳誠「是保定系的高級軍人，可以直接和蔣介石聯繫，在關鍵時刻，（陳夫人）譚祥可去找宋美齡。而白崇禧是一個桂系軍人，只能通過行政院例行手續行事」。[82]二二八事件發生之後，陳誠除了在3月10日簽呈報告台灣原有兵力及二次增援情形，並請組織台灣民變調查團「澈查此次民變真相，分別議處並調整人事、辦理一切善後」。[83]此後即沉默一段時日，直到4月11日才看到他建議撤銷台灣警備總司令部的簽呈，及上述4月12日調整要塞編制的電文，角色似乎比較被動而謹慎，原因之一應是，國共內戰中陳誠扮演的角色遠比白崇禧吃重，比起華北、東北的戰事，台灣的事變會被認為是「小事」。[84]不過，除了上述的因素，陳誠臨事應比白崇禧更具有人權觀念，例如1947年6月16日針對台灣省警備司令部送核簡檉堉、黃火定（二人皆北市參議員）、林宗賢（國民參政員）因參加二二八事變處理委員會「意圖顛覆政府奪取政權」，被依戒嚴法第9條規定由軍法審結，判處三人各有期徒刑10年、褫奪公權10年，陳誠認為這三人均無軍人身分，且「該省前次事變情形似僅合於戒嚴法第十四條之規定，應交由司法機關審判；惟

81　〈陳誠呈蔣主席四月十二日代電〉，《二二八事件資料選輯（二）》，頁237。

82　徐濟德，《陳誠的軍政生涯》（長春：吉林文史出版社，1988），頁181。

83　〈陳誠呈蔣主席三月十日簽呈〉，《二二八事件資料選輯（二）》，頁140。

84　參見徐濟德，《陳誠的軍政生涯》，頁183-186。

據該部電稱係遵照本部部長蒞台時所頒該省在戒嚴期內准予適用戒嚴法第九條之命令辦理，本案可否照判核准抑移送司法機關辦理之處理合簽請核示」。[85]此事稽延到1948年2月25日，才又看到白崇禧的簽呈意見，他承認赴台宣慰期間警總曾就暴亂案人犯「暫由軍法審判」有所請示，他一再權衡之後「准如所請」，如今解嚴之後雖有簡檉堉等13案「一併解送台灣高等法院訊辦」的處理意見，但白崇禧認為「如移送司法機關審理，則已執行之個案，必將發生重大糾紛，影響政府威信甚重」，所以建議仍以軍法程序審判為宜。[86]

此外，同樣在1947年6月，陳誠曾經營救三民主義青年團台灣團部主任李友邦。李友邦係1906年出生於台北縣和尚洲（今蘆洲），日治時期參加台灣文化協會，黃埔軍校第二期畢業，1939年正式成立台灣義勇隊以進行抗日。二二八事件發生後，當局以窩藏奸匪、操縱台變的罪名予以誘捕解送南京。幸經陳誠調查後向蔣報告「查該被告既無違法實據，犯罪尚難成立，未便令負刑責」，「應否免與置議，毋庸移送法院之處，未敢擅專，

---

85 〈陳誠呈蔣主席六月十六日簽呈〉，《二二八事件資料選輯（二）》，頁342-343。第九條是指「接戰地域」內犯刑法諸罪由軍事機關自行審判或交法院審判之；第十四條則是指戒嚴地域內不得侵害地方行政機關及司法機關之職權。詳見1934年公布之戒嚴法。蔡鴻源主編，《民國法規集成（第四十六冊）》（合肥市：黃山書社，1999），頁41。

86 〈白崇禧呈蔣主席二月廿五日簽呈〉，《二二八事件資料選輯（二）》，頁352-353。蔣介石在文末批示「此件電魏主席問其意見如何」，竟不願逕作決定，想必要由省主席魏道明就「政治影響」考量再說。不過此一公文的附件已有這13案合共29人的審核意見表，分別有減輕刑度的改判建議。

簽請核示」，結果得到批示「如擬，准免置議，毋庸移送法院」。[87]
值得注意的是，陳誠在簽呈中的辯護理由仍然強調李友邦並無軍
人身分，不屬軍法管轄。

　　台灣二二八事件造成民眾死傷慘重，當局在控制局面以後仍
然發生濫捕濫殺，當時的報紙雜誌迭有報導，南京與台灣之間亦
函電頻仍，有決策權的人不可能因「資訊不足」做了誤判，主要
還是個人的意識型態、人際關係、價值順序影響了判斷，加上當
時威權體制的氛圍，才有種種侵犯人權的國家暴力發生，吾人從
白崇禧和陳誠臨事所做判斷的比較，尤可以證明此一觀點。要
之，站在台灣人民的立場追究二二八事件的諸多禍首，白崇禧無
疑應列入被譴責的對象之一。

四、最大責任者：國民政府主席蔣介石

（一）1947 年前後的南京政府與蔣介石

　　中日八年戰爭於 1945 年 8 月結束，儘管戰爭期間國民黨與共
產黨摩擦糾紛不斷，但是在野民主黨派（或稱第三勢力）一再鼓
吹國共兩黨應該「從事政治解決而不用兵」，以及美國介入調停

87　〈陳誠呈蔣主席六月四日簽呈〉，《二二八事件資料選輯（二）》，頁 340-
　　341。雖然李友邦在中國大陸抗戰期間，曾與共產黨人有一段「比較友好的
　　關係」，同時在台灣義勇隊之中可能也有一些共產黨人，但二二八事件時所
　　謂窩藏奸匪等事卻是子虛烏有。參見陳正平，《李友邦與胞抗日》（福州：
　　福建人民出版社，1998），頁 140-141。

的影響，而有1946年1月的「政治協商會議」，針對政府組織、
施政綱領、國民大會、憲法草案、軍事問題達成一定的共識；不
久卻又因為國民政府委員名額分配起了爭議，以及國民黨要求中
共軍隊先「國家化」、中共則要求國民黨政府先「民主化」（開放
政權）而僵持、而破裂。[88]1946年5月5日國民政府自重慶遷回南
京的時候，東北的國共軍事衝突已經如火如荼，同年7月，南京
政府或因軍事上暫居優勢，乃決定於11月12日召開國民大會，
準備實施憲政，以抵制中共所訴求之「聯合政府」；國民大會終
於在11月15日召開，出席的除國民黨代表外尚有青年黨、民主
社會黨代表，中共及民主同盟則拒不參加，大會仍然在12月25
日通過中華民國憲法，並訂於翌（1947）年1月1日公布、12月
25日施行。

　　1947年1月，代表美國政府來調停國共內戰的馬歇爾
（George C. Marshall）可謂「任務失敗」準備離華，行前發表的
報告說：中國和平的最大障礙為國、共兩黨的猜疑，國民黨對於
促成聯合政府的一切努力無不反對，共產黨則不惜以任何手段
企圖顛覆國民政府。[89]隨後美國駐華大使司徒雷登（John Leighton

88　參見陳儀深，〈民國卅五年政治協商會議述評〉，《歷史月刊》第28期
　　（1990.5），頁104-111。

89　馬歇爾於1945年12月以「大使銜特別代表」身分來華，迄1947年1月7
　　日離華返國。他提出的調處方案被批評為「幻想建立一個以國民黨為首，有
　　共產黨參加、自由主義分子起主要作用的政府」，一廂情願以為「共產黨作
　　為正式的反對黨的存在將迫使國民黨實行它急需的改革」，因而既不能使國
　　民黨滿意亦與中共追求的「聯合政府」目標相去甚遠。見陶文釗，《中美關
　　係史（1911～1950）》（重慶：重慶出版社，1993），頁430。

Stuart）雖然轉達蔣介石願意「竭誠商談停止衝突」的意思給中
共，中共的回答是必須取消國民大會所制憲法，並恢復一年前停
戰時的軍事位置，國民政府不允，各地惡戰再起。1月29日司徒
雷登聲明：終止美國與軍事三人小組及軍事調處執行部的關係。
美國的調處徹底失敗。[90]

　　當1947年2月國府軍在山東萊蕪被共軍大敗，總指揮李仙洲
以下官兵約5萬人被俘，蔣介石在日記中說：「本月下旬，實為
軍事最危急之時期也。」「二月既為我在軍事、經濟、政治上最拮
据困難之一月，而英、美各國輿論之熱嘲冷罵，更為難堪，國內
反動分子所謂『民主同盟』等又從而煽惑人心，擾亂社會，惟恐
經濟政策之不速崩潰，故不惜竭其全力以求一逞，今後之困難，
必日甚一日，可不踏厲奮發乎。」[91]研究國共內戰以及二次世界
大戰戰後中美蘇「三國四方」關係的學者，大致可以接受一個結
論：美蘇之間在中國有限的相互遏制，使國共雙方可以依靠自己
的實力和能力一競雄長[92]；進一步說，所謂實力和能力不全然指
軍事方面，國民黨的失敗還包括政治方面之逐漸失去民心，例如
1946年7月民盟活躍人士李公樸、聞一多先後被特務暗殺，又如
1947年2月17日，北平市動員憲警八千餘人，午夜侵入民家大
肆搜捕，前後一共捕去市民二千餘名；3月1日，蘇州軍警午夜

90　關於且戰且談以致調處失敗，詳見郭廷以《近代中國史綱》下冊（香港：中
　　文大學出版社，1980），頁756-771。
91　秦孝儀總編纂，《總統蔣公大事長編初稿》卷六（下冊），頁3148。
92　牛軍，〈解放戰爭時期的美蘇與國共兩黨關係〉，收入陶文釗等主編，《中
　　美關係與東亞國際格局》（北京：中國社會科學出版社，2003），頁216-
　　254。

施行全城大搜查，捕去市民六百餘人。[93]對此現象有論者分析道：
「國民黨政府在各種各樣的危機襲擊下，已經喪失了功用。現在，
它已經不能不採取公開的法西斯的恐怖統治了。」[94]當時著名的政
論雜誌《觀察》週刊主編儲安平也歸納說：「這二十年來國民黨
只聚精會神在做一件事，就是加強消極的政治控制，以求政權的
鞏固。」其結果當然影響到積極的建設工作，同時造成偏激者上
梁山，中庸者潔身自好，柔弱者頹靡消沉，國家盡失棟梁、社會
無復正氣，總之這是一種「失敗的統治」。[95]

　　1946年10月，台灣慶祝「光復」一週年，蔣介石夫婦首次
來台，先是住在台北市郊的草山賓館，然後飛台中，住在日月潭
的涵碧樓，當時隨行的周宏濤得到一個印象：「雖然語言不通，
但我仍可感受得到民眾的熱情。」對於四個月後發生的二二八事
件，周宏濤認為：「中央正處於內憂外患的時刻。行政院長宋子
文及中央銀行總裁貝祖詒都於3月1日辭職，蔣公兼任行政院長，
隨後又身兼改組完成的全國經濟委員會委員長。……這次暴動使
得台灣人民和中央之間的感情發生裂痕，……但那時國事如麻，
更多嚴重待決的問題在全國各地蜂擁而起，二二八事件後來就沒
有受到太多的注意，沒想到以後整個局勢丕變，政府退守台灣，
一晃眼就是半世紀，二二八事件的影響力這才逐漸浮現。」[96]一個

93　香港《華商報》（1947.3.9），頁2。

94　金林，〈另一種內戰在開展〉，香港《華商報》（1947.2.23），頁2。

95　儲安平，〈失敗的統治〉，《觀察》週刊第1卷第3期（1946.9.14），頁3-4。

96　周宏濤口述，汪士淳撰寫，《蔣公與我——見證中華民國關鍵變局》（台北：
　　天下文化，2003），頁40-41。

長年在侍從室工作、近身陪伴蔣介石、並且有寫日記習慣的人，
所描述的也許是蔣介石的部分心情，但是對於甫經半世紀的日本
統治，只求「祖國」公平合理對待的台灣民眾而言，所謂「國事
如麻」、所謂「沒想到」，實難做爲屠殺事件的藉口。

（二）蔣介石掌握事變中的各種資訊

　　二二八事件發生之前，台灣省行政長官兼警備總司令陳儀曾
於1月11日函呈蔣介石，謂行憲之後現役軍人不得兼任文官職，
且他已65歲，希望准予退役解除軍職，他同時推薦湯恩伯、李
良榮「二員中擇一調任台灣省警備總司令或令先任副總司令經過
數月半年以後升充總司令」[97]；蔣介石在2月10日答覆：「台省軍
務主管並不變更，故繼任人選亦不必擬議，據報共黨分子已潛入
台灣漸起作用，此事應嚴加防制，勿令其有一個細胞遺禍將來。
台灣不比內地，軍政長官自可權宜處置也。」[98]所謂的權宜處置
可能有兩種意思，一是軍政不必分立，二是對付共黨分子可以
比內地更爲嚴厲，無論如何，如此函電往來顯示蔣對陳儀的信
任和授權。

　　其次，根據保密局的情報，1947年1月12日三民主義青年
團高雄分團舉行分團部成立典禮時，省參議員郭國基當眾發表台
獨言論：「我台灣民族現有六百餘萬人，自元明清歷代以來均不

97　〈陳儀呈蔣主席函〉，《二二八事件資料選輯（二）》，頁59-62。
98　〈蔣主席致陳儀二月蒸電〉，《二二八事件資料選輯（二）》，頁57-58。

願受中國統治，歷有抵抗事實，望各青年均能立志爲台灣獨立而
努力，勿再受大陸中國之管轄等語，當時博得聽衆掌聲不少，復
以該青年分團負責人皆係台人，故亦任其放肆，未予批露與制
止。」蔣介石對此頗不以爲然，即批示「應電陳長官公俠澈查爲
何台灣有青年團支部如此不負責任。」[99]其實蔣介石的消息來源很
多，同年2月15日桂永清將軍巡視台灣的時候，曾與左營中學校
長王貴及當地仕紳十餘人聚餐，會中這些人提出五點要求請他轉
達中央：（一）台胞決無獨立思想，前中央日報所載台人有獨立
企圖，完全無稽；（二）從速改善外省人與台人間之誤會；（三）
台胞對中樞誠心崇敬，但以前來台軍隊，與人民印象確屬太壞，
以後駐台軍隊，希望遣派紀律嚴明者；（四）從速解決失業問題；
（五）希望對過去接收期間諸不法官吏，分別懲治。由於桂永清
撰擬此份簽呈已在3月5日即事變爆發以後，所以他同時提到「此
次騷動，係台省地方人士憲政座談會到處派人演講，促進憲法提
早實行之鼓動，及台灣浪人遣散返省無所事事，加之米荒，復以
政府通令拍賣人民及公務員已經佔住之房屋所引起」[100]。桂永清傳
達的訊息不但否認台人有獨立的企圖，而且對騷動的原因分析有
導向自我反省、自我檢討的意味。

　　事變發生之初，陳儀宣布臨時戒嚴的同一天即以電報呈蔣：
「台省防共素嚴，惟27日奸匪勾結流氓，乘專賣局查禁私煙機

99　〈保密局呈蔣主席二月廿六日情報〉，《二二八事件資料選輯（二）》，頁
　　63。
100　〈桂永清呈蔣主席三月五日簽呈〉，《二二八事件資料選輯（二）》，頁
　　65-66。

會聚眾暴動，傷害外省籍人員，特於28日宣布臨時戒嚴，必要時當遵令權宜處置。」[101]3月1日，省黨部主任委員李翼中赴長官公署訪陳儀，問他：「台北軍警足供使用否？」陳儀回答：「可勿慮。」等到3月5日事件仍未平息，李翼中再訪陳儀，就建議「何如速請中樞加派勁旅且選派大員爲助，俾事件得早日敉平」，陳儀的回答是「余亦有此意」，於是李翼中自告奮勇攜帶陳儀的信函，於3月7日（6日無航機未成行）搭機飛南京，面見蔣介石於官邸，除報告台灣情勢、善後方策，更表示「台灣兵力薄弱，似非加派勁旅不足以資鎮懾，陳長官且望中央派大員協助處理」。蔣介石回答：「已派兵前往，本日可達，余已決定派白部長赴台宣慰。」[102]關於李翼中親手轉呈的信函，陳儀在其中詳述2月28日以來的經過情形、原因分析、處置態度，提到「此後對付台灣之態度，……對於奸黨亂徒，須以武力消滅，不能容其存在」，最後還說：「鈞座可派大員來台協同辦理，但爲保持台灣使其爲中華民國的台灣計，必須迅派得力軍隊來台。如派大員，亦須俟軍隊到台以後，否則亦恐難生效力。」[103]一般以爲簡派大員來台是屬於安撫、和解的表示，與「武力解決」意義相反，但陳儀把它們視爲一體，值得注意。陳儀的焦躁不安到了3月7日更爲顯露，他覺得蔣決派廿一師師部及步兵一團、憲

---

101 〈陳儀呈蔣主席二月丑儉電〉，《二二八事件資料選輯（二）》，頁64。

102 李翼中，〈帽簷述事——台灣二二八事件日錄〉，《二二八事件資料選輯（二）》，頁376-384。

103 〈陳儀呈蔣主席三月六日函〉，《二二八事件資料選輯（二）》，頁71-80。

兵一營來台「不敷戡亂之用,擬請除廿一師全部開來外,再加
開一師,至少一旅,並派湯恩伯來指揮,在最短期間,予以澈
底肅清」。[104]

　　陳儀在3月2日的電台廣播尚且表明「既往不究」、一律「優
以撫卹」的寬大態度[105],為何3月5日、6日、7日的態度丕變?曾
有學者解釋3月2日以前「陳儀的確很誠意地在尋求和解」,但由
於「日漸增高的反政府行動」方才決定以軍力解決問題[106],實則,
3月7日的一封電報透露了陳儀的心跡:「日前我因限於武力,
十分容忍,廿一師全部到達後,當收斧亂之效。」[107]

　　如上所述,蔣介石的訊息來源包括黨(李翼中)、政(陳儀)、
軍(桂永清)、特(保密局),此外,又如3月5日憲兵司令張鎮,
已將台變的性質認定為「叛國奪取政權之階段」、「地方政府完
全失卻統御能力」[108],3月6日中統局也有誇大危情的報告:「台中
嘉義市政府政權已被所謂二二八事件處理委員會篡奪,並電告省
參議員王添灯,轉告公署勿派兵前往,否則以武力對付。」[109]不
過,台灣人菁英或團體則反映了不同的意見,如省參議會議長
黃朝琴曾於3月6日呈蔣電:「台北民眾暴動實緣省署施政有失

104〈陳儀呈蔣主席三月陽電〉,《二二八事件資料選輯(二)》,頁90。
105參見〈陳儀「第二次廣播詞」〉,鄧孔昭編,《二二八事件資料集》,頁
　　336-337。
106賴澤涵、馬若孟(Ramon H. Myers)、魏萼合著,羅珞珈譯,《悲劇性的開端:
　　台灣二二八事變》(台北:時報文化,1993),頁252。
107〈陳長官寅陽亥電呈復〉,《二二八事件資料選輯(二)》,頁92。
108〈張鎮呈蔣主席三月五日報告〉,《二二八事件資料選輯(二)》,頁67。
109〈中統局呈蔣主席三月六日情報〉,《二二八事件資料選輯(二)》,頁
　　68。

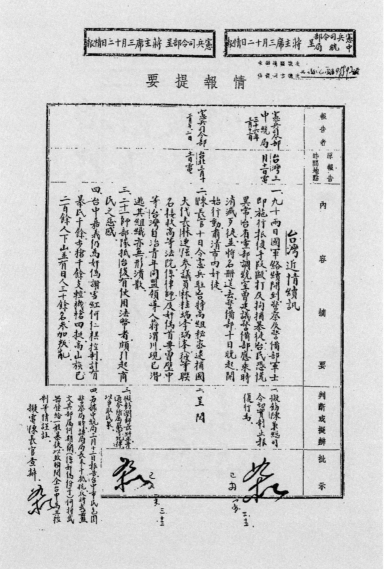

圖4-3　軍隊登陸之後施行報復、秘密逮捕情報。

178　拼圖二二八

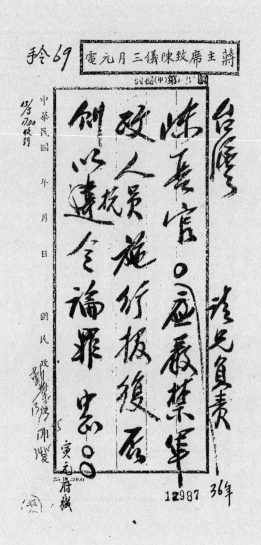

圖4-4　蔣介石發出所謂嚴禁報復的電報。

民心積怨所致，……除嘉義軍民尚在衝突外，其他各地秩序已漸恢復，……外傳託治及獨立並非事實，擁護中央熱誠如故。……敬乞速決治台方針，簡派大員來台處理，以免事件擴大，貽笑外人。」[110]黃朝琴講的都是重點，包括暴動原因、秩序恢復、非關託治獨立等，結論是希望政府讓步（改革省政）、政治解決爲宜。同樣地，一封「全體參政員」給蔣的電報，除了建議廢止專賣局、縣市長民選等等以外，還建議「速派大員來台協同處理本案」，勿用武力彈壓，以免事態擴大」。[111]甚至，在事件過程中與陳儀、李翼中、張慕陶、柯遠芬都有聯絡的蔣渭川，亦以台灣政治建設協會名義發出籲請中央電，蔣介石因而對陳儀說：「台灣政治建設促進（協）會由外國領館轉余一電，其間有請勿派兵來台否則情勢必更嚴重云，余置之不理，此必反動分子在外國領館製造恐怖所演成。」[112]

　　如果把民眾暴動歸因於陳儀失政以及緝煙事件引起的激憤，那麼承諾政治改革並派大員來台「宣慰」即可；如果把事件認定爲「奸匪」介入且達到叛國奪取政權的程度，那就只有「迅派得力軍隊來台」一途。顯然，蔣介石選擇了後者。

---

110 〈黃朝琴呈蔣主席三月魚電〉，《二二八事件資料選輯（二）》，頁89。
111 〈台灣省全體參政員給蔣介石的電報〉，鄧孔昭編，《二二八事件資料集》，頁301。
112 參見李翼中，〈帽簷述事——台灣二二八事件日錄〉，同註25；以及〈蔣主席致陳儀三月虞電〉，《二二八事件資料選輯（二）》，頁93-95。

（三）蔣介石調兵遣將

　　1947年3月10日，蔣介石在南京政府「國父紀念週」針對台變首次公開發表講話，說到事件發生以後陳長官秉承中央指示，已公開宣布取消省署改省政府等等改革承諾，事件本已可告一段落，「不料上星期五（七日）該省所謂『二二八事件』處理委員會，突提出無理要求……此種要求已逾越地方政治之範圍，中央自不能承認。而且昨日又有襲擊機關等不法行動相繼發生，故中央已派軍隊赴台灣維持當地治安，……」。[113] 從前後文可知，蔣氏把派兵決策的理由指向3月7日處委會提出「無理要求」及後來的襲擊機關行動，如果與前述實際資料比對，即可明瞭這是謊言。

　　根據《總統蔣公大事長編初稿》，蔣介石在3月5日就已經派第廿一師劉雨卿師長「率部赴台灣維持秩序」，因為「台灣事件已演變至叛國及奪取政權階段，而其暴動且擴及於台北以外之台中、嘉義等縣市也」。[114] 又據大溪檔案，蔣介石確已在3月5日致電陳儀：「已派步兵一團並派憲兵一營，限本月7日由滬啓運，勿念。」[115] 同樣，國防部參謀總長陳誠也在3月5日給蔣代電：「已令廿一師劉師長率師部及146旅之一個團即開基隆，歸陳兼總司令指揮」，「著憲兵第四團駐福州之第三營即開台灣歸制」，「著調憲兵第廿一團駐福州之一個營即開基隆。」[116] 這一批憲兵應該

---

113 〈蔣介石在中樞紀念週上的講話〉，《二二八事件資料集》，頁367-368。
114 秦孝儀總編纂，《總統蔣公大事長編初稿》卷六（下冊），頁398。
115 〈蔣主席致陳儀三月微電〉，《二二八事件資料選輯（二）》，頁70。
116 〈陳誠呈蔣主席三月五日代電〉，《二二八事件資料選輯（二）》，頁68-

是最早抵達台灣的「援軍」，根據閩台監察使楊亮功的記載，他奉派赴台查辦事件恰好與這兩營憲兵一同搭乘海平輪赴台，他們在3月8日晚上登陸基隆，9日凌晨1時楊亮功與一百多名憲兵自基隆出發前往台北，天亮時他到長官公署見到陳儀，陳即下令宣布戒嚴。[117]

　　陳儀是在3月5日接獲蔣電即知「援軍」已準備開台的消息，但根據大溪檔案，整編第廿一師先遣一個團是在3月9日午後才到達基隆，10日進抵台北[118]；3月10日傍晚陳儀向蔣介石回報：「廿一師第一個團已全部用火車運抵台北，其第二個團乘102號登陸艇亦已開到基隆（港）口外。」[119]整編廿一師師部及146旅是由吳淞口上船直開基隆，145旅則是在連雲港集結候輪開高雄，「先鞏固省會要地，一部向情況緊急之嘉義空中挺進」；南北兩路部隊則循著鐵路縱貫線及其兩側地區，分別向南、北掃蕩前進，於台中會師；另以獨立團向宜蘭、台東方面推進，劉雨卿說：「經十餘日之清掃，最後將謝雪紅殘部驅散於埔里迄日月潭地區，各地方政權隨情勢之轉移，次第恢復，暴亂遂即終止。」[120]過程中由於「奸匪分竄山區」而劉雨卿部隊「缺山砲兵」，乃電蔣介石

69。
117 蔣永敬等合著，《楊亮功先生年譜》，頁356-359。
118 〈劉雨卿呈蔣主席三月九日報告〉，《二二八事件資料選輯（二）》，頁113。該報告陳明他是在3月9日午後二時到達台北。另據劉雨卿本人回憶，彼於3月6日早晨抵京見蔣，蔣除面授機宜並發給手槍600枝，當日運滬交部隊承領，劉本人則於7日午前搭專機飛台。見氏著《恥廬雜記》（台北：川康渝文物館，1982），頁110。惟，劉雨卿飛台時間應以9日為是。
119 〈陳儀呈蔣主席三月灰電〉，《二二八事件資料選輯（二）》，頁135。
120 劉雨卿，《恥廬雜記》，頁111。

懇就台灣現存日械配給山砲12門、彈藥1,200發,恢復山砲兵營,以增強火力而利任務;此事得到國府幕僚「擬准照辦,並電知陳總長及陳長官」以及蔣介石親批「如擬」。[121]

　　整編廿一師部隊之陸續抵達對局勢影響很大,甚至不須要(如上述之)直接掃蕩,遠在台東的民眾接獲軍隊登陸基隆的消息,3月10日民軍方面的陸海隊、海南隊代表即主動到卑南鄉向避難中的縣長、議長輸誠,表示願接受政府指揮「設法監視奸黨分子」。[122]又如嘉義市,原即駐在當地的(第廿一師獨立團第一營)營長羅迪光,在3月11日就採取強硬態度,把陳復志、潘木枝、柯麟、陳澄波、林文樹等「和平使」一併扣押,3月12日羅營攻入市區(進行搶劫、揩油,軍紀欠佳),3月13日廿一師146旅436團之進駐市內,使得更有步驟之「三天戒嚴」得以進行,陳復志與處委會成員11人,以及潘木枝等四位市參議員皆隨後被分批「就地正法」執行槍決[123],而且是以槍殺之後曝屍若干時日的方式「殺雞儆猴」,讓嘉義市民尤其是受難者家屬印象深刻。[124]

　　關於蔣介石的派兵,較少被注意的是海軍部分。3月7日俞濟時(國民政府參軍處軍務局局長)把陳儀請兵的來電抄呈蔣介

---

121 〈劉雨卿呈蔣主席三月元電〉,《二二八事件資料選輯(二)》,頁165。

122 〈台東縣事變經過報告〉,警總二二八事件資料:綏靖執行及處理報告,中央研究院近代史研究所編,《二二八事件資料選輯(四)》(台北:中央研究院近代史研究所,1993),頁35。

123 孫志俊,〈嘉義市「三二」事變報告書〉,《二二八事件資料選輯(四)》,頁69。

124 受難家屬訪問紀錄,詳見張炎憲等採訪紀錄,《嘉義驛前二二八》(台北:財團法人吳三連台灣史料基金會,1995)。

石，附註的地方出現一段海軍的消息；本（10）日14時接海軍
總部周參謀長憲章電話稱，接台灣9日來電，基隆之叛兵司令部
已為我海軍及要塞部隊驅逐，又盤據左營汽油廠之叛兵，已為
我海軍肅清，俘獲百餘人，繳獲槍枝數十支等情。[125]可見至少在
基隆與高雄左營兩個海港，海軍發揮相當作用。從檔案可以看
到早在3月7日，蔣介石即曾指令太康艦、伏波艦開赴基隆歸陳
儀指揮，美頌、美樂二艦開赴左營由海軍司令黃緒虞指揮[126]，不
過3月10日桂永清簽呈稱，美頌美樂二艦恐不能及時到達，已
電飭戰車登陸艦「中海」由滬開基隆。[127]台灣省警備司令部在3月
15日致電海軍總司令部：「太康中海已於真元先後抵基隆。」[128]陳
儀又在3月22日致電桂永清：「本省此次事件承派三艦來協助平
亂，至為感荷。茲太康號高艦長以台局日趨平定，面請解除此間
任務……。」[129]所謂三艦，應是指太康、伏波、中海而言。海島
台灣發生事變，海軍的角色自是舉足輕重。

125 〈陳儀呈蔣主席三月陽電〉（附註），《二二八事件資料選輯（二）》，頁
   90。
126 轉引自吳文星，〈「二二八事件」期間國民政府的因應與決策之探討〉，收
   入賴澤涵主編，《台灣光復初期歷史》（台北：中央研究院中山人文社會科
   學研究所，1993），頁118。以及檔案管理局，《二二八事件檔案》，系統
   流水號42160：〈廣州鄒兼隊長毅等美頌美樂著即開左營〉；42163：〈伏波
   軍艦姜艦長瑜密限於兩日內開基隆〉。
127 〈桂永清呈蔣主席三月十、十一日呈〉，《二二八事件資料選輯（二）》，
   頁143。
128 檔案管理局，《二二八事件檔案》，系統流水號42216：〈復為太康中海已
   於真元先後抵基隆由〉。
129 檔案管理局，《二二八事件檔案》，系統流水號42246：〈為同意太康艦離
   去日由〉。

當3月13日晚上,整編廿一師的146旅部隊到達新竹,436團進入台中,「暴民大部被驅散」[130],陳儀就在這一天以工整小楷寫一封呈函給蔣介石,其中說道:「軍事當無問題,請釋鈞念。此次事變設非鈞座調兵迅速,其演變不堪設想。」[131]陳儀把事變的解決簡化為軍事問題,把話說得如此坦白,部分可能是為自己卸責,卻也點出蔣介石「調兵迅速」的事實。

(四) 蔣介石袒護陳儀,台省軍政首長事後無一受懲

　　戰後台灣的政治體制,是根據1945年9月20日國民政府公布的〈台灣省行政長官公署組織大綱〉,所設計的軍政一元化、委任立法與行政專制,在當時曾被連震東比擬為日治時代六三法下的台灣總督府,而且所任命的高級主管「清一色皆外省籍、且絕大多數係陳長官浙江及福建班底」[132],因此統治一年多就發生二二八這種全島性的民變,究責的對象自然會指向行政長官陳儀。1947年3月6日,以團結全省人民、改革政治及處理二二八事件為宗旨的「二二八事件處理委員會」召開會議,由委員王添灯動議為使中外人士明瞭真相,特擬就二二八事件大綱內容、闡明事件之前因後果,並以國語、客語、閩語、英語、日語向中外

---

130 〈劉雨卿呈蔣主席三月元電〉,《二二八事件資料選輯(二)》,頁165。

131 〈陳儀呈蔣主席三月十三日呈〉,《二二八事件資料選輯(二)》,頁166。

132 詳見鄭梓,〈試探戰後初期國府之治台策略——以用人政策與省籍歧視為中心的討論〉,收入陳琰玉、胡慧玲編,《二二八學術研討會論文集(1991)》(台北:台美文化交流基金會,1992),頁229-277。

宣布，這份文件的內容提到：「這次的事件完全是全省人民對於一年餘來之腐敗政治的不滿同時爆發的結果。」「事件根本由腐敗政治之結果而來。已非所因專賣局吏之不法行為所致，亦非由於省界觀念而發生的事件。故對此次事件，整個台灣政府應負全部責任。」[133] 此外，有旅滬台灣人團體聯合呼籲，直接點名陳儀是慘案禍首，「應請明令撤職嚴辦」，甚至說出「非達驅逐陳儀完成自治之目的，暫不休止」。[134]

在國民政府內部，陳儀屬於政學系，其與CC派、軍統、中統之間有著不同程度的矛盾，派系鬥爭對二二八事件是否可能「引導事件的發展方向」？[135]

本書第三章第五節已表示存疑。但從大溪檔案，是可以看到一些不利於陳儀的陳述，如憲兵司令張鎮在3月5日呈蔣的報告中說：「陳長官似尚未深悉事態之嚴重，猶粉飾太平。」[136] 中統局局長葉秀峰也曾經報告：「陳長官善後處置仍採高壓政策，凡稍涉事變嫌疑者每加毒殺，被害者已有四五十人，對青年學生妄殺尤多，致使人心惶惑社會益形不安。」[137] 陳儀察知自己處境不利，

---

133 〈處委會闡明事件真相向中外廣播處理大綱〉，鄧孔昭編，《二二八事件資料集》，頁 271-277。

134 〈旅滬台灣各團體為「二‧二八」慘案告全國同胞書〉、〈旅滬台灣六團體「二‧二八」慘案聯合後援會聲明〉，收入陳興唐主編，《台灣「二‧二八」事件檔案史料（下）》（台北：人間出版社，1992），頁 754-758。

135 詳見陳翠蓮，《派系鬥爭與權謀政治——二二八悲劇的另一面相》（台北：時報文化，1995 年），第四章。

136 〈張鎮呈蔣主席三月五日報告〉，《二二八事件資料選輯（二）》，頁 67。

137 〈葉秀峰呈蔣主席三月廿七日情報〉，《二二八事件資料選輯（二）》，頁 230。

乃於3月17日向蔣請辭：「謹乞鈞座念職衰老，不堪再膺繁劇，准予辭去台灣省行政長官兼警備總司令本兼各職，另選賢能接替。」[138]第二天蔣介石即予回答：「收復台灣勞苦功高，不幸變故突起致告倦勤殊爲遺憾，現擬勉從尊意，准先設立台灣省政府，至長官公署須待省府成立秩序完全恢復時准予定期取消，惟此時仍須兄負責主持善後，勉爲其難也。」[139]蔣介石的處置不但顧及陳儀的面子，事實上也沒有一點責難之意。

然而，二二八事件爆發不久，國防最高委員會於3月5日、6日在南京國民政府會議室召開的常務會議，即連續討論台灣事變，對台灣的行政長官制度以及陳儀的作風多所批評[140]；而3月15日開幕的中國國民黨第六屆中央執行委員第三次全體會議，進行到3月22日亦即第八次會議時，終於通過劉文島等55人連署的臨時動議，決定對台灣省行政長官陳儀「撤職查辦」，如

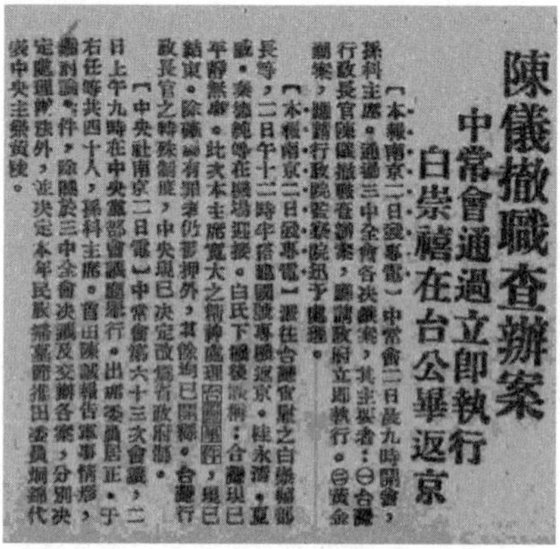

陳儀撤職查辦案

中常會通過立即執行

白崇禧在台公畢返京

【本報南京二日發專電】中常會二日晨九時開會，孫科主席。通過三中全會各決議案，其主要者：㈠台灣行政長官陳儀撤職查辦案，請國府立即執行。㈡黃金潮案，請行政院監察院迅予處理。

【本報南京二日發專電】派往台灣宣慰之白崇禧部長等，二日午十二時半搭專機返京。桂永清、夏威、秦德純等在機場迎接。白氏下機發談稱：台灣現已平靜無事。此次本主席寬大之精神處理[illegible]，現已結束。除首要有罪者仍予押外，其餘均已開釋。台灣行政長官之特殊制度，中央現已決定改爲省政府制。

【中央社南京二日電】中常會第六十三次會議，二日上午九時在中央黨部會議廳舉行。出席委員居正、于右任等共四十人，孫科主席。首由陳誠報告軍事情形，繼討論各案件，除關於三中全會決議及交辦各案，分別決定處理辦法外，並決定本年民族掃墓節推由委員鄒魯代表中央主祭黃陵。

圖4-5 1947年4月3日《大公報》報導黨中常會通過對陳儀撤職查辦，但終被蔣介石打消。

138〈陳儀呈蔣主席三月篠電〉，《二二八事件資料選輯（二）》，頁193。

139〈蔣主席致陳儀三月巧電〉，《二二八事件資料選輯（二）》，頁196-197。

140 1947年3月5日、6日的常務會議紀錄，見中央研究院近代史研究所檔案館藏，〈國防最高委員會常務會議223～226次會議紀錄〉，1947年3月～4月，檔號228-G：1-1。

本文第一節所述，蔣介石竟然運用總裁特權打消此議。

　　二二八事件以國家暴力屠殺無辜收場，負責執行的台省軍政首長難辭其咎，身為陳儀幕僚的周一鶚說，二二八期間軍統、中統同流合污，無所顧忌地為所欲為，例如宋斐如和林茂生（台大台籍教授）之被殺害，陳儀就「很痛心地」告訴他：「他們事先不請示，事後還要求補辦手續，真是無法無天！」[141] 可是陳儀身為台省最高軍政首長，對這種無法無天的現象並未努力阻止，事後亦未有懲處的任何表示，一個可能的解釋是：陳儀自己無法無天的程度，並不亞於那些軍統、中統人員。陳儀本人則在蔣介石的袒護下，1947年5月6日接到蔣電「回京面商一切」，改任國民政府顧問，翌（1948）年6月又被蔣擢升為浙江省主席。關於事變後的獎懲，時任監察委員的丘念台曾於4月2日向同一班飛機離台返京的白崇禧建議：「對於軍事長官的獎賞提升，似不宜在台灣就地升任為是，以免引起台人有不愉的感覺。」[142] 結果台省軍政首長不但無人受到撤職查辦，高雄要塞司令彭孟緝更被擢升為台灣全省警備司令，給台人的與其說是不愉快的感覺，不如說是被污辱糟蹋的感覺。

五、結論

　　相對於過去有歷史學者探討國民政府對二二八事件的因應與

---

141 周一鶚，〈陳儀在台灣〉，《陳儀生平及被害內幕》，頁 104-112。
142 丘念台，《嶺海微飆》，頁 277。

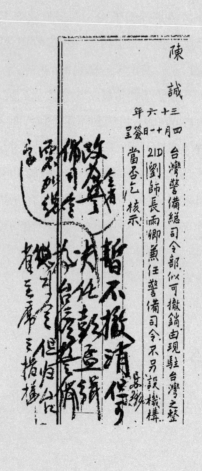

圖4-6　蔣介石不接受陳誠建議的劉雨卿而執意以彭孟緝為全省警備司令。

決策，結論說「這些執掌台灣軍政大權者之心態和因應措施實頗可議，其對事件之擴大應負最大責任，自不待言。」[143] 本文則認為陳儀、柯遠芬等固然失政於前、不當鎮壓於後，又誇大危情向中央請兵，對不幸事件應負相當責任，但欲稱「最」，則非蔣介石莫屬。

　　二二八事件處理委員會認為腐敗政治引爆事件，「整個台灣政府應負全部責任」，而旅滬台灣人團體亦直接點名陳儀是「慘案禍首」，不過時間不應停格於1947年的三月上旬或中旬，他們當時要求南京政府主持公道，政治上自不可能一併指責南京政府；況且連國防最高委員會和國民黨中央執行委員會都要求懲辦陳儀的情況下，蔣介石依然獨排眾議，無視於南京政府內部的反省聲音，而運用總裁的「最後決定權」袒護陳儀，從而整個台灣政府事後無人負起責任，這是蔣介石應比他們負更大責任的第一個理由。

　　其次，派兵決策才是核心問題。當台灣省黨部主任委員李翼中在3月4日約見蔣渭川，說到：「為今之計，惟有籲請中央，然後臨之以威、綏之以德，自可速平而免糜爛。」[144] 蔣渭川聞言

143 吳文星，〈「二二八事件」期間國民政府的因應與決策之探討〉，收入賴澤涵主編，《台灣光復初期歷史》，頁121。此外，李筱峰教授曾撰〈蔣介石與二二八事件──兼論其責任問題〉，收入張炎憲等編，《二二八事件研究論文集》（台北：財團法人吳三連台灣史料基金會，1998），頁455-469，該文包括「事件前的不當措施」、「事件中的不當處置」，指出蔣介石應負的責任，本文則是試圖從整個南京政府的決策來看，並比較其責任輕重。
144 李翼中，〈帽簷述事──台灣二二八事件日錄〉，收入《二二八事件資料選輯（二）》，頁380。

幾乎驚慌失措，趕快以政治建設協會的名義籲請中央不可派兵，只是蔣介石把這一類的訊息——包括黃朝琴議長以及其他台灣人團體主張和平解決、政治改革的訊息置之不理，積極調兵遣將，召見整編廿一師師長劉雨卿的時候還發給他六百枝手槍，「當日運滬交部隊承領」，這種急忙平亂的態度當然加強了台省軍政首長「無法無天」、採取對敵作戰行徑的後果。

　　蔣介石派兵之後，應即預知「糜爛」的後果，因而3月10日首度公開談論台灣事變的時候，把派兵決策歸因於3月7日處理委員會提出「逾越地方政治之範圍」的「無理要求」，和隨後的襲擊官署行動，此說顯然與各種檔案證據顯示的時點不同，本文根據檔案認為蔣介石最慢在3月5日已經開始調兵遣將——若根據整編廿一師師部副官處長何聘儒的記載，甚至3月3日在江蘇崑山駐地即已接到蔣主席要求「開台平亂」的電令。[145]然而，有學者接受前述蔣介石3月7日始決定派兵的片面說法，認為3月7日台北處委會提出的卅二條（四十二條）要求「有明顯叛變色彩」，因而「排除了和解的可能」，「異議分子的條件越來越激進，而省及中央政府的態度從妥協和解轉變為高壓鎮暴」。[146]實則四十二條要求涵蓋人身自由、縣市長民選、多用本省人擔任主管、撤銷專賣局與貿易局等等都在合乎情理的範圍，至於要求駐台軍隊「暫時解除武裝」以免繼續流血衝突，要求撤銷警備司令

---

145 何聘儒，〈蔣軍鎮壓台灣人民紀實〉，鄧孔昭編，《二二八事件資料集》，頁189-195。

146 賴澤涵、馬若孟（Ramon H. Myers）、魏萼合著，羅珞珈譯，《悲劇性的開端：台灣二二八事變》，頁294-295。

部「以免軍權濫用」，容或不切實際，也談不上什麼叛變色彩。可見，欲以處委會提出激進、叛變的要求做爲蔣介石派兵正當的藉口，顯然不能成立。值得注意的是，3月7日處委會提出的要求中有一條：「政府切勿再移動兵力或向中央請遣兵力，企圖以武力解決事件，致發生更慘重之流血而受國際干涉。」顯示他們的焦慮和關切，只是，3月7日那天傍晚來自福建的憲兵營已經登船出發，而整編廿一師也已經往吳淞口和連雲港集結，箭在弦上、不得不發了。

與台灣二二八事件有關的大溪檔案，從1947年2月10日至1948年6月4日止，計有99份文件[147]，都是蔣介石與陳儀、保密局、中統局、葉秀峰、劉雨卿、陳誠、白崇禧、桂永清、何漢文、魏道明、彭孟緝、吳鼎昌、于右任、謝冠生等等黨政軍特乃至監察司法相關人員來往的函電，可見蔣介石對事件介入程度之深、干預層面之廣，這樣的最高領導人，當然要爲不幸事件負最大責任。

站在廿一世紀台灣的時空點上，不免要特別注意1947年3月6日陳儀向蔣介石請兵的信函中，要求迅派得力軍隊來台的理由是：「爲保持台灣使其爲中華民國的台灣計」，陳儀主政一年餘，想必在政經社文各方面已敏感到台灣與中國連結的困難問題，只是囿於當時國民黨政府領導階層的思惟模式、行爲習慣，猶如大船直往冰山開去，而釀成悲劇，此一錯誤的後續影響，至今方興未艾。

---

147 整理成的表格，詳見〈摘由表〉，《二二八事件資料選輯（二）》，頁27-54。

第五章

秋後算帳

—————二二八事件中的
「綏靖」與「清鄉」

一、前言

　　追隨過嚴家淦、二二八期間任職台灣鐵路局、對台鐵員工罷工風潮之敉平並恢復通車很有影響力的徐鄂雲[1]，1992年「自幸遁跡海外，更無包袱承擔」的情況下書寫〈看台灣二二八問題在歷史的天平上〉，文中把二二八事件分成三個階段，一是由事變爆發、戒嚴至招來國軍，是協商失敗階段；二是派兵鎮壓階段，以屠殺手段達成鎮壓效果；三是秋後算帳階段。[2]以上的分期（periodization）比起1991年筆者撰寫〈論台灣二二八事件的原因〉時主張的三階段：初期暴動階段、一面交涉一面抗爭階段、鎮壓屠殺階段[3]，各有偏重，但有互相補充的功能。派兵固然是影響事件發展的重大因素，但軍隊登陸之後，先期的鎮壓和隨後有計畫的「綏靖」、「清鄉」（即所謂秋後算帳），性質仍有不同，有分別釐清的必要。

　　1992年行政院「研究二二八事件小組」公布的《二二八事件研究報告》，是首次使用官方檔案的集體學術研究，具有階段性的典範意義。惟該報告敘及「政府之肆應與事件之平復」主題時，

1　關於二二八事件中的鐵路運輸，詳見莊建華，〈戰後初期台灣鐵路事業之研究（1945-1947）〉，國立中央大學歷史研究所碩士論文，2007.7。
2　徐鄂雲，〈看台灣二二八問題在歷史的天平上〉，中央研究院近代史研究所編，《二二八事件資料選輯（二）》（台北：中央研究院近代史研究所，1992），頁415-430。
3　文章發表於二二八民間研究小組、台美文化交流基金會、現代學術基金會共同舉辦的學術研討會，後來收入張炎憲等主編，《台灣史論文精選（下）》（台北：玉山社，1996），頁303-349。

除了（第一節）一般性描述南京政府與台省軍政首長之因應，即
是以「第二節：北部地區之綏靖工作」、「第三節：中部地區之
綏靖工作」、「第四節：南部地區之綏靖工作」、「第五節：東部
地區之綏靖工作」[4]等討論方式，其中除了第二節的台北地區以及
第三節的中部地區有將「武力鎮壓」與「清鄉工作」分成兩部分
來談，其他地區都是籠統不分。可見，並不是每一位執筆者對此
都有清晰的認知，或都接受此一區分。

　　個人仍然認為，「只要能有效利用敘事形式，並且能確定影
響『社會行動』的關鍵因素，那麼分期研究（periodization）便能
提供說明的力量」[5]要之，整編第廿一師從1947年3月9日開始陸
續由基隆、高雄登陸，「經十餘日之清掃，最後將謝雪紅殘部驅
散於埔里迄日月潭地區，各地方政權隨情勢之轉移，次第恢復，
暴亂遂即終止」[6]接著，台灣省警備總司令部「為維持全省治安，
澈底肅清奸偽，防範其潛伏流竄，免滋後患起見」，於3月20日
發布綏靖部署（調整）計畫及縣市分區清鄉計畫，「限四月底完
成」[7]這一個多月發生何事？為什麼被徐鄂雲稱為「秋後算帳」？
本文將依據大溪檔案、警總檔案，並參照相關民間口述史、回憶

4　張炎憲等主編，《台灣史論文精選（下）》，頁 303-349。

5　Ramon H. Myers 著，夏榮和、陳俐甫合譯，〈二二八事件——怨懟、社會緊
　　張與社會暴力〉，收入陳俐甫等譯，《台灣・中國・二二八》（台北：稻
　　鄉出版社，1992），頁 157。

6　劉雨卿，《恥廬雜記》（台北：川康渝文物館，1982），頁 111。

7　〈警總二二八事件資料：綏靖實施計畫〉，中央研究院近代史研究所編，
　　《二二八事件資料選輯（三）》（台北：中央研究院近代史研究所，
　　1993），頁 78-83。

錄予以敘明。

二、「綏靖」、「清鄉」釋義

「綏靖」的字面意義是以安撫（綏）的手段使局勢安定（靖），英語稱 Appeasement，有「慰撫」之意，例如1930年代英、美、法、蘇等大國對於德、義、日侵略者姑息、縱容，不惜犧牲他國的領土主權或本國的利益，去滿足侵略者的欲望，以圖苟安的政策。[8]然而在二十世紀中國政治的用語中，綏靖不一定有慰撫之意，而是與「掃蕩」更爲接近；國民黨政府在大陸時期即設立過多個「綏靖公署」，主要對象是共產黨。蔣介石於1948年3月曾在南京演講〈綏靖區司令官之職權及其中心工作〉，主要內容是檢討過去「剿匪」軍事成效不彰，原因在於綏靖區司令官「墨守平時法令，辦事按照平時手續，決不能適應當前的局勢」，今後應該「解除一切現行法令規章所加於他們的束縛，使他們真正能夠發揮力量，迅赴事功」。[9]

同樣地，「清鄉」的字面意義是指對佔領區之村莊、鎮落居民所在，敵人、反對者或盜匪容易躲藏之處加以掃蕩；國共內戰及中國抗日戰爭時期，佔領區之日軍與淪陷區政府，即曾針對共

8　維基百科，〈綏靖〉。http://zh.wikipedia.org/wiki/%E7%BB%A5%E9%9D%96（瀏覽時間：2007.6.14）

9　蔣介石，〈綏靖區司令官之職權及其中心工作〉（民國37年在南京出席華中綏靖會議演講）。http://chungcheng.org.tw/thought/class06/0025/0010.htm（瀏覽時間：2007.6.14）

產黨及反日分子進行「清鄉」行動。[10]

　　可見，綏靖與清鄉都具有憑藉軍事武力進行掃蕩的意思，在一般的意義上兩個詞不妨互用，例如網路上有一份《二二八和平週教學手冊》，其中有一節的標題是〈綏靖與清鄉〉，也是採用一般的意義，其中還說到：「清鄉時間一直銜接到1949年國民黨政府撤退來台後的『白色恐怖』，時間之長，真可創下金氏紀錄。」[11]這種一般的、習慣的用法即使是事件中擔任基隆要塞司令的史宏熹，1947年5月撰寫的正式報告亦稱，3月10日開始「一面展開綏靖工作一面遴選熟諳台語官佐會同參議會組織宣慰隊十組每組十人……」。[12]

　　不過，在二二八事件的研究而言，必須注意綏靖、清鄉具有狹義的特定意涵的一面，這正是本文採取的觀點。例如，前述1947年3月20日台灣省警備總司令部發出的文件，凡是給縣市首長的稱作「清鄉計畫」，給高雄彭司令、馬公史司令及145旅凌旅長的稱作「綏靖及清鄉計畫」——或者更完整地稱「綏靖部署（調整）計畫、縣市分區清鄉計畫」，顯然，綏靖與清鄉雖然並稱或同時進行，但綏靖是軍事行動，是軍人的事，清鄉則是縣市政府行政系統的事。這一項計畫從3月21日開始施行、限四月底完成，計分七個綏靖區：

10　維基百科，〈清鄉〉。http://zh.wikipedia.org/wiki/%E6%B8%85%E9%84%89
　　（瀏覽時間：2008.1.30）
11　http://taiwantt.org.tw/books/228/new_page_30.htm
12　〈台灣二二八事變基隆區綏靖報告書〉，中央研究院近代史研究所編，
　　《二二八事件資料選輯（三）》，頁369。

台北綏靖區（含淡水、新莊、板橋、新店、汐止等地），由憲兵第四團少將團長兼台北戒嚴司令張慕陶負責。

基隆綏靖區（含蘇澳、宜蘭等地及東北部高山區），由基隆要塞少將司令兼基隆戒嚴司令史宏熹負責。

新竹綏靖區（含桃園、中壢、大溪、竹東、竹南、苗栗及北部高山區），由146旅少將旅長岳星明負責。

中部綏靖區（含彰化、嘉義、埔里等地及中部高山區），由整編第廿一師中將師長劉雨卿負責。

東部綏靖區（含花蓮、新港、大武等地及東部高山區），由整編第廿一師獨立團上校團長何軍章負責。

南部綏靖區（含台南、旗山、屏東、恆春等地及南部高山區），由高雄要塞中將兼台灣南部防衛司令彭孟緝負責。

馬公綏靖區（含澎湖群島），由馬公要塞中將司令史文桂負責。[13]

以上，除了馬公綏靖區以外，每一綏靖區莫不跨兩個以上的縣市，各綏靖區的任務之一就是：依照台灣省警備總司令部所頒的清鄉計畫，指揮各該區縣市政府實行清鄉。不能忘記，那兩個月正是戒嚴時期，由軍人「指揮」縣市政府辦事是當然的事。

根據行政長官兼警備總司令陳儀在3月26日發表的〈為實施清鄉告全省民眾書〉，把二二八事件界定為「亂黨叛徒所造成的暴動」，而當國軍抵達以後，「亂黨叛徒聞風匿散，社會秩序已

---

13 中央研究院近代史研究所編，《二二八事件資料選輯（三）》，頁83-92。

經恢復」。但政府為了「徹底肅清惡人起見，決定實施清鄉，使少數的亂黨叛徒，無法匿避」;「清鄉的目的，是在確保治安，清鄉的主要對象，是『武器』和『惡人』。凡是武器和惡人，都應該交給政府，由政府做合理合法的處理。」最後陳儀還呼籲，全省各縣的鄉長、鎮長、村長、里長、鄰長以及各市的區長、里長、鄰長，和各級自治人員們，「為了家鄉，為了國家，你們都應該負起責任，協助政府，收繳民間槍械，剪除本地惡民」。[14] 於此，清鄉二字也可以視為綏靖與清鄉的簡稱，而目的很清楚，就是收繳武器、剪除「惡人」。

三、各綏靖區的執行概況

（一）台北綏靖區

來自中國大陸的軍隊登陸以後，警總立即展開的鎮壓行動，包括「解散非法組織」，查封報社、學校與查扣「反動刊物」，懲處「叛亂首要人犯」[15]等;經過這些激烈做法以後，3月23日台北綏靖區司令部正式成立，所轄部隊包括憲兵第四團第二營營部暨四、六、七、通信、補充等連，憲兵第廿一團第一營，陸軍第廿一師438團以及台北縣市警察。台北市清查戶口從4月17日開始至4月27日全部清查完畢，人員配置例如大同區（人口29,015

14　〈為實施清鄉告全省民眾書〉，鄧孔昭編，《二二八事件資料集》（台北：稻鄉出版社，1991），頁343-345。

15　（行政院）研究二二八事件小組，《二二八事件研究報告》，頁212-213。

人，5,231戶，34里）用10位職員、5位戶籍員、14位憲兵，合計29人，當時10個區共動用286人；台北縣各鄉鎮例如汐止、士林、北投、內湖都在5月6日辦理，分別派遣憲兵3位、3位、3位、6位前往協助，最晚的土城鄉是在6月8日辦理，有3位憲兵協助。清查流氓人數台北市以大同區12人、古亭區12人最少，松山區35人最多，台北縣以三芝鄉（3人）最少，土城鄉最多（32人）。被密告、檢舉或上峰交辦的「人犯」，除了情節輕微、罪證不足者「免究交保」或准予自新以外，解送各主管機關的人數包括：警備總司令部130人，台北地方法院檢查處19人，台灣勞働訓導營19人，台灣日僑管理委員會6人。俘獲武器方面包括各式步槍、手槍、子彈、刺刀以及各式軍服、軍帽、鋼盔等等，都列表造冊。

　　清查戶口之後立即辦理五戶連保、連坐切結，此外還須注意宣撫工作，從四月下旬到五月中密集在各鄉鎮區、學校辦理「下鄉口頭宣傳」，每場參加人數多少且須回報。根據〈工作報告書〉的說法，本區綏靖（清鄉）工作是在5月16日宣布結束。[16]

（二）基隆綏靖區

　　基隆是開發較早、人口密集且是軍隊登陸的港口，以致反抗激烈、殺戮亦較嚴重。2月28日晚上即發生第一警察分局被襲、

16　〈台北綏靖區司令部綏靖工作報告書〉，中央研究院近代史研究所編，《二二八事件資料選輯（四）》（台北：中央研究院近代史研究所，1993），頁166-221。

槍枝被劫奪，同時市區及各戲院發生暴動，「內地軍公人員被毆死傷數十人」，要塞司令部外出之官兵亦被襲擊，「於基隆市郊受傷者十餘人，失蹤者二人，並被劫去自衛手槍三枝」。經過3月6日市民大會決議「企圖接收政府各機關、佔領砲台……」，以至3月8日下午二時許「暴徒二、三百名潛至本部附近山地及民房……當經強力制壓，擊斃9名，暴徒不支紛紛潰散，本部哨兵3名負傷」。[17]再度戒嚴以後，3月10日「憲警搜查戶口逮捕嫌疑人犯九十餘人，搜獲擬炸毀碼頭阻止國軍登陸之炸藥二百餘箱，於是事變始告平定」。[18]

　　此時所謂平定應指市區，事實上在郊外的瑞芳、四腳亭、九份、金瓜石一帶，於3月12日由要塞司令部上尉參謀楊繼榮及基隆警察局人員協同廿一師438團第二營之一部前往清繳：

計繳獲前被暴徒劫去金瓜石台灣銅礦籌備處步槍40枝，及瑞芳前警察局及台灣礦業所被繳之步槍30枝、輕機槍2挺、卡柄槍2枝及軍刀等項，並擊斃匪徒12名。[19]

可見戰況相當激烈；3月14日上午要塞司令部派守備大隊第二中隊前往上述地區接替438團第2營的兩個連，而這兩個連則在第

17　〈台灣二二八事變基隆區綏靖報告書〉，《二二八事件資料選輯（三）》，頁351-367。

18　〈楊亮功等呈報調查台灣事件情形及建議善後辦法〉，《二二八事件資料選輯（二）》，頁283。

19　〈基隆要塞司令部致台北警備總司令部3月15日代電〉，《二二八事件資料選輯（三）》，頁115-116。

二天（15日）下午在要塞司令部少校參謀徐光沖的協助下，由鐵
路輸送向宜蘭蘇澳一帶推進，接替該區獨立團第二營防務，「繼
續推行綏靖肅奸工作」。[20]

　　在狹義的綏靖方面，基隆要塞司令部於3月21日接到命令以
後，3月22日即在基隆市政府召集本市各機關法團各學校民眾團
體代表百餘人舉行座談，宣達有關綏靖事宜；3月27日又召集台
北基隆宜蘭縣市長警察局長憲兵隊長及本綏靖區各地指揮官，在
要塞司令部開會，訂定本區綏靖部署計畫。計畫中有一些分工的
措詞極具參考價值：「以陸軍部隊專任奸暴股匪之清剿，以憲警
擔任交通戶口之檢查及民間奸匪與軍火等之搜捕。」「本區之軍事
綏靖工作應與地方政府之清鄉工作同時展開，藉收軍政協同一致
共竟全功之效。」[21]首先，就是清查戶口及辦理連保切結，基隆地
區由基隆市政府負責辦理，於4月12日全部完成；宜蘭地區與瑞
芳地區由台北縣政府責成各該區鄉鎮負責辦理，於4月18日全
部完成。以上清鄉工作完成後，要塞司令部為考察該項工作之辦
理是否確實，就令各地區綏靖部隊協同憲警施行「抽查」。綏靖
期間的「肅奸情形」除圍剿時當場擊斃者外，各地區逮捕送要塞
司令部的「奸暴」辦理情形包括：已決人犯14人（死刑3名、送
勞動訓導營11名）、未決人犯8人、送總部人犯12人、送法院人

20　〈基隆要塞司令部致台北警備總司令部3月15日代電〉，《二二八事件資
　　料選輯（三）》，頁115-116。這是因為3月15日兼總司令陳儀電令將宜蘭
　　蘇澳劃歸基隆綏靖區，438團第二營兩個連乃撥歸要塞司令部指揮。而整編
　　廿一師獨立團第二營是在13日晨才由台北以火車輸送宜蘭。

21　〈台灣二二八事變基隆區綏靖報告書〉，《二二八事件資料選輯（三）》，
　　頁379-380。

犯8人，交保人犯45人，以上總共逮捕87人。

　　其次，在收繳武器軍品方面，宜蘭區空軍宜蘭倉庫被劫去步槍336枝、輕機槍4挺、手槍120枝、車胎電氣若干，於綏靖初期經由原駐該區之廿一師獨立團第二營迅予追繳，「業經該營繳獲大部，逐交各該庫收訖」，其餘未繳回之武器係被攜往他處，後經438團第二營及436團第一營繼續追繳，至4月25日為止據報損失武器與收繳數目相差無幾；瑞芳被劫武器在綏靖初期業已全部收回；基隆地區僅市警察局損失少數槍枝，業經該局自行收回，「民間私藏軍火大部繳回，其隱匿未報者現則由市警察局偵搜中」。[22]

　　著名的省立宜蘭醫院院長郭章垣（1915～1947）等七人命案，主要係由於3月5日郭院長被推為二二八處理委員會宜蘭分會主任委員，及其他可能的私人嫌隙，被大陸籍市長朱正宗誣告，在3月18日前後的一個半夜，遭軍、警破門而入擄走，未經法律程序即被槍殺，埋於頭城媽祖廟廟埕。[23]衡酌上述的時間順序，命案並非發生於三月下旬以後即「狹義的」綏靖清鄉階段，而是更早，即3月15日基隆要塞司令部少校參謀徐光沖所引領的，整編第廿一師438團第二營的兩個連，在宜蘭「綏靖肅奸」階段所發生的事。

22　〈台灣二二八事變基隆區綏靖報告書〉，《二二八事件資料選輯（三）》，頁385-390。

23　參見張文義、沈秀華採訪紀錄，《噶瑪蘭二二八：宜蘭二二八口述歷史》（台北：自立晚報，1992），頁 13-37。

（三）新竹綏靖區

本區規模最大的暴動發生在3月2日上午，從城隍廟一帶開始聚集群眾千餘人，分途於東門街、中央路、中正路、博愛里等地「毆打外省人」，包圍公務機關「企圖奪械」，民眾被當場擊斃8人、傷十餘人，其他如竹東、桃園、中壢、苗栗等地從3月1日開始亦陸續發生騷動。當局在本區的因應策略，比較特別的是組成「聯合諜報隊」，計36人分成9組，分別由整編廿一師146旅與436團、新竹憲兵隊及警察局人員混合編成，每諜員均配發手槍一枝、化裝便衣單獨派赴各地工作，工作時間從3月20日開始至5月7日撤銷[24]，無怪乎本綏靖區由陸軍整編第146旅負責的各種名冊、調查表製作詳備，包括：逮捕人犯解送警備司令部辦理名冊（112名）、逮捕人犯准予自新保釋名冊（46名）、逮捕人犯准予保釋名冊（52名）、逮捕人犯交新竹憲兵隊辦理名冊（3名）、逮捕人犯送法院辦理名冊（3名）、二二八事變暴徒自新名冊（65名）、在逃暴徒主謀名冊（15名）、新竹縣／市變亂開始及秩序恢復時間調查表、新竹縣／市公職人員參加暴動調查表等等。[25]

在戶口清查方面，新竹市政府給警備總司令部的公文稱，擬自4月9日開始至4月20日為止[26]；新竹縣方面稱「本縣清鄉工作

24　〈陸軍整編21師第146旅／台灣省新竹綏靖區司令部綏靖詳報（下冊）〉，《二二八事件資料選輯（四）》，頁327-329。

25　〈陸軍整編21師第146旅／台灣省新竹綏靖區司令部綏靖詳報（下冊）〉，《二二八事件資料選輯（四）》，頁345-391。

26　新竹市政府〈為電本市戶口清查起訖日期報核由〉，中央研究院近代史研究所編，《二二八事件資料選輯（五）》（台北：中央研究院近代史研究所，

自本年4月11日起至4月20日以前完成之」，另又指明「決定本
月19日上午5時起，全縣各區鄉鎮同時舉行戶口總清查，同時舉
辦連保切結、清查民間武器等工作」。[27]本綏靖區分成三個分區，
新竹市以至關西新埔兩鄉是第一分區，中壢、桃園、關西是第二
分區，苗栗、竹南、大湖是第三分區。旅長岳星明除了親自主持
4月19日的第一分區清鄉座談會，並且從4月20日起至25日止
每日製作「各分區清鄉實施日報表」，呈送兼總司令陳儀，內容
包括編組、區域、時間、捕獲人犯姓名、經過情形等。[28]

　　清鄉做為準軍事行動的緊張的一面，從146旅旅長岳星明的
一份報告顯露無遺：

　　　　由砲營營長彭時雨任指揮官，22日16時對新竹縣新竹區
　　　　屬之湖口、紅毛、竹北等鄉嚴密警戒斷絕交通，23日6
　　　　時30分職部編成之清鄉中隊及警察70名、憲兵20名，
　　　　齊集新竹區區公所與該區編成之清鄉小組115小組配合，
　　　　分里清查。其時大雨傾盆淅瀝不止，工作人員衣履盡濕
　　　　仍繼續實施。迄至午後8時許始清查完畢，警戒於9時撤
　　　　收。……本日計捕獲嫌疑人犯計55人，除分別支區署警
　　　　憲初審戶口不符而無罪嫌者予以開釋，情節重大者送本部

1997），頁17-18。
27　新竹縣政府〈呈報本縣清鄉工作實施情形及臨時清查戶口日期請鑒核備查
　　由〉，《二二八事件資料選輯（五）》，頁27-28。
28　〈陸軍整編21師第146旅新竹綏靖區各分區清鄉實施日報表〉六份，《二二八
　　事件資料選輯（五）》，頁75-82。

完辦……。[29]

（四）中部綏靖區

　　本區涵蓋台中至嘉義的廣大區域。自從3月11日第436團在基隆登陸以後，主力軍運台中，其餘一部（約一個營）由副團長彭時雨率領空運嘉義。該團所經之地桃園、中壢、新竹、苗栗等地均震懾平服，惟台中嘉義一帶「為奸匪謝雪紅指使繼續叛亂」，故第436團遂於3月14日起分由台中嘉義兩地向「叛徒」討伐，「在五日間奸偽次第潰散，全島重光」。[30]

　　436團在中部的戰役包括：3月14日在斗六附近，3月16日在牛相觸附近／埔里附近／日月潭附近，而小梅附近的戰役發生在3月16日、18日、20日。[31]434團於3月19日抵達彰化之後，所部分駐於彰化市、員林、二水、埔里、日月潭各地擔任搜剿及維護交通之任務，宣稱「安定了台中東西南三面外圍，尤以樟湖一戰擊潰中部僅有的股匪主力」。434團團部於4月2日移住嘉義市，於4月5日邀集台南縣嘉義市之黨政憲警開綏靖會議，決定工作要項；為了圍攻小梅竹崎附近陳篡地領導的「匪徒」，第2、3兩營及435團第1營各以一部之兵力分路包圍搜剿，歷經三日，

---

29 陸軍整編第21師第146旅司令部代電，〈呈報第一分區清鄉情形由〉，《二二八事件資料選輯（五）》，頁275。

30 〈陸軍整編21師第146旅／台灣省新竹縣綏靖區司令部綏靖詳報（上冊）〉，《二二八事件資料選輯（四）》，頁226。

31 〈陸軍整編第146旅剿匪戰鬥經過概況及匪我傷亡俘獲損耗報告表〉，《二二八事件資料選輯（四）》，頁4-6。

「計擊（斃）匪徒一名，捕獲匪徒十餘名，搜得械彈器材甚多」，隨後鼓勵自新自首「極發生效果」。[32]434團於4月13日會同嘉義市孫志俊市長召開綏靖座談會，成立嘉義市綏靖聯合辦事處，並且「自13日至15日一連三天，宣布晝夜戒嚴以防奸徒再事擾亂」。根據孫市長的報告，嘉義市「三二事變」相關人犯陳復志等16人（在嘉義火車站前）「就地正法」，另有顧尚泰、李詩芳、王濟濘、黃漢書等4人由羅迪光營長執行在虎尾槍決；此份報告雖敘及清查戶口、五家連保切結但無具體內容，倒是各機關公教人員財產損失之名單、金額極為詳盡。[33]

此外，根據中部綏靖區司令部的報告，是在3月28日召集轄區各縣市長、黨部指導員、警察局長、參議會議長、憲兵隊長、鹿港鎮長及轄區營長以上各部隊長，於台中市師司令部召開綏靖會議，同時頒發綏靖計畫及有關諸辦法，飭各地區軍政負責人員遵照實施。各縣市稍作準備之後，大多於4月3日、4日以後開始實施。台中市最早於4月2日午夜開始搜查武器、清查戶口，至翌晨完成，台中縣於5日、台南縣彰化市於7日、嘉義市於8日，至各鄉鎮「亦積極實施戶口清查並同時辦理連保切結，因各級呈轉費時，故各地處理情形尚無詳細報告，但如無其他障礙或可於本（4）月20日前完成」。[34]

---

32 〈四三四團綏靖工作概略〉，《二二八事件資料選輯（四）》，頁124-132。

33 孫志俊，〈嘉義市「三二」事變報告書〉，《二二八事件資料選輯（四）》，頁53-122。關於陳復志等人的槍決，參見張炎憲等採訪記錄，《嘉義驛前二二八》（台北：財團法人吳三連台灣史料基金會，1995年），頁1-13。

34 〈陸軍整編第21師中部綏靖區司令部綏靖經過概要〉，《二二八事件資料

（五）東部綏靖區

　　先就台東而言，有廣播電台「以日語播送煽動性新聞」，而3月3日晚上即有退伍軍人與「流氓」數十人及一部分台籍警察包圍糧食倉庫、進迫縣長官舍，縣長謝眞遂避走鎮外之卑南鄉，3月4日民間組織「海南隊」、「陸海隊」、「青年革新隊」，劫奪警察、憲兵槍械，飛機場及砲台武器亦被劫奪，縣參議會議長陳振宗亦逃往卑南鄉，與縣長共同聯絡全縣「高山同胞」協助政府維持治安，據云「效果甚佳」；3月10日台東方面接獲國軍在基隆登陸消息，「陸海隊」、「海南隊」代表即到卑南鄉向鄉長表示願接受政府指揮、設法監視「奸黨分子」，3月12日各機關被劫奪武器陸續繳還，「海南隊」、「陸海隊」均自動解除武裝；3月14日議長、縣長率同縣府高級人員由卑南鄉返台東市區，同日下午5時30分縣長於台東廣播電台向全縣民眾廣播，3月15日起縣府照常辦公。縣府謂3月15日國軍未到達以前已將「奸僞分子」逮捕交由憲兵隊究辦。[35]

　　本綏靖區由整編廿一師獨立團何軍章團長負責，分為（一）花蓮區：由獨立團第一營少校營長張德開指揮該營及轄區內之憲警；（二）玉里區：由獨立團第二營少校營長尹天與指揮該營及

選輯（三）》，頁288 -348。

35　〈台東縣事變經過報告〉，《二二八事件選輯（四）》，頁9-47。可惜在檔案中沒有看到花蓮縣的「事變經過報告」。值得注意的是，海軍太康艦於3月16日由基隆開往蘇澳、花蓮港、台東一帶巡防，並配合陸軍何軍章部「收復」台東各地。《二二八事件資料選輯（三）》，頁276。

轄區內之憲警；（三）台東區：由獨立團直屬部隊置於花蓮營房做機動使用。綏靖工作自4月5日開始實施。[36]

　　花蓮縣政府於4月7日電送分區清鄉實施辦法給警備總司令部，但被警總批註「僅照本部所頒計畫複誦一遍」，而被要求具體回報[37]；台東縣方面則有具體的工作進度表：4月12日舉行全縣清鄉會議、4月14日舉行分鄉鎮清鄉會議；4月11日至25日收繳武器由村里長、派出所警察彙繳區警察所轉縣警察局；4月15日至20日辦理自新工作；4月20日至25日辦理清查戶口、連保連坐切結並填發居民證，皆由鄉鎮公所及警察機關負責。[38]

　　4月29日，團長兼司令何軍章的電報送達警備總司令部，報稱：東部綏靖區連保切結及居民證已普辦完竣，而戶口清查已普行一次，刻正普遍抽查中，預計豔（29）日完成，對高山同胞的宣慰工作則於本月儉（28）日展開。[39]

（六）南部綏靖區

　　台省軍政首長因應二二八事變，要以高雄要塞司令彭孟緝

36　〈台灣省東部綏靖區綏靖計畫〉，《二二八事件資料選輯（三）》，頁5-7。
37　花蓮縣政府〈電送本縣分區清鄉實施辦法一份請核備由〉，《二二八事件資料選輯（五）》，頁141。
38　〈台東縣清鄉工作進度表〉，《二二八事件資料選輯（五）》，頁138-139。實際執行時且每三日彙報一次，大致符合計畫進度，詳見〈台東綏靖區台東縣（市）清鄉工作報告表〉，《二二八事件資料選輯（五）》，頁376-389。
39　〈何軍章致台北總司令陳卯儉午庸電〉，《二二八事件資料選輯（五）》，頁163。

最爲「獨斷應變、制敵機先」[40]，亦即援軍尚未登陸的3月6日即揮兵下山「收復」市政府等機構。雖然有人連篇累牘爲彭「出兵平亂」的正當性辯護[41]，但諸如「暴徒」挾持黃市長、彭議長上山談判，或彭孟緝僞造「將在外君命有所不受」的電報等說詞，都不足以掩飾他的軍隊進行無差別掃射「遠超過維持治安之必要」的罪行。[42]

南部綏靖區的範圍除高雄市以外，包括新營、台南、鳳山、屏東、恆春以及南部高山區，所轄部隊除原有的要塞部隊之外，還有陸軍廿一師第145旅（欠一個團）以及轄境的憲警。據綏靖區司令彭孟緝的說法，綏靖工作順利在四月底完成：

> 全部工作的結果，計繳獲步槍二千多枝，這數目反而超出了本區所損失的。被檢舉而緝獲的暴亂分子有250人，較台北區要多出五分之一；對於這些人，都曾視其案情由地方法院判了罪刑，但發交執行的，不及十分之一。自新的暴亂分子近千人，其中台南市佔三分之一。[43]

40　〈白崇禧呈蔣主席四月十七日簽呈〉，《二二八事件資料選輯（二）》，頁252。

41　例如黃彰健，《二二八事件真相考證稿》（台北：中央研究院／聯經，2007）。

42　陳儀深〈為何考證？如何解讀？──評論黃彰健著《二二八事件真相考證稿》〉，收入《紀念二二八事件60週年學術研討會論文集》（高雄：高雄市文獻委員會，2007），頁151-167。

43　彭孟緝，〈台灣省「二二八」事件回憶錄〉，中央研究院近代史研究所編，《二二八事件資料選輯（一）》（台北：中央研究院近代史研究所，1992），頁87。

　　不過由於台南縣轄境遼闊，開始「綏靖」時被劃爲南北兩區，南部之新化、新豐、北門、曾文四區屬於南部綏靖區，北部之虎尾、斗六、東石、北港、嘉義、新營等六區屬於中部綏靖區，5月6日台南縣奉台灣省中部綏靖司令部「綏靖區調整辦法」劃爲第一綏靖分區，分區指揮部設於台南縣政府所在地的新營，指揮官爲434團團長、副指揮官由台南縣長兼任。比較特別的是，爲了搜繳武器，可能有一部分人惶惑乃將武器棄置溝渠糞窖及垃圾堆中，本綏靖分區遂於5月12日起至18日止舉辦一項「清溝運動」，通令全縣各區鄉鎮村里鄰戶徹底施行，「由村里隊長指揮各鄰段長，率領本鄉各隊員，清除段內所有溝渠，無論戶內戶外陰溝明溝須將淤積污泥全部掘除清掃，如段內有糞堆垃圾堆亦須逐一清掃」；「在清溝運動期內搜出之武器，由村里隊長送繳鄉鎮公所，轉送就近駐軍保管，並將搜獲之武器種類數量分報縣政府及指揮部備查」。果然，各鄉鎮清出的武器包括刀、槍、子彈、鐵帽等構成一長串統計表。[44]

　　從檔案中的細緻表冊，可知台南縣政府（警察局）進行綏靖清鄉的深入與「賣力」，包括：台南縣二二八事變非法組織調查表、台南縣政府拘捕人犯名冊（76名移送台南指揮部訊辦、46名移送台中指揮部訊辦）、台南縣二二八事變通緝在逃人犯年貌表以及各區警察所散失槍枝、收回槍枝統計表、收繳武器軍品統

44　台南縣〈清溝運動實施辦法〉以及台南縣〈清溝運動期間發現武器統計表〉，俱見《二二八事件資料選輯（五）》，頁334-336，368-372。

計表等等。此外，自4月17日開始至5月15日為止的自首自新期間，共計64人自首、1,089人自新，數量相當驚人。[45]

（七）馬公綏靖區

澎湖縣部分居民受到台灣本島廣播電台宣傳的影響，自3月6日起局勢略呈緊張，有所謂二二八事件處理委員會澎湖分會之籌組，但由於軍政當局的防範並無變亂，3月11日組織即自動瓦解，故「雖有組織、尚無行動」，被列名〈澎湖縣參加「二二八」事件附和盲從分子辦理情形簡明表〉的人，「經傳訊多知悔改，故對其處理均一秉寬大德意」。[46]而澎湖縣長傅緯武仍依規定制訂「本縣清鄉實施辦法」，召集各鄉鎮長召開清鄉會議，從4月14日起開始辦理清查戶口、連坐切結並填發身分證等工作，至5月15日告一段落。[47]

馬公要塞司令史文桂，曾被國防部長白崇禧列入「平亂」有功的獎勵名單，理由是「先將警察繳械、防患未然」，惟蔣介石的幕僚根據派赴台灣視察的上校參謀陳廷縝的報告，謂「馬公要塞史文桂對台變無甚貢獻，且有人責以按兵不動似可不獎」。[48]詳

---

45 這些「工作情形與成效」，《二二八事件資料選輯（五）》，頁347-375。

46 馬公要塞司令部致台灣全省警備司令部代電，〈為電轉澎湖縣二二八事件暴亂份子處理情形請查照由〉，中央研究院近代史研究所編《二二八事件資料選輯（六）》（台北：中央研究院近代史研究所，1997），頁80-85。

47 澎湖縣政府致台灣省警備總司令部代電，〈奉令舉辦清鄉等因遵將實施辦法情形先行報備察核由〉，《二二八事件資料選輯（五）》，頁193-195。

48 〈白崇禧呈蔣主席四月十七日簽呈〉，《二二八事件資料選輯（二）》，頁

細情形如何尚有待進一步探究。

四、幾點綜合分析

（一）整編第廿一師扮演關鍵角色

　　根據陸軍整編第廿一師師長劉雨卿自述，1947年3月5日接奉電話指示：「師屬各部應立即準備赴台。」由於該部隊才剛「奉准換發全部新裝備」，所以「軍容整肅、氣象一新」[49]，不若先前來台接收部隊之狼狽。他們在3月7、8兩日從江蘇崑山車運上海、再船運基隆的部分，應是3月9日開始連續四天在基隆陸續登陸的146旅438團、436團以及旅部直屬部隊，另有145旅則是由連雲港稍後赴台。[50]438團抵台以後歸警備總司令部直接指揮，其主力擔任台北市外圍要點之警戒；146旅其他部隊除以步兵一營（欠一連）歸基隆要塞史司令指揮──馳往宜蘭、羅東、蘇澳等地「綏靖」，另以一營擔任竹南、公館、清水、豐原等地之機場倉庫監護及交通維護，其餘部隊在桃園、中壢、新竹等地任務亦然；145旅以435團之一營任旗山、屏東、東港、枋寮之機場倉庫監護與鐵道交通維護並「清剿殘匪」，另以一營任虎尾、民

252。

49　劉雨卿，《恥廬雜記》，頁110。

50　此一「飄海馳援」的順序，詳見〈陸軍整編21師第146旅／台灣省新竹縣綏靖區司令部綏靖詳報（上冊）〉，《二二八事件資料選輯（四）》，頁225-226。

圖 5-1　整編第廿一師師長劉雨卿將軍。　　　圖 5-2　劉雨卿將軍於 1960 年代自撰的《恥廬雜記》。

雄、嘉義、新營、北港之同樣任務，434團以一營任埔里、另以
一營任員林、斗六、二水、日月潭等「山地匪徒」之清剿兼該區
內鐵道車站之維護；原本在台的獨立團，除擔負花蓮港沿台東至
大武之交通維護與機場倉庫之監護外，亦奉命「搜剿散匪」。[51] 觀
乎3月21日開始劃分的七個綏靖區，新竹、中部、東部三個綏靖
區皆歸整編廿一師的將校負責，而台北、基隆、南部三個綏靖區
的清鄉也都得到它的支援。有研究者認為：

51　〈陸軍整編第 21 師司令部命令，三月七日於崑山師司令部及三月十八日於
　　台北師司令部〉，《二二八事件資料選輯（一）》，頁 208-212。

國軍第廿一師在台灣「戡亂」的過程中不僅掌控佔領鐵路
運輸系統，利用其載運兵員、輜重，並沿著鐵路運輸南下
部署軍隊事宜。……國軍的行動大體可分為兩個時期，前
期是憑恃武力，進行鎮壓或報復為主的軍事行動，至白崇
禧來台宣慰後，則以佔領車站或收繳武器的行動為主。[52]

　　所謂後期的佔領、收繳，就是本文所指「狹義的」綏靖清鄉。
要之，不論針對前期較具武裝抗爭形態的二七部隊（於埔里擊
散）、小梅竹崎附近的戰役，以及嘉義機場解圍，或後期清鄉行
動（如新竹地區）雷厲風行時的武力支援，都明顯可以看到整編
第廿一師的身影。這同時說明了蔣介石「派兵遣將」的後果，如
果是為了「儆猴」而殺了太多不該殺、不必殺的雞，誰該負起責
任，實已彰彰明甚。

（二）清鄉背後的意識型態

　　1947年3月17日，奉命來台「宣慰」的國防部長白崇禧抵達
台北，他為了瞭解狀況乃親自到高雄、台南、新營、嘉義等縣
市聽取報告，3月22日也就是警總宣布綏靖清鄉命令之初來到台
中，所發表的「向全省同胞廣播詞」說到：

　　此次事變的原因，即是台胞青年過去受日本狹隘偏激的教

---

52 莊建華，〈戰後初期台灣鐵路事業之研究（1945-1947）〉，頁106。

育⋯⋯奴化教育的餘毒⋯⋯近因即是受少數共黨分子的惡意宣傳，誤中了他們的陰謀⋯⋯。這反動派的野心，是要想顛覆政府，奪取政權。⋯⋯現台灣警備總司令部已決定分區綏靖，如共黨暴徒仍執迷不悟，將劫奪警察槍枝及倉庫武器彈藥被服，不予繳還，國軍為綏靖地方，必定痛勦，徹底肅清。⋯⋯這是善後治標辦法。至於治本的辦法，應從教育著手來糾正台胞青年狹隘偏激的錯誤思想。⋯⋯最主要的是增強台胞青年對國家觀念、民族意識，革除輕視祖國的錯誤思想⋯⋯，然後中華民族四萬萬五千萬同胞才能親愛精誠團結一致。[53]

　　原因的認定乃與責任的追究息息相關，照白崇禧的說法二二八事變是台胞的錯、日本人的錯，不會是國民黨政府的錯，為避免舊事重演必須「從教育著手來糾正」台胞的思想。

　　其次，前已述及陳儀於3月26日發表的清鄉文告，明白把抗爭者視為「亂黨叛徒」，其他有關綏靖清鄉的函電文稿常見的用詞亦是殘匪、股匪、奸匪，甚至「共匪」，足見「必欲去之而後快」。

　　根據〈新竹市綏靖宣傳實施辦法〉，工作項目包括「宣揚三民主義：⋯⋯強調本黨為適應現代中國之唯一政黨，俾一般台胞對本黨有更堅定更深刻之信仰」；「清除奴化思想：說明日本帝國主義的殖民地政策，並闡明現在生產事業發展困難之實際原因，

53　白部長「在台中向全省同胞廣播詞」，鄧孔昭編，《二二八事件資料集》，頁350-352。

以消除台胞之壞心理，一面指示民主自由之眞諦，以糾正台胞之
幼稚觀念」。這些內容也許勾起行政長官兼總司令陳儀的感觸，
他竟在文末批示：

> 最要緊的是使台灣同胞明白自己是中國人，如對話時常
> 說：「你是中國人」我是「台灣人」，罵各省人爲「阿山」、
> 「豬」都是極錯誤的，應反覆解釋使他們知道辱罵各省人
> 就是辱罵自己的祖宗，看不起中國人就是看不起自己，台
> 灣與中國是不可分的。[54]

其實若根據孫中山的民族主義，構成民族的主觀要素（民族
意識）比客觀要素（血統、語言等）更重要，台灣經過半世紀的
日本統治，若有很多台灣人認爲自己不是中國人亦屬自然之事，
何況戰後的弊政造成官逼民反，所謂「祖宗」之類的本質論不但
講不通，而且無法使人心服。不過，當時國民黨統治階層充斥這
種偏見，對台灣人鎮壓起來自不手軟。

（三）恐怖的「連保」、虛假的「自新」

根據基隆綏靖區的報告，3月13日下午接到兼總司令陳儀的
電令，謂此次暴動乃由於「國民不明眞相而爲少數野心分子及奸

54　〈新竹市綏靖宣傳實施辦法〉及文末批示，見《二二八事件資料選輯（五）》，
　　頁 441-442。

匪煽惑利用所致」，故各部隊施行綏靖應加強政治工作努力宣傳以安民眾心理，同日另一電令又說「凡人民私藏軍火者應即向就地國軍繳出，否則一經查出即予正法」。綏靖區司令部於是布告全區並轉令各部隊「切實遵照實行」。[55] 至於台南地區的「清溝運動」深入鄰里，就是利用民眾的恐懼心理：從水溝裡找出來的槍械不明來源，總比自家裡拿出來還安全。如此清繳焉有不能徹底之理！

　　其次，清查戶口之外還要立即連保切結，當然可以使「惡人」無所遁形。〈新竹市政府分區清鄉實施暫行辦法〉就說到：除責令警察局會同駐軍憲兵不時突擊檢查外，並由本府民政廳計畫定期舉行戶口分區清查，同時辦理五戶連坐切結後填發國民身分證，策動民眾互相監視勸勉，以資圖密；人民發現奸匪暴徒流氓及可疑分子，應立即密報駐軍憲警機關拘辦，如隱匿不報經查獲屬實，該戶長處以極刑外，其餘連坐各戶長一併嚴懲。[56] 這些辦法的實施期間雖說「至本年四月底止」，也是夠恐怖了。

　　嘉義的一位見證者黃龍德就說：「後來宣布五戶連保時，我就溜了。……當時真的有參加的人都跑得快，躲過就沒事了。可是一些人就很倒楣，被冤枉而被抓。」[57] 其實躲也不是辦法（或者說是不得已的），如果沒做什麼煽動或介入暴動的事只是不放心

55　〈台灣二二八事變基隆區綏靖報告書〉，《二二八事件資料選輯（三）》，頁 373-374。

56　〈新竹市政府分區清鄉實施暫時處理辦法〉，《二二八事件資料選輯（五）》，頁 402。

57　張炎憲等採訪記錄，《諸羅山城二二八》（台北：財團法人吳三連台灣史料基金會，1995）頁 312。

而躲，一旦被發現豈不是坐實罪名？著名的台南佳里醫生吳新
榮（1907～1967）就是這類的例子，吳新榮雖然參加過當地的處
理委員會，但自認對於北門區的秩序和安寧幫助很大，只是時局
亂、不放心，就從3月14日開始避難鄉間，3月23日深夜就有憲
兵會同警察人員到家裡要捉拿他，還拿刀拿槍威脅吳妻；4月9
日他的父親被誣通匪而被捕，不久吳新榮與親友商量之後決定到
台南市警察局辦理「自新」（比較安全），但4月26日辦完自新，
28日到憲兵隊接受訊問，5月2日又被憲兵隊叫去訊問，王排長
怒指他與共產黨有關係，自此開始坐監的日子；他從自新以後歷
經五個機關：台南市警察局、台南憲兵營、台北憲兵第四團、台
灣警備司令部第二處、台灣警備司令部軍法處，直到6月21日出
獄。[58] 依照台南縣的〈辦理自首自新實施條例〉，截止日期是5月
10日，過期申請者無效，吳新榮正是在期限內遵辦；根據此條
例，所謂自首是「凡暴亂分子係故意或因過失造成犯罪行為者，
於限期以前或未被捕獲以前……自行投案者准予減刑」，所謂自
新則是指「受奸匪叛徒脅迫或附和盲從，純係過失行為，經自新
後准予免刑」[59]，若以吳新榮的例子不但沒有「免刑」，還差一點丟
了性命；而如前所述，當時台南縣辦理自新的人竟有1,089人之
多！

---

58 吳新榮，《吳新榮回憶錄》（台北：前衛出版社，1989），頁213-257。書
　　中附有6月20日拿到的那張「盲從附和被迫參加暴動份子自新證」。
59 〈（台南縣）辦理自首自新實施條例〉以及〈台南縣警察局自新自首人員統
　　計表〉俱見《二二八事件資料選輯（五）》，頁339、375。

五、結論

　　台灣自 1987 年解除戒嚴以後，談論、研究二二八不再是禁忌，九〇年代陸續出版的官方檔案與民間口述史，為二二八的學術研究提供了必要條件。可惜在 1995 年李登輝總統以公開儀式道歉以及政府對受難者家屬發放「補償金」以來，要求進一步清算歷史、追究責任以實現轉型正義的聲音，以及拒絕此一方向、指責政治操弄的聲音角力不斷，相當程度淹沒了學術研究的進程。坦白說，不但當時外省人、台灣人的死亡人數至今尚沒有比較精確而權威的說法，連當時事件之前在台的兵力分布，事件發生後一次增援、二次增援的陸軍與憲兵——其登陸時間、其確實數量為何？海軍艦艇奉派前來支援的數量與方式為何？恐怕都少有人說得清楚。

　　本文藉著綏靖、清鄉的討論，希望對二二八學術研究的「概念精確化」有所貢獻。本文認為在二十世紀中國政治語彙裡的綏靖、清鄉，雖有著憑藉武力進行掃蕩的一般意義，但在台灣二二八事件中，警備總部要求從 3 月 21 日開始施行、限四月底完成的綏靖清鄉，綏靖是指軍事行動、是軍方的事，清鄉則主要是縣市政府行政的事（清查戶口、連保切結）。但在實際執行過程中，都會區比較能依計畫完成，例如台北市清查戶口從 4 月 17 日開始至 4 月 27 日全部清查完畢，台北縣各鄉鎮則大都在五月份辦理，土城鄉甚至延到 6 月 8 日辦理（遠超過四月底的限期）；倒是幅員遼闊的花東地區竟能在四月底「普辦完竣」，不知落實程度如何——也可能較無「動亂」、比較容易達成的緣故。其次，

軍方和行政單位的責任劃分也不一定那麼清楚，例如4月22日由146旅負責的新竹地區清鄉，從清晨開始斷絕交通、嚴密警戒，軍方編成的清鄉中隊與區公所編成的清鄉小組一起行動，配合分里清查，至晚上8時清查完畢、9時撤收警戒，當日捕獲「人犯」55人……，這種緊張的狀況，自與花蓮地區「皆由鄉鎮公所及警察機關負責」有所不同。再者，台南、新營原本劃為南部綏靖區，但5月6日奉令調整為中部綏靖司令部管轄，很可能與彭孟緝即將北上高陞為台灣全省警備司令有關。[60]

　　要之，7個綏靖區在執行過程雖有以上的「變異」，但都不妨其做為本文所認定的「狹義的」綏靖清鄉行動。

　　既然援軍登陸以後不到兩個星期即終止暴動、恢復秩序，為何還要大費周章分區綏靖清鄉？這就是徐鄂雲所稱的「秋後算帳」，徐鄂雲對此事的評述很值得參考：

　　　　清洗地方活動分子，展開特務與戶警的聯合工作。凡對可疑地區，挨戶搜捕，以至搜山禁海，各地畫夜失蹤者不計其數。造成台灣人民的恐怖世界，綿延二十餘年不息。蓋所謂秋後算帳，本是中國歷史所恒見，近年更成通俗之常識。……這些暴政不是歧視台灣同胞而設，其於大陸同胞

亦均一視同暴，只要他認爲異己，或看來不順眼的照「整」
不誤。只是算帳都屬個案，非易逐一查明，亦不是民間所
能統計。……在當年的黨政高層意識中，未始不當作它在
社會安寧與政權穩定方面發生了莫大之貢獻，亦就成國家
施政的得意之作。但從客觀的看法，應屬統治階層與人民
保持長期的對立姿態，而使人民在一貫屈服於恐怖氣氛之
下過生活，亦即朝朝夜夜在提示人民不要淡忘了二二八流
血慘劇。

　　以上是身歷其境者的觀察評論，若與本文所引述的檔案資料
對照，信然。徐鄂雲是所謂的「外省人」，他把南京政府派兵來
台初期的作爲稱作屠殺，把綏靖清鄉認定爲「秋後算帳」，也就
不可能接受「任何政權都會鎮壓（危及己身存在的）暴亂」、「任
何政府都應維持治安」的藉口。觀乎清鄉背後（同時宣導的）黨
國意識型態，特別要灌輸「台灣與中國不可分」的認知，即可知
悉接下來長期戒嚴所推行的「中國化」，是多麼其來有自、多麼
一以貫之。

第六章

族群衝突、官逼民反與報復屠殺

——論二二八事件的性質定位

一、前言

　　韓國學者金泳燁在其研究光州事件的博士論文，結論中探討
「5.18光州民眾抗爭的性格與歷史性意義」時，對於如何稱呼光
州事件的用語斤斤計較、非常考究，其中認為「光州事態」只是
發生初期媒體對開槍事件報導的用語，並不是「性格上的界定」，
而「光州民主化運動」雖然是1988年10月國會聽證會舉辦時協
議使用的正式名稱，但金泳燁博士還是認為「光州民眾抗爭」才
是正確的概念，因為民主化（democratize）指的是幾個月、幾年
甚至幾十年的長期發展意涵，不適合用來界定短短「十天內發生
的激烈現場狀況」，何況民主化運動是新軍部為了安撫、緩和（對
自己策劃的反民主的、反人道式國家暴力抱持負面態度的）媒
體，所採取的用語，只有「光州民眾抗爭」才是事發當時抗爭核
心以及後來在野的民主運動者、進步派學者所界定的概念、性
格。[1]

　　他山之石可以攻錯，韓國之所以能在1996年2月，針對1980
年5月犯下殺人罪行的全斗煥及盧泰愚等16人起訴，1997年終
審法院判決全斗煥無期徒刑並罰款2,628億韓元，這一年正好是
金大中——1980年被新軍部指控幕後操縱民眾抗爭的主角——
當選總統的一年，5月18日也是在這一年首次成為國家紀念日，
可以說，韓國的民主化運動與5.18真相追查運動合為一體，其間

1　金泳燁，《光州民眾抗爭研究》，韓國國民大學校大學院國史學科，文學博
　士學位論文，2004年完稿。結論章由游橙絮中譯，朱立熙校訂。

藉著強大的民意壓力，透過「特別立法」才得以實現轉型期正義。然而民意壓力不會自動強大，必定從少數人對歷史真相、人權正義的堅持開始，於是吾人可以理解，金泳燁博士為什麼對光州事件的「性格」用語斤斤計較：從民眾而言是抗爭（起義），從政府而言是「殺戮作戰」（massacre）──連「過度鎮壓」都不是。[2]

　　1947年台灣發生的二二八事件，初期也有「十天內發生的激烈現場狀況」，性質應該如何界定？如果從2月28日長官公署開槍事件以後，到處都有「打阿山」的現象，用語言界線分別敵我，反過來說握有槍械的外省軍人對付台灣人亦然，無疑是一種「族群衝突」現象，不過此一現象事出有因[3]，一方面台灣才剛經過半世紀的日本統治，發展程度和不少文化特徵皆與中國產生差異，不只是語言不通而已；另方面新移入的中國政權（行政長官公署）弊政甚多，包括貪污腐化、用人歧視、物價飛漲，台灣人產生「被剝奪感」，省籍矛盾不言可喻，一旦發生衝突，族群衝突或是官民衝突豈易劃分？就連認定二二八事件是「官逼民反」的見證者吳克泰也說，事件開始的頭一天，台北街頭憤怒的群眾「也誤打了一部分無辜的中下級公務員等外省同胞」，「但這只是事件開始的一陣子，因一時難於分辨好人壞人所致……再說，這種現象

2　因為鎮壓是指「迫使對方放棄示威的意志，同時也兼顧個人防護」，若過程中無意識地運用了比較激烈的方法導致示威者死傷或遭受不必要的制止，謂之「過度」。但是如果針對毫無示威意思或已經放棄示威意思的人，進行一般常軌以外的暴力、殺人行為，即是「殺戮作戰」。金泳燁，《光州民眾抗爭研究》，結論章。

3　詳見陳儀深，〈論台灣二二八事件的原因〉，收入張炎憲等主編，《台灣史論文精選（下）》（台北：玉山社，1996），頁303-349。

也是自發的、大規模的群眾運動初起時所難以避免的」。[4]不過，這種現象恐不只是「頭一天」、也不是「台北街頭」才有的現象。

　　奇妙的是，吳克泰等人認定二二八事件「完全是貪污腐敗的國民黨政府逼出來的，是官逼民反」的同時，總會強調二二八事件所表現的「並不是省籍之間的矛盾」。[5]包括國民黨主席馬英九，2006年2月27日也在一場研討會致詞說：二二八事件並不是族群衝突，而是官逼民反。[6]甚至，陳水扁總統在2007年1月發表〈回首民主來時路〉的長文中，雖然對「官逼民反」說不以為然，卻又提到：「過去很多人都把二二八事件詮釋為族群衝突或是省籍矛盾，但事件本質上是民主的問題。」[7]筆者認為，二二八事件存在族群衝突的一面是不需要「詮釋」的，那是事實問題，倒是本質上是否官逼民反或民主的問題才需要詮釋。

　　筆者在十幾年前撰寫〈論台灣二二八事件的原因〉時，主張將暴動原因和屠殺原因分開來論，因為問題的性質不同、答案自然不同，同樣地，吾人若把二二八事件分成3月8日以前的暴動（或民眾主動）階段和3月9日再度戒嚴、來自中國的部隊陸續登陸以後的階段，就可以說前階段屬於族群衝突或官逼民反的性質，後階段屬於報復屠殺的性質。這樣的認定，是不是有充分的事實根據？這就是本篇論文要回答的問題。

4　藍博洲，《沉屍・流亡・二二八》（台北：時報文化，1991），頁59。
5　藍博洲，《沉屍・流亡・二二八》，頁59-60。
6　記者李明賢台北報導，〈馬道歉、贊成下半旗〉，《自由時報》（2006.2.28），A7版。
7　陳水扁，〈回首民主來時路〉，《自由時報》（2007.1.25），A15版。

　　不過在進入主題之前，為求完整還是應把以前出現過的「起義」、「革命」、「叛亂」等性質認定做一檢討，說明其不適用的理由。

二、「起義」、「革命」、「叛亂」不適用的理由

　　1947年3月5日蔣介石之所以決定派整編第廿一師師長劉雨卿「率部赴台灣維持秩序」，因為他認為「台灣事件已演變至叛國及奪取政權階段，而其暴動且擴及於台北以外之台中、嘉義等縣市也」。[8] 3月6日陳儀致蔣介石的信函亦明白寫著：「就事情本身論，不止違法而已，顯係叛亂行為，嚴加懲治，應無疑義。惟本省兵力十分單薄，各縣市同時發動暴動，不敷應付。且奸黨亂徒，以台人治台、排斥外省人之謬說，煽動民眾……」[9] 3月10日蔣介石在南京政府「國父紀念週」針對台變首度公開講話，即把共產黨牽扯進來：「惟最近竟有昔被日本徵兵調往南洋一帶作戰之台胞，其中一部分為共產黨員，乃藉此次專賣局取締攤販乘機煽惑，造成暴動，並提出改革政治之要求。」[10] 以上的指控包括叛國、奪取政權、叛亂、奸黨、共產黨等，在國共內戰的年代何其

8　秦孝儀總編纂，《總統蔣公大事長編初稿》卷六（下冊）（台北：中國國民黨中央黨史會，1978），頁398。

9　〈陳儀呈蔣主席三月六日函〉，中央研究院近代史研究所編，《二二八事件資料選輯（二）》（台北：中央研究院近代史研究所，1992），頁71-80。

10　〈蔣介石在中樞紀念週上的講話〉，鄧孔昭編，《二二八事件資料集》（台北：稻鄉出版社，1991），頁367-368。

嚴重，卻缺乏足夠的證據，應係爲自己的請兵、派兵「平亂」尋
找藉口。

國民黨官方的「共黨介入操縱」說持續數十年，直到1988年
行政院長俞國華、1989年國防部長鄭爲元猶持此說。[11]事實上戰
後初期不論台共或中共在台灣都是勢單力薄，據當事人估計「當
時中共黨員僅約50名左右，最多不超過100名，力量微不足道」，
「不可能事先進行策劃」，「由於事件屬於突發性，且形勢發展迅
速，黨員各自臨機應變，憑自己的判斷進行活動」。[12]當時亦有冷
靜的情治人員指出：「過去日本在台亦嚴禁共黨活動，……故台
人對中共實少認識也；此次事變確非出諸共黨之煽動，惟事變擴
大後共黨分子混雜其間，進行部分的煽動則確有其事。」[13]

不過，所謂起義、革命、叛亂是指否定當時國民黨中央政府
治台的合法性、正當性而言，既然排除了共黨策劃操縱的可能，
是否可能由台獨主張者或台獨組織所爲？上述情治人員又說：
「台人口號爲擁護中央打倒貪官污吏，因無絲毫戀念日本之意
也。」（同上）省參議會議長黃朝琴，在那敏感的時刻亦曾致電蔣
介石：「外傳託治及獨立並非事實，擁護中央熱誠如故。」[14]至於

11　詳見楊家宜編製，〈「二二八」的官方說法〉，《中國論壇》月刊號第4期（31
　　卷第5期，1991.2.1），頁45-56。
12　古瑞雲（周明），《台中的風雷──跟謝雪紅在一起的日子裡》（台北：人
　　間出版社，1990），頁50。
13　〈金燮佳上言普誠代電呈報二二八事件經過概況及其對事件的觀察認知（民
　　國36年4月7日批）〉，侯坤宏、許進發編，《二二八事件檔案彙編（二）》
　　（台北：國史館，2002），頁179-184。
14　〈黃朝琴呈蔣主席三月魚電〉，《二二八事件資料選輯（二）》，頁89。

1947年3月3日美國駐台領事布拉克（Ralph J. Blake）收到一份有141個簽名、代表807人的致馬歇爾（George C. Marshall）將軍之陳情書，主張「聯合國共同管理台灣並中斷台灣與中國本土的政治及經濟關係，直到台灣獨立」。並沒有受到美國政府重視，因為駐台領事館聲稱「完全瞭解在目前鬥爭中避免介入任何一方的重要性」，甚至當台灣民眾向領事館提供中國軍不當使用達姆彈的證據時，領事館亦拒絕留下此一證據而「等待（南京）大使館之指示」；駐中國大使司徒雷登（J. Leighton Stuart）在3月5日致國務卿的電報，除轉達3月3日台北來的上述電報以外，還說大使館已通知布拉克，認可其避免介入的立場，並指示領事館繼續避免以官方或個人身分介入。[15]以上的資料只能說明當時有一批台灣人主張託管以至獨立，可惜至今無法知悉此份名單，尤其這些人在二二八事件中是否參加處理委員會或扮演積極角色，亦無法得知。

　　代表台灣人一方出面與國民黨政府交涉的處理委員會，所提出的卅二條處理大綱與十項要求，無疑是研判二二八事件「性質」的重要依據。曾經參與協助王添灯草擬「卅二條處理大綱」的蘇新（1907～1981，舊台共領導人之一），直截了當說這卅二條「條條是『反蔣』，沒有一條是『叛國』，也沒有一條是『反中國』，即使是後來增加的十條，雖然提法不妥，但也不成為『叛國』或『反中國』的東西」。[16]處理大綱的「語境」，認為這次事件完全

15　王景弘編譯，《第三隻眼睛看二二八──美國外交檔案揭密》（台北：玉山社，2002），頁45-47。

16　蘇新，〈關於「二二八事件處理委員會」〉，收錄於《未歸的台共鬥魂：蘇

是全省人民對於一年餘來之腐敗政治的不滿同時爆發的結果，它要求「政府當局人員應以公明正大之政治家態度，誠心誠意可與人民共謀解決」，在具體條文方面如要求本（1947）年6月以前實施縣市長民選、要求撤銷專賣局與貿易局、警察處長及各縣市警察局長應由本省人擔任、一切公營事業之主管人由本省人擔任等等[17]，都看不出叛國或反蔣的意涵。蘇新或因二二八之後流亡中國的緣故，他在1977年於北京撰寫的回顧文章，矛盾地稱二二八是「起義」是「反蔣」，卻又否認它是「叛國」，只有在中共氛圍的邏輯才能成立；不過蘇新以過來人的身分說：「二二八起義是『官迫民變』的自發事件，事前毫無準備，誰也沒有預料到。」[18]除了起義二字以外，是值得重視的描述。

要之，如果從「武昌起義」、「辛亥革命」的用詞意涵，要套用於二二八事件顯然難以成立，至於蔣介石、陳儀等軍政首長為了使派兵鎮壓合理化，把二二八事件扯上奸匪叛亂、奪取政權，亦顯然不合事實。比較特別的是，1960年在日本東京創立「台灣青年社」（台獨聯盟前身）的王育德博士，在他1964年出版的著作中說：「二二八大叛亂，是給台灣人和中國人的關係帶來決定性作用的大事件。他們固然沒有喊出尋求獨立的明確口號，但『卅二條要求』等於要求實質上的獨立，任何人都承認。叛亂如

新自傳與文集》（台北：時報文化，1993），頁196。

17 鄧孔昭編，《二二八事件資料集》，頁271-277。

18 蘇新，〈關於「二二八事件處理委員會」〉，《未歸的台共鬥魂：蘇新自傳與文集》，頁198。

果成功，將會從高度自治走向分離獨立，這是很自然的**趨勢**。」[19]
如前所述，卅二條處理大綱與十項要求是以承認南京政府為前提
所提出的改革要求，是不能隨便「等於」要求獨立的；王博士站
在台獨運動的立場根本否定當時國民黨政權治台的合法性、正當
性，使用「叛亂」的字眼或許有特別的作用（或者，日文叛亂二
字與漢語的意義有些落差），但就歷史事實及漢語的意義而言則
顯得牽強。另一位台獨運動的理論家陳隆志，在1971年於美國
出版的著作則稱「二二八革命」，但他的描述是：「當時領導人
物未能迎上人民自決、國家獨立的時潮，缺乏明確的革命目標及
堅強的組織，加上錯誤的期待，二二八革命終於失敗。」[20]陳隆志
是國際法學者，為了突顯戰後台灣地位懸而未決，卻被中國政府
違反國際法擅自將代盟國佔領的台灣宣布為中國的一省，特別對
二二八事件賦予「革命」的色彩，雖然比王育德的叛亂說更正面、
更嚴肅，但仍不免於把局部放大，以史觀代替史實的缺點。

三、族群衝突的面向

　　1989年出品、由侯孝賢導演的電影《悲情城市》，是解嚴後
第一部關於二二八事件的文藝創作，也是第一部將二二八的議題
在大眾傳播媒體上炒熱的電影，內容是透過一個家族在二二八前

---

19 王育德著，黃國彥譯，《台灣：苦悶的歷史》（台北：前衛出版社，
　　2000），頁161-162。

20 陳隆志，《台灣獨立的展望》（台北：鄭南榕發行，1987年10月在台灣出版；
　　1971年1月在美國出版），頁19。

後所發生的日常生活經驗，述說台灣人做爲一個群體與所謂「祖
國」的中國政權接觸過程中，所遭遇的格格不入乃至不幸。學者
林文淇評論說：「二二八事件只是本片的背景，眞正的議題應該
是台灣的『身分認同』這個問題……更明確地說它是在處理台灣
的國家屬性問題：台灣是如何成爲中華民國的？」[21]筆者觀賞本
片最難忘懷的情節，不是那些知識分子被捕入獄以後，清晨聽到
難友被拖出去處決的槍聲，而是梁朝偉飾演那既聾又啞的林文
清，在台北基隆間的火車上碰到一些台灣人正在追打外省人，文
清無法用台語或日語回答而險遭毆打的鏡頭。一位影評人感慨地
說：

> 台灣是無根之城，外省人永遠喪失了故鄉，本省人卻沒有
> 了祖國。「樽前皆是異鄉人」，他們同病，卻並不相憐。
> 二二八起義也好，運動也罷，只看到互相殺戮：當權的外
> 省人有秩序的屠殺，底層的本省人便原始性的還擊……[22]

　　難道這只是電影情節嗎？不是的，當 2 月 28 日下午發生長官
公署衛兵對請願民眾開槍的事件以後，憤怒的民眾抬著幾具死者
的屍體乘著卡車遊街，高喊的口號竟是「『阿山』打死人啦！」[23]

---

21 林文淇，〈「回歸」、「祖國」、「二二八」：《悲情城市》中的台灣歷史
　　與國家屬性〉，《當代》雜誌第 106 期（1995.2），頁 94-109。

22 小秋，〈悲情城市／紀念那個時代、那些人〉。http://www.taiwan123.com.
　　tw/song/movie/movie29.htm

23 謝牧，〈『二二八』人民起義親歷記〉，台灣民主自治同盟編，《歷史的見證》
　　（北京：台灣民主自治同盟，1987），頁 111。

不是使用「兵仔」之類的語詞；鍾逸人也說，3月2日早晨在嘉
義市中山路噴水池邊，有憤怒的台灣青年一見到穿中山裝的「阿
山」便衝動起來，不分皀白予以修理。[24]不過任職於台灣省編譯館
的李何林不認為是「不分皀白」，據他當時在街上、公共汽車上
看到有人被打「多是專賣局和軍政機關的」，回到家裡看到宿舍
區的外省人都和台灣同胞相安無事，跟平常一樣到附近買東西，
事後知道台灣人不打「文教衛生機關的外省人」，「台灣同胞並
非仇視一切大陸人，他們抗擊的對象是明確的」。[25]個人的經驗不
能代表所有，可惜到今天為止還沒有一本針對一般外省人受害情
形的口述歷史。

　　就台北而言，上述的衝突現象可能有三天三夜，一位《觀察》
週刊的讀者於3月7日從台北寄了一則投書到上海，除了描述外
省人受害的慘況，還說：「連續騷動達三晝夜。近日已漸趨緩和，
公署允改組為省政府，縣市自治……現政治目標鮮明，毆擊之事
於3號後即停止。……全市業於4日起照常營業。」[26]

　　事件初期本省人毆擊外省人的狀況不可一概而論，著名的反
例之一是財政處長嚴家淦，在2月28日南下台中參加彰化商業銀
行的第一屆董事會，翌日想回台北時因交通受阻乃到霧峰林家求
援，林獻堂夫人予以收留但被傭人洩漏消息，引起許多「流氓」

24 鍾逸人，《辛酸六十年：二二八事件二七部隊部隊長鍾逸人回憶錄》（台北：
　　自由時代出版社，1988），頁506。
25 李何林，〈我所見的「二二八」大起義〉，台灣民主自治同盟編，《歷史的
　　見證》，頁106-107。
26 陳至明，〈台灣暴動鱗爪〉，上海《觀察》週刊第2卷第5期（1947.3.29），
　　頁2跳接頁20。

團團圍住林宅要求交出「阿山」，否則就要放火燒屋，終在林階堂（林獻堂之弟）、林雲龍（林獻堂三子）勸解之下作罷。直到3月12日，林家才雇用貨車並派人護送嚴家淦、王科長及嚴的司機返回台北。[27]其次，新竹縣長朱文伯在2月28日下午從桃園來到台北，於太平町遭到「暴徒」攔住圍毆，危急之際受到本省人吳深潭掩護至友人林剛朗的家，第二天開始走避吳宅藏匿4天，據稱當時有暴徒揚言凡查到隱匿外省人的「要燒房屋殺全家」，對於吳林兩家冒著身家性命的危險予以救護照顧，朱文伯事後極為感念，還說：「聽說這次事變中，和我有同樣遭遇的外省人很多……足見多數台灣同胞是善良可愛的。」[28]

描述二二八事件的族群衝突面向，不宜以「前階段本省人迫害外省人、後階段外省人迫害本省人」的二分法為之。[29]事實上，3月1日上午「緝煙血案調查委員會」在中山堂召開成立大會的時候，與會者決議派黃朝琴、王添灯等代表謁見陳長官，請求項目之一是「下令不准軍憲警開槍」；3月2日下午改組為「二二八事件處理委員會」繼續在中山堂開會，主持會議的周延壽議長報

27 許雪姬，〈二二八事件中的林獻堂〉，胡健國主編，《「二十世紀台灣歷史與人物：第六屆中華國史專題論文集》（台北：國史館，2002），頁1027-1030。

28 朱文伯，〈二二八被毆記〉，原載《台灣月刊》第6期（1947.4.10），收入王曉波編，《二二八真相》（台北：海峽學術出版社，2002），頁156-158。

29 李敖認為2月28日至3月10日「都是台灣人在殺外省人」，外省軍隊來了才開始殺台灣人，「你殺我八百，我殺你八百」。見李敖，〈二二八事件真相〉，鳳凰衛視2005.9.24。http://news.cnfol.com/050924/101,1279,1461359,00.shtml

告交涉要項之一又是「即時停止武裝兵警巡邏」,而上午陳長官答應的措辭是「武裝巡邏車漸漸減少,(槍口不向外、武器放於車內)以維持治安」。3月2日下午開會時還頻聞會場外的槍聲,「此時要求停止士兵之武裝巡邏之聲四起」,同時,這也是3月3日委員會討論治安問題時決議組織自衛隊的緣由。[30]此外根據美國檔案,3月3日下午駐台領事館從台北發出的電報稱:「一位自己開設小型醫院的醫生和另一位台灣人,今天主動向領事館提出巡邏之軍隊卡車昨天向醫院開槍使用達姆彈的證據,並要求領事館向當局交涉以阻止未來再使用此種禁止之彈藥。」[31]換句話說,事件初期的反抗和鎮壓是交錯進行的,並不是等到「援軍」登陸以後才開始鎮壓。

於是,閩台監察使楊亮功記述3月10日他在台北所見:「所過街道,哨兵林立、行人斷絕。時見有死人橫屍於途。」當天下午4時他到長官公署向陳儀建議:(一)軍隊非必要時,不得任意放槍;(二)告誡部下不可採取報復行動(因我到醫院慰問傷者時,發現內地人多為棒傷,本省人多為槍傷)。……[32]楊亮功基於身分角色或許比較能站在第三者的、調解的位置,他在3月9日抵達台北以後,為前階段二二八的族群衝突現象做了重要的註解。

---

30 國防部新聞局掃蕩週報社編,《台灣二二八事變始末記》(中華民國36年3月出版),收入林木順編,《台灣二月革命》(台北:前衛出版社,1990年台灣初版,編者最早於1948年出版),附輯:當時官方說法。

31 王景弘編譯,《第三隻眼睛看二二八——美國外交檔案揭密》,頁47。

32 蔣永敬等合著,《楊亮功先生年譜》(台北:聯經出版公司,1988),頁362。

四、「官逼民反說」的解釋力及其限制

一位長期關心族群政治的作家鄭鴻生，曾經在〈誰的二二八？〉一文中表示，事變初期「一些暴民不分青紅皂白，到處毆打殺害一般外省人」這件事，是讓他年輕時期「耿耿於懷的心頭之痛」，因為「做為現代人，我們會認可或至少接受人民為了抗暴與自衛，而攻擊軍警與壓迫者的行為，但不會認同以任何族群身分為名攻擊無辜人士的作法」。直到1970年代初，他讀了楊克煌以林木順之名所編著的《台灣二月革命》(1948年2月28日出版)，才瞭解二二八事件原來是一場「民變」(國民政府以及陳儀的不當措施引起的民變——官逼民反)、「人民抗暴記」，「是一場台灣人民反對當年台灣行政長官公署的抗爭行動，而不是什麼族群衝突」。鄭鴻生因而感到「滿心的釋然」，甚至「精神的解放」。[33]

原來「官逼民反說」有這種解開心結、精神解放的效用！不過細察鄭鴻生的邏輯，就是先認定二二八事件期間最鮮活、最具體的族群衝突例證就只能是「打阿山仔」，至於為什麼會發生如此非理性的以族群身分為名攻擊無辜人士的事情呢？鄭鴻生把自己設（涉）身其中難以排解，後來讀到當事人現身說法提到「官逼」所以「民反」，於是「打阿山仔」就有了正當理由，或者「打阿山仔」就不再是「打阿山仔」。可惜，鄭鴻生並沒有順此邏輯

---

33 鄭鴻生，〈誰的二二八？〉，收入氏著，《百年離亂：兩岸斷裂歷史中的一些摸索》（台北：台灣社會研究季刊社，2006），頁163-166。

去探討當時的官如何逼、民如何反，竟然跳回去自己「左」的論述，宣稱戰後60年來整個台灣社會對二戰時全球性的法西斯運動缺乏認識，也沒能去認識並反省到「曾經統治台灣50年的日本帝國正是這個全球法西斯運動的軸心之一，並且在台灣留下了一些極為負面的影響」，這個負面影響包括對當今政治勢力操弄「族群政治」缺乏警覺，以及從未認真面對過「打阿山仔」這件事。[34]原來鄭鴻生並沒有真正解開心結！他不但落入中日戰爭的受害者位置，而且與二二八當時國民黨軍政首長一再指責台灣民眾「深受日本奴化教育的遺毒」如出一轍。

　　讓我們回到真正的官逼民反說。一位見證者陳明忠這樣描述：

> 現在回想起來，二二八似乎是一定會發生的事情，只是來得快慢而已。官逼民反，逼到一個程度一定反，為什麼會這樣呢？大陸開始內戰了，台灣什麼都被拿走，米拿走，糖也拿走。二二八事件發生的時候，我在台中火車站，很多人拿著米要搭車回台北，因為台北沒有米，要趕著去做生意。就是說連米也買不到了，很多物資都不夠。[35]

　　就是說生活困苦，主要原因是來自中國的剝削。關於米、煤、糖等物資之強迫性低買高賣，1946年3月一位美國駐台記者

34　鄭鴻生，《百年離亂：兩岸斷裂歷史中的一些摸索》，頁168-169。
35　楊渡總策劃，《還原二二八》（台北：巴札赫出版社，2005），頁76。

William Newton認係中國派來台灣之大小官員貪瀆腐敗使然，乃至「台灣全島之血液幾一滴無餘」。[36] 此事經行政院致函台灣省行政長官公署查詢，陳儀的答覆是由於戰爭及天災使得稻米減產，米價上漲勢所必然，「輸出省外石炭之炭價均由院長統籌核定、指撥配銷」，「糖之輸出奉院長規定交上海敵偽產業處理局統配，不由本省自賣，亦復有案可稽」。[37] 陳儀不但沒有負責、改進的意思，而且密電重慶國府主席蔣介石，指稱美國記者來台採訪專以日人台人為對象，「傾聽一面之詞」，況且「台紳中向為日人御用者頓失地位，每好詆毀政府，信口雌黃，甚或謬謀獨立」。[38]

陳儀雖極力為自己的立場辯護，但情勢發展愈見不利。不但1946年初閩台監察使楊亮功已將台灣民間「物價高漲，盜案迭起，軍紀欠佳，搶劫走私，辦不勝辦」等情形密報于右任[39]，1946年7月開始國民黨中央監察委員會委員劉文島奉令率「中央清查團」來台考察四十多天，發現貿易局長于百溪、專賣局長任維鈞貪污鹽和鴉片證據確鑿，移送辦理之後卻遭陳儀袒護阻撓以至無罪釋放，二二八事件爆發之後此事成為劉文島在黨中央憤怒檢討

---

36 〈美國記者報導台灣接收之後行政腐敗混亂情形〉，收入陳興唐主編，《台灣「二・二八」事件檔案史料（上）》（台北：人間出版社，1992），頁65。

37 〈陳儀為美國記者報導台政腐敗情形致行政院秘書處電〉，陳興唐主編，《台灣「二・二八」事件檔案史料（上）》，頁66-67。

38 〈極機密〉電，陳興唐主編，《台灣「二・二八」事件檔案史料（上）》，頁68。

39 〈楊亮功致于右任密報台灣民情不穩情形電文一組〉，陳興唐主編，《台灣「二・二八」事件檔案史料（上）》，頁48。

時的重點，要求「無論如何陳儀長官應該撤職」。[40]當時的上海《觀察》週刊描寫這一年多的失敗統治，以〈隨時可發生暴動的台灣局面〉為題，文中亦提到「使台胞最為痛恨的事是專賣、貿易兩局貪污案件，至今將以不了了之」；這篇文章還說，長官公署制度被台胞質疑「與日本在台灣採用總督制有什麼區別」，而且在用人方面「高級官吏固然很少台胞，連地方自治，長官也要堅持經過三年的訓練，主要的理由是說『台灣沒有政治人才』。這使台胞最受刺激」。[41]

　　以上將1945年秋天國民政府接收台灣以來，施政失敗而造成「官逼」的情勢做一鳥瞰。再將鏡頭縮近，當1947年2月28日下午發生長官公署開槍事件以後，「長官公署宣布戒嚴，入夜即到處槍殺路上行人；第二天，國民黨軍憲又在市內各處向群眾射擊挑釁」。「台灣當局不但不採取措施來抒解群眾情緒，反而不斷槍殺民眾，進行挑釁。」[42]所有這些都是造成事態擴大，並促使部分民眾自己起來武裝自衛的原因。

　　其次，在「民反」方面，應可分為三個層次：（一）憤怒群眾的情緒發洩。例如2月27日晚上，查緝員開槍打死陳文溪以後繼續逃逸，追捕的群眾擁至警察局、憲兵團施壓，要求交出凶犯

---

40 中央研究院近代史研究所檔案館藏，〈六屆三中全會主席團會議紀錄〉，1947年3月，檔號：228-G：1-4。

41 《觀察》週刊特約台灣通訊，〈隨時可以發生暴動的台灣局面〉，鄧孔昭編，《二二八事件資料集》，頁51-54。

42 吳克泰，〈比較、分析、去偽存真——在南京看到的「二二八」檔案〉，陳興唐主編，《台灣「二·二八」事件檔案史料（上）》，頁21。

「在民眾面前槍決」[43]，顯然是憲警所無法答應的事情；又如三月初霧峰林家庇護嚴家淦等三人的時候，團團圍住林家的群眾之中有不少流氓，可謂驚濤駭浪，許雪姬教授描述此一經過之後評論說：「由此事件也可看出二二八事件中，地方不良分子趁機而劫的另一面貌。」[44]對於事件初期的群眾暴動，台大教授林茂生憂慮地說：

> 這種加諸大陸人和政府機關的暴力行動，是人民的幻滅和強烈挫折感的表現，他們已經沒有其他方式來表達或發洩憤怒，但是，作為有效的政治行動，卻是沒有意義的。[45]

（二）由於軍憲警胡亂開槍而來的民眾武裝自衛需求。前已述及，台北處委會屢次開會所關切的議題之一就是要求制止軍憲警胡亂開槍，加以各地已有搶劫現象，因而有「忠義服務隊」等治安維持隊伍的倡議，根據參與其事的廖德雄所述，3月5日以戰後歸來之台籍日本兵為主的五千多個年輕人，聚集在太平國小，計畫以武力推翻陳儀政府，但最後決定取消武力抗爭，因為根本沒有武器沒有軍糧，空手如何武裝起義？加上蔣渭川反對，他說已和陳儀談妥條件，不需要武裝革命[46]；又如台中方面，3月

43 林木順編，《台灣二月革命》，頁10。
44 許雪姬，〈二二八事件中的林獻堂〉，胡健國主編，《二十世紀台灣歷史與人物：第六屆中華民國史專題論文集》，頁27。
45 〈林宗義訪問紀錄〉，張炎憲等，《台北都會二二八》（台北：財團法人吳三連台灣史料基金會，1996），頁22。
46 〈廖德雄訪問紀錄〉，張炎憲等，《台北都會二二八》，頁88。

2日在市參議會會址成立的「台中地區時局處理委員會」也立即
組織青年學生為「治安隊」，3月3日謝雪紅將此一治安隊整編擴
大為「作戰本部」並成立「人民大隊」（民軍），民軍曾經攻擊、
包圍軍方單位，所俘獲之外省籍公教人員及眷屬予以集中拘禁，
到了3月4日台中市官方機構大多被民軍接管，雖然如此，「台
中地區時局處理委員會」在同日下午改組並通過組織章程時，所
決定的戰略只是「以武裝力量為背景，徹底爭取民主自治」。[47]對
照起來，長官公署所做的報告說上述3月5日台北太平國小等地
登記集合之一千九百餘人，「以白成枝為首領，每日集中訓練，
摩拳擦掌準備與國軍作殊死戰」，以及台中方面與謝雪紅有關的
「自治軍」千餘人，聲勢浩大、私鑄官防印信、「無惡不作」[48]，顯
有誇大之嫌。

　　（三）代表台灣人與當局交涉的各地處理委員會，所提出的
改革主張。處理委員會的組成分子主要是仕紳民代，一方面比較
有政治經驗，一方面則因身分地位而不免趨向謹慎保守。儘管處
委會在長官公署眼中，也是奸黨及陰謀分子，具有「背叛國家、
反抗中央」之陰謀[49]，但在比較激進的反抗者看來，處委會「天天
只在空談，一點都不肯實幹」，「欲以和平妥協的方式來解決」，
因而與要求武裝鬥爭到底的「進步人士及大部分青年學生」立場

47　（行政院）研究二二八事件小組，《二二八事件研究報告》（台北：時報文化，
　　1994），頁86-89。
48　行政長官公署初編，〈台灣省二二八暴動事件報告〉，陳芳明編，《台灣戰
　　後史資料選──二二八事件專輯》（台北：二二八和平日促進會，1991），
　　頁159。
49　陳芳明編，《台灣戰後史料資料選──二二八事件專輯》，頁150。

不同。[50]然而一場沒有預先策畫、缺乏武器裝備、沒有統一組織的武裝鬥爭能堅持多久呢？尤其「沒有思想的武裝，是不成其為『路線』的」，筆者多年前研究處委會的角色功能，即認為在那極度壓縮的不到一週的時間內，能夠完成改組、成立各縣市分會、最後向陳儀提出卅二條處理大綱和十項要求，已經難能可貴。[51]後來很多處委會的成員雖成為被捕殺或囚禁的對象，但所提出的公開訴求成為重要的歷史文獻，釐清二二八事件不只是專賣局吏之不法行為所致，「亦非由於省界觀念而發生的事件」，而是「根本由腐敗政治之結果而來」，因此「整個台灣政府應負全部責任」。[52]

綜上所述，所謂官逼「民反」的三個層次，非理性發洩情緒「打阿山仔」的部分是在事件初期的3、4天，處理委員會在3月7日提出卅二條處理大綱及十項要求，3月9日陳儀再度宣布戒嚴、3月10日即解散處委會；至於最有代表性的武裝路線，包括圍攻嘉義水上機場的行動因3月11日國軍馳援部隊抵達而逆轉，3月12日下午羅迪光營長率部攻入市區，台中二七部隊則在3月12日下午撤往埔里，在3月16日的一場烏牛欄橋戰役之後潰散。那麼，二二八事件至此結束了嗎？當然不是，後階段的屠殺、清鄉，至少到5月16日解除戒嚴為止，都不是「官逼民反」說所能涵蓋

---

50 林木順編，《台灣二月革命》，頁71-73。

51 陳儀深，〈再探二二八事件處理委員會——關於其政治立場與角色功能的評估〉，收入張炎憲等編，《二二八事件研究論文集》（台北：財團法人吳三連台灣史料基金會，1998），頁153-168。

52 〈處委會闡明事件真相向中外廣播處理大綱〉，鄧孔昭編，《二二八事件資料集》，頁271-277。

解釋的。

五、報復性屠殺

漢字「屠殺」二字的英文是massacre，意指「在同一時間以暴虐、殘忍的方式大量殺人」。[53] 關於二二八事件的屠殺現象，主要是指整編第廿一師146旅於3月9日下午，搭乘「太康艦」登陸基隆並開抵台北以後：

> 自9日起至13日止，足足四晝夜，到處都是國軍在開槍，或遠或近，或斷或續，市民因要買糧外出，輒遭射殺，因此馬路上、小巷內、鐵路邊，到處皆是死人。鮮紅的血，模糊的肉，比二二八日更多了幾十倍，這些死者都是台灣人。士兵看到台灣人的怪裝束，不要問話，即開槍射殺。遇到外省人則不加盤問。[54]

於是可以理解楊亮功（如前所述）於3月10日下午到長官公署面見陳儀時，何以建議他告誡部下「不得任意放槍」、「不可採取報復行動」，此時出現「報復」二字頗爲耐人尋味；3月13

---

53 The killing of a very large number of people at the same time in a violent and cruel way. 參見 *Collins Cobuild English Dictionary*（London and Glasgow: Williams Collins & Co. Ltd. 1987, reprinted 1992），p. 892.

54 林木順編，《台灣二月革命》，頁43。這段描述疑摘自張琴，〈台灣真相〉（1947.3.25），參見陳興唐主編，《台灣「二·二八」事件檔案史料（上）》，頁160。

日楊亮功又致電監察院長于右任，謂「地方政府濫事拘捕，人心惶惶。擬請轉陳中央嚴令地方政府不得採取報復行動，並須注意下列兩點：（一）非直接參加事件者不得逮捕；（二）處理人犯須依法律程序。」而于右任隨即復電云：「所見即是，已面陳主席矣。」[55]這個背景，可以幫助我們瞭解蔣介石為何在3月13日有如此一份電報給陳儀：「請兄負責嚴禁軍政人員施行報復，否則以抗令論罪。」[56]問題是，報復已經施行多日才要開始「嚴禁」？更重要的是，事後台省軍政首長並無任何一人因二二八事件而被「論罪」[57]，此封電報的存在豈非成了諷刺。

所謂四天四夜的大屠殺，當時參加「學生軍」的葉紀東亦有類似的說法，即3月8日來自福州的兩營憲兵部隊登陸基隆以後，（漏夜進入台北）即刻展開四天四夜的大屠殺，那幾天他描述一個路徑：大稻埕→艋舺→南門→古亭町，一路上看到的「盡是大屠殺後的人間慘狀，幾乎每隔幾步就是一具橫死的屍體」。[58]

不過在其他城市的情況不一，例如高雄要塞司令彭孟緝由於性格比較特殊，不待援軍登陸而在3月6日下午即展開屠殺。彭孟緝在3月4日由於與台北電話仍然不通，從收音機聽到長官陳

55 引自楊亮功，〈「二二八」事變奉命查辦之經過〉，收入蔣永敬等合著，《楊亮功先生年譜》，頁366。
56 〈蔣主席致陳儀三月元電〉，《二二八事件資料選輯（二）》，頁163。
57 這是吾人認為蔣介石應為二二八事件負最大責任的理由之一。詳見張炎憲等共同執筆，《二二八事件責任歸屬研究報告》（台北：財團法人二二八事件紀念基金會，2006），第三章。
58 〈從高雄苓雅寮到北京——延平大學學生領袖葉紀東的腳踪〉，藍博洲，《沉屍‧流亡‧二二八》，頁30-31。

儀呼籲政治解決、要求部隊撤回營房，就誇張地認為政府機關已完全被二二八事件處理委員會所劫持，並且正由所謂南進同志會「妄圖建立軍事力量」，所以他在「未奉到任何指示或命令」的情況下決定採取軍事行動，亦即在3月6日下午2時，出兵向高雄市區攻擊，「經過四小時戰鬥後，火車站、市政府及憲兵隊部等都先後收復」。[59]根據一份新出土的國安局檔案〈續報高雄暴動經過〉稱：學生及流氓四出暴動，「脅迫要塞繳械，否則斷水道電線燒山，旋要塞司令部始予擊平，計匪擊斃五六百人，市交通工商機關已漸平復」。[60]又據楊亮功、何漢文當年所撰寫的報告，僅僅3月6日那天彭孟緝在高雄市「以武力攻入市區及暴民大本營（第一中學），斃暴民二百餘人」。[61]死亡數字容有出入，但根據國安局所存高雄市各區死亡、受傷者調查表，時間主要集中在3月6日，地點除了在「市政府」等敏感處所，許多是在「自宅」死亡[62]，應可佐證彭孟緝部隊進入市區時有無差別掃射的情形。許雪姬教授進行二二八相關人物訪談時，特別分成高雄要塞司令部、高雄市政府、火車站、高雄中學、煉油廠、自宅死亡、死於路上……等等項目，足以將高雄市二二八的整體圖像做鮮活的呈

59　彭孟緝，〈台灣省「二二八」事件回憶錄〉，中央研究院近代史研究所編，《二二八事件資料選輯（一）》（臺北：中央研究院近代史研究所，1992），頁63-69。

60　〈朱元鎮上盛先生代電續報高雄暴動經過〉，侯坤宏、許進發編，《二二八事件檔案彙編（二）》，頁30。

61　蔣永敬等合著，《楊亮功先生年譜》，頁289。

62　例如「高雄市鹽埕區死亡調查表」（民國36年3月13日），侯坤宏、許進發編，《二二八事件檔案彙編（二）》，頁47-49。

現，其中自宅死亡的受訪案例21篇，屢屢提到3月6日那天，高雄要塞軍隊下山，有不少士兵在鹽埕區沿街搶劫銀樓、鐘錶行的情形，一位受訪者張萬作先生（二二八當時22歲）回憶說：

> 民國36年3月6日，我看見軍隊由大公路進入市區。只見軍人都拿著機槍，車上卻插著白旗，由山上下來時，還吹著進軍喇叭……看到人就開槍殺。……軍人從市政府出來以後，就開始沿路搶劫了。……此時在我家租一小店面的福州師傅也被打死，他做裁縫時有塊長長的木板桌子，他拿來擋在門後，結果士兵進來一開槍，就把他打死了。……

> 軍人是整條街地搶，當時最熱鬧的鹽埕區沒有一條街不被搶，七賢路、大公路被搶的也很多，有的還是進去前先開槍，再用腳踹開門，至今留有當時彈痕的建築仍可見到。[63]

3月6日鎮壓屠殺以後，彭孟緝繼續「肅奸」行動，例如3月8日處決涂光明、曾豐明、范滄榕，接著處決苓雅區長林界，3月22日處決陳天生，3月27日處決蘇進長，4月14日在火車站公開槍決呂見發、呂見利兩兄弟[64]；事變中高雄到底死亡多少人？

63　〈張萬作先生訪問紀錄〉，許雪姬、方惠芳訪問，吳美慧等記錄，《高雄市二二八相關人物訪問紀錄》中冊（台北：中央研究院近代史研究所，1995），頁 169-171。

64　詳見許雪姬，《愛・希望與和平──二二八事件在高雄》（高雄：高雄市

當時的監察委員何漢文說，彭孟緝告訴他：「從3月2日到13日，高雄市在武裝暴動中被擊斃的『暴民』，初步估計，大約在2,500人以上。」[65]事後，國防部長白崇禧在敘獎時稱讚彭孟緝「獨斷應變、制敵機先，俘虜滋事暴徒四百餘人」。[66]

除了北高兩市「較大規模」的部分以外，再舉令人印象深刻的屠殺事件如下：

(一)3月11日嘉義水上機場被援軍解圍時，民間派出的和平談判代表陳復志等8人，除邱鴛鴦、劉傳來、王鐘麟當天放回，林文樹數日後以金錢贖回以外，餘4人被扣留準備槍決。公開槍決的地點在嘉義火車站前，3月18日第一次被槍決的是三民主義青年團嘉義分團主任陳復志；3月23日第二批被槍決的是蘇憲章等11人；3月25日第三批被槍決的4人皆是嘉義市參議員，包括陸續被捕的柯麟、盧鈵欽（唯一不是赴機場談判的代表）、潘木枝、陳澄波。[67]其中，畫家陳澄波的女兒陳碧女敘述槍決當天的情形：

3月25日，父親被載出來槍殺，到底是什麼罪我們不知

立歷史博物館，2000），頁66-67。

65 何漢文，〈台灣二二八事件見聞紀略〉，鄧孔昭編，《二二八事件資料集》，頁183。

66 〈白崇禧呈蔣主席四月十七日簽呈〉，《二二八事件資料選輯（二）》，頁252。

67 張炎憲，〈徘徊於抗爭與和平解決之間的悲劇〉，張炎憲等採訪紀錄，《嘉義驛前二二八》（台北：財團法人吳三連台灣史料基金會，1995），頁4-8。

道，……我還記得是一輛卡車，插著一支白白的旗子，就像現在電視上看到的連續劇，四個手被綁著的人的背後插一支長長的五角形的牌子，用大字寫著名字，……經過中山路到嘉義噴水池，再轉火車站。我們在中山路附近看到父親在卡車上，……我跟在車子後面一直跑一直跑，車子開得很緩慢，……卡車還沒到車站先對著車站廣場右邊砰砰砰砰開槍，車站的人都逃走。……可憐的父親，是最後一個被槍殺的，……兵仔和父親距離約3公尺，……第二槍才打中父親，父親可能不甘願，沒有向後仰，向前倒下去。[68]

（二）在基隆地區，根據張炎憲等所做的30篇訪問稿，受難情況具有以下特色：1、屠殺時間都在3月8日以後，直到5月27日還發生屠殺；2、鐵絲貫穿手腕腳踝，集體屠殺，丟入海中；3、用錢贖回生命，也有用錢贖不回生命的；4、視台灣人民為叛亂（造反）者。國民黨的運兵船抵達基隆港口，兵仔上岸以後，「用機槍四處掃射，邊走邊射擊，連在碼頭等貨物的無辜百姓，都被槍殺」。[69]固是一種情況，在基隆碼頭「大家排一排，雙手背後反綁，身上還掛石塊，槍斃後就踢到海裡去」。[70]又是另一種情況。

---

68 〈陳碧女訪問紀錄〉，張炎憲等採訪紀錄，《嘉義驛前二二八》，頁165-167。

69 張炎憲，〈二二八民眾史觀的建立——基隆二二八事件的悲情〉，張炎憲、胡慧玲等採訪紀錄，《基隆雨港二二八》（台北：自立晚報，1994），頁6-8。

70 〈翁麗水訪問紀錄〉，張炎憲、胡慧玲等採訪紀錄，《基隆雨港二二八》，頁32。

一位受難者的太太說：

> 人就這樣子失蹤。我們聽到什麼地方有屍體，我們就去
> 看……屍體撿回來時，……手反綁在後面，絞鐵絲，還綁
> 一塊石頭，腳也用鐵絲綁著；他們打算滅屍，綁石頭不讓
> 屍體浮起來，嘴塞東西不讓他叫喊。屍體泡在海水裡，身
> 體整個腫起來，腫得把衣服塞得滿滿的，放不進棺材裡，
> 硬塞進去，蓋子卻沒辦法蓋緊。[71]

　　（三）台北的南港橋下8具屍體，其中之一是高等法院推事
吳鴻麒，他的妻子說他「是一個對祖國有深厚感情的人」，精通
日語、中文、客語和閩南語。3月12日他照常到法院上班，下午
3點多有兩個便衣人員來找他，說「柯參謀要請你去談話」，就這
樣一去不返；3月15日南港橋下出現8具屍體，3月16日下午吳
太太去認屍時，先看到別人的屍體「雙手雙腳被綁，雙眼被矇著，
口被布條塞住，身上有槍尾刀的傷痕，傷口處肉往外翻，有一人
的脖子被斬斷，血濺四處，滿地通紅」。吳太太找到先生的屍首
時，「大衣不見了，懷錶和腳下的鞋子也不見了」，由於位處竹
叢邊坡，只能第二天再找人來扛；第二天（3月17日）屍體拖回
家，一進屋內圍牆，立刻血流不止，吳太太說：「已經三天了，
他流的血卻還似活血，潺潺流著，那些活血至今還流在我身上，

71　〈張碧玉訪問紀錄〉，張炎憲、胡慧玲等採訪紀錄，《基隆雨港二二八》，
　　頁 59-60。

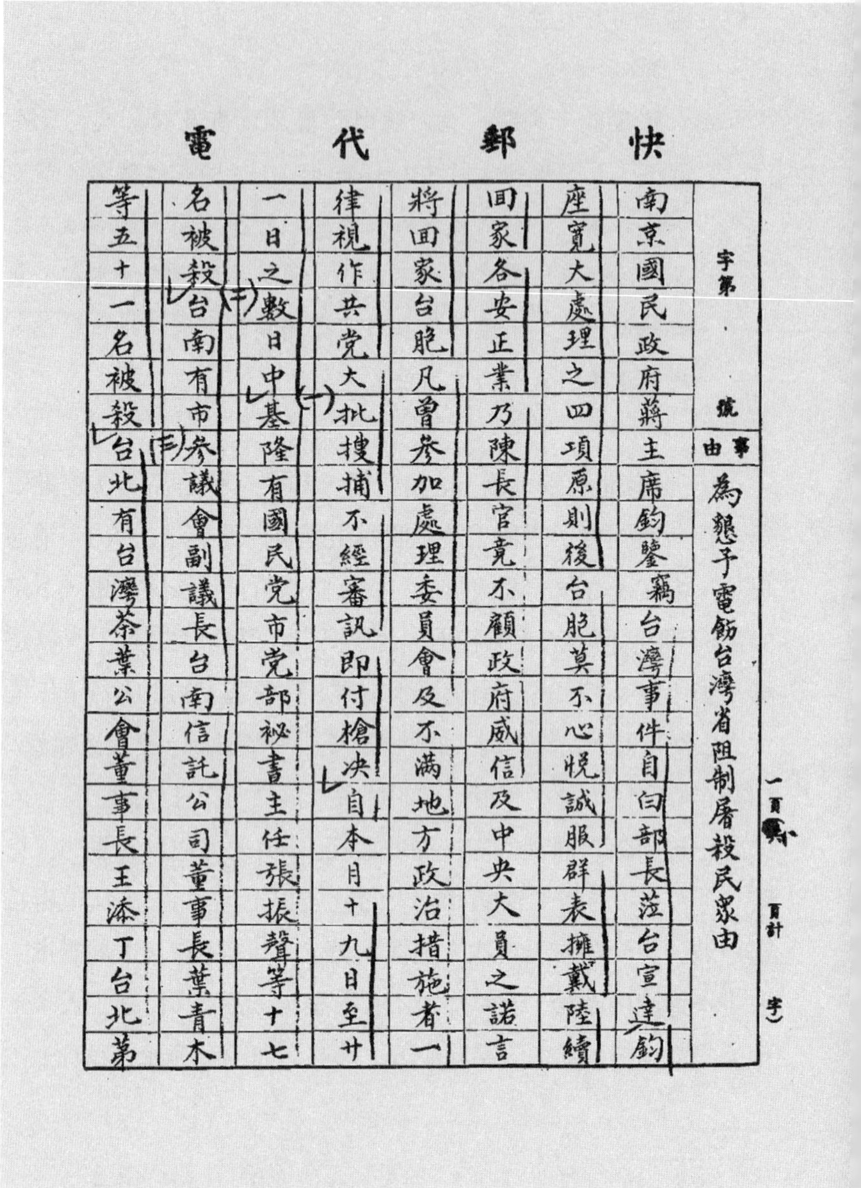

快　郵　代　電

字第　　號

事由　為懇予電飭台灣省阻制屠殺民眾由

南京國民政府蔣主席鈞鑒竊查台灣事件自白部長蒞台宣達鈞

座寬大處理之四項原則後台胞莫不心悅誠服群表擁戴陸續

回家各安正業乃陳長官竟不顧政府威信及中央大員之諾言

將回家各胞凡曾參加處理委員會及不滿地方政治措施者一

律視作共黨大批搜捕不經審訊即付槍決自本月十九日至廿

一日之數日中基隆有國民黨市黨部祕書主任張振聲等十七

名被殺台南有市參議會副議長台南信託公司董事長葉青木

等五十一名被殺台北有台灣茶葉公會董事長王添丁台北第

（一）（二）（三）

（一頁　頁計　　字）

圖6-1　台灣旅京滬七團體指控陳儀屠殺民眾。

摘由表第　　號　　批檔案　　類目卷　　國民政府文官處政務局收文摘由紙

示	批	辦	報	附件	摘由	機關 姓名	卷文
						來文機關姓名 京滬台灣七團體	
						文別	
						來文地點	
						文日期 三十四年三月　日	
						收文字號	

名歌山表團
張邦傑等

懇刻心台灣當局捕殺人民並請將陳儀打通方等網系
為澈查究由理善後以安民心

11854

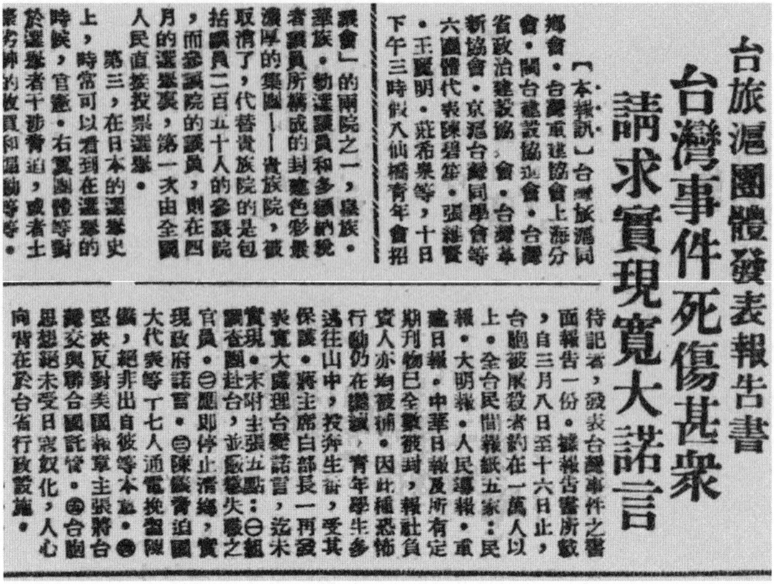

台旅滬團體發表報告書
台灣事件死傷甚衆
請求實現寬大諾言

【本報訊】台灣旅滬同鄉會・台灣重建協會上海分會・閩台建設協進會・台灣省政治建設協會・台灣革新協會・京滬台灣同學會等六團體代表陳碧笙・張維賢・王麗明・莊希泉等，十日下午三時假八仙橋青年會招待記者，發表台灣事件之書面報告一份。據報告書所載，自三月八日至十六日止，台胞被屠殺者約在一萬人以上。全台民間報紙五家：民報・大明報・人民導報・重建日報・中華日報及所有定期刊物已全數被封，報社負責人亦均被捕。因此種恐怖行動仍在繼續，青年學生多逃往山中，投奔生番，受其保護。蔣主席白部長一再發表寬大處理台變諾言，迄未實現。末附主張五點：㈠組調查團赴台，並嚴懲失職之官員。㈡應即停止清鄉，實現政府諾言。㈢陳儀脅迫國大代表等丁七人通電挽留陳儀，絕非出自彼等本意。㈣堅決反對美國報章主張將台灣交與聯合國託管。㈤台胞思想絕未受日寇奴化，人心向背在於台省行政設施。

議會」的兩院之一，皇族・勳選議員和多額納稅者議員所構成的封建色彩最濃厚的集團——貴族院，徹取消了，代替貴族院的是包括議員二百五十人的參議院，而參議院的議員，則在四月的選舉裏，第一次由全國人民直接投票選舉。

第三，在日本的選舉史上，時常可以看到在選舉的時候，官憲・右翼團體等對於選舉者干涉脅迫，或者土豪劣紳的收買和煽動等等。

圖 6-2　1947 年 4 月 11 日《大公報》報導台灣旅京滬團體的控訴。

永遠流著。」「醫生驗屍時，我們親眼看到吳鴻麒身上滿是傷痕，下半身都是一道道的烏青，連睪丸都打破了。可見死前那幾天，早被刑求至半死狀態。」[72]

以上，不論從殺人的「規模」或殺人方式的「暴虐、殘忍」，稱台灣二二八事件爲一屠殺事件實屬允當。1947年4月9日監察委員丘念台提出的報告中說：「3月8日以後，軍警擴大屠殺，以高雄、基隆、嘉義等地爲慘重。」此份報告同時對死傷人數有一些交代：

---

72 〈楊悉治、吳和光訪問紀錄〉，張炎憲等採訪紀錄，《台北南港二二八》（台北：財團法人吳三連台灣史料基金會，1995），頁 56-65。

3月29日，據官方稱：外省公務員死30，失蹤7，死傷共800，而台省人民死傷則無確數。據台北市長估計，全台約在2,000以上，而近夜有軍警戒嚴，日有軍警清鄉，秘密捕去士紳不知數。[73]

既然台省人民死傷受害「無確數」、「不知數」，暫不置論，但外省公務員死亡加失蹤37人，則其餘七百多人應係受傷，故李敖先生所謂你殺我800、我殺你800，應係無根之論。

六、結論

韓國學者金泳燁對於1980年光州事件作「性格上的界定」，認為「民眾抗爭」比「民主化運動」更適當，因為「民眾抗爭」是事發當時抗爭核心以及後來的民主運動者所界定的概念。此種精神值得借鑑、參考，但此種角度恐不適合推及他時他地的一切個案。例如十九世紀中國洪秀全自稱的「太平天國」，與實際的內涵名實不符，性質是種族主義、文化革命或農民革命皆有爭議，故有歷史學者堅持用「太平軍」比較恰當。[74]

1947年的台灣二二八事件，被當時國民黨的軍政首長稱為叛亂、作亂從而派兵鎮壓，而反抗者缺乏思想的、物質的準備，

---

73 〈丘念台關於妥處「二二八」事件善後事宜之報告、建議書及意見書〉，陳興唐主編，《台灣「二‧二八」事件檔案史料（下）》，頁801-804。

74 參見李定一，《中國近代史》（台北：台灣中華書局，1974台18版），頁82-91。

沒有統一的組織和旗幟路線，若有部分行動者自認是起義、革命，並不能代表多數的看法。中共、台共在二二八事件中所能發揮的作用微弱，不論從當事人的見證或當時在台情治人員給南京的報告都可印證，扣「紅帽子」不過是國民黨為鎮壓屠殺找藉口，以及共產黨順水推舟的政治宣傳。至於二二八前夕有若干台灣知識分子基於國際法對戰後殖民地的處置選擇並對國民黨治台亂象的失望，主張託管然後自治或獨立，也還不是公開討論的主流意見。最能代表二二八抗爭之多數意見，並正式向當局提出交涉的，就是台北中山堂的二二八事件處理委員會，他們在3月7日向陳儀提出卅二條處理大綱和十項要求，基調就是承認南京政府、要求懲辦陳儀、反對歧視台灣人的政策、要求縣市長民選等等政經改革措施。

1949年國民黨南京政府遷台以後，把台灣當作反共復國的基地，施行數十年的戒嚴高壓統治，台灣人失去集會結社、言論思想等自由，國民黨政府不但沒有對二二八受難的台灣人撫卹、賠償，而且以「萬年國會」體制坐實自己是外來政權的指控，於是海外台灣人──特別是1960年代至80年代留學日本與美國的台灣青年所組織的台獨運動團體，總是以二二八事件做為台獨論述的重要元素，甚至做為「武力推翻」國民黨政權的正當理由。1987年解除戒嚴以後，二二八公義和平運動常與民進黨的民主化運動互相為用，形成的壓力使得國民黨居多數的立法院也必須通過〈二二八事件處理及補償條例〉，1995年李登輝總統且以「國家元首」的身分向二二八受難者及家屬致歉。九○年代台灣民主化的主要成果之一，就是造成2000年的政黨輪替。可是廿一世

紀初始幾年的台灣政治，朝野不斷惡鬥、藍綠宛若敵國，究其根
源實與特殊歷史經驗造成的「族群政治」密切相關，此一族群政
治的內涵雖不同於昔日「外省人vs.本省人」的文化差距、統治
與被統治、資源分配不公的問題，但是以國家認同做為切線，「認
同中國一族vs.認同台灣一族」所衍生的種種互不信任，殊難排
解。[75]

　　明乎此，即可理解近年來朝野政黨領導人何以一方面競拋
和解言論、一方面鬥爭不已，談到二二八就只碰觸「官逼民反」
或違悖民主人權等方面，而避談或否定「族群衝突」的面向。本
文並不否認「官逼民反」對二二八事件有一定的解釋力，但主張
將「民反」的部分區分成非理性發洩（攻擊外省人）、武裝自衛
與反抗、組織處理委員會凝聚改革要求等三個層次，否則籠統說
「反」，豈非可以等同造反叛亂、無限想像；不過把民反的前提說
是官逼，一方面可以減輕「反」方的道德壓力，一方面官方道歉
並做金錢補償即可了事，可見「官逼民反」說有一定的吸引力。
問題是，回到歷史現場，二二八事件明明有很多族群衝突的現
象，歷史教訓畢竟不能取代歷史事實，何況在漫長的戒嚴統治過
程中，在野者或隱或顯援引「台灣民族主義」對抗國民黨的「中
國民族主義」，使得族群感情（文化、歷史的）與國家認同（政

75　詳見王甫昌，〈由民主化到族群政治──台灣民主運動的發展（1970's～
　　1990's）〉，國史館主辦「二十世紀台灣民主發展學術研討會」論文，
　　2003.9.24～26。王甫昌認為九〇年代以前的台灣族群政治，主要發生在政
　　治弱勢的本省人企圖改變政治結構的抗爭過程，而九〇年以後的族群政治，
　　則是發生在民主轉型過程中，自認為變成弱勢族群的外省人，企圖抗拒「本
　　土化」的政治與文化走向。

治抉擇）混淆不清，因而有李敖、鄭鴻生等「反台獨」的知識分子，反向操作「外省人才是二二八受害者」的意象，企圖以族群因素來瓦解日趨強勢的台灣認同。個人認為解決之道，還是應先釐清歷史事實，誠實面對二二八事件中的族群衝突面向，承認事件初期有非理性「打阿山仔」的現象，可是不必等到3月9日再度戒嚴，就有3月6日的高雄屠殺，以及3月2日台北街頭軍隊巡邏卡車胡亂開槍，使用「達姆彈」向醫院開槍的證據。換言之，承認官逼民反的同時，不必否認族群衝突的存在。

更重要的是，二二八的全貌至少到5月16日解除戒嚴、結束「清鄉行動」為止，對台灣人民而言，所謂二二八事件當然包括後階段的鎮壓屠殺，甚至後階段的鎮壓屠殺才是悲劇的重點。官逼民反只能解釋到3月7日處委會提出正式要求或（中部地區的）3月16日烏牛欄橋戰役為止，3月8日晚上兩營憲兵登陸、3月9日下午以後整編第廿一師陸續從基隆高雄登陸，軍憲情治人員殺人的「數量」或暴虐、殘忍的「方式」，是不折不扣的屠殺。據台大法律系陳志龍教授的說法，這不是兩軍對陣的戰爭行為，也不是執行公務的適法行為，而是一種政府犯罪。[76]一個甫邁入文明的社會、甫建立法治的國家，對於過去威權時代的這一場嚴重的政府犯罪，如果不能釐清責任歸屬，並跨越障礙予以法律訴究，則此一文明、此一法治必有殘缺，且恐有倒退傾頹之虞。

---

76 張炎憲等共同執筆，《二二八事件責任歸屬研究報告》，附論一：〈二二八事件屠殺行為的刑事法律責任〉，頁 491-533。

第七章（代結論）

「紀念二二八」
與台灣民族主義

————以日本、美國的
台獨運動為中心

一、前言

　　近幾年有新進學者研究「中華民國國定節日的歷史」，指出國民黨自從「完成北伐」以來，即便國旗、國歌在國內外的接受程度因時而異，整體而言並無「法定上」的改變。但是「紀念日」做為一個體系，其內容則因應時局變遷而有許多調整，這在戰後台灣而言更是明顯。例如政治性節日逐漸從國定假日中退場、節日的社會休憩功能日漸受到重視、以及非漢民族的歷史記憶受到包容等等。[1]個人認為所謂的政治性節日包括中華民國開國紀念日（元旦）、青年節、七七抗戰紀念、雙十節、總統蔣公華誕、行憲紀念日等，莫不是建構中華民族主義（國族認同）、鞏固國民黨政權之所需，一旦威權體制鬆動，國族認同轉移，恐怕這些紀念日的意義逐漸名存實亡。以筆者之求學歷程經驗，七○年代也就是大學時代學生社團自動紀念五四運動的風氣頗為興盛，但八○年代博士班階段在5月4日所看到的校園則是逐漸淡漠，可見一斑。

　　二二八事件之後流亡海外的台灣人，以及白色恐怖戒嚴時代赴日、赴美留學的台灣青年，好不容易擺脫島內的威權氣氛，如果對反對運動有敏感、有熱情的人，會如何重新詮釋台灣歷史、並透過週而復始的時節紀念，來建構台灣民族主義？無疑地，每年的2月28日是首選，因為它標誌著國民黨治台時期最大規模的

1　周俊宇，《黨國與象徵：中華民國國定節日的歷史》（台北：國史館，2013），頁13、408、409。

國家暴力、標誌著「狗去豬來」[2]——外來政權之不可靠、台灣人
必須建立自己的國家云云。甚至，在解除戒嚴以後的台灣，政治
的威權不再，但（中華）文化的威權不散，建構台灣主體的障礙
只是大半從中國國民黨轉移到對岸的中國共產黨，所以「二二八
紀念」與台灣民族主義仍然有不可分的關係。

　　曾幾何時，2017年的2月8日，中國國台辦發言人安峰山宣
布，中國將舉辦一系列的活動來紀念「二二八事變」七十週年，
台灣方面有立法委員批評爲「統戰伎倆」、也有學者諷刺「紀念
什麼」？[3]事實上中國方面近年來曾於2007年舉辦過二二八事件
六十週年的擴大紀念，2012年舉辦過65週年學術研討會，他們
要紀念什麼？不應該只是諷刺地質問，而應該從二二八史實的解
釋（多元史觀的可能性）以及彼此對現況的認知去求解，一位記
者就做了認眞地整理：

> 自1949年成立中華人民共和國以來，中共始終將「二二八
> 事變」定調爲「台灣同胞反對當時國民黨當局專制統治
> 的愛國、民主、自治運動，是中國人民解放鬥爭的一部
> 分，是台灣同胞光榮愛國主義傳統的重要體現」。這樣的
> 論點，自然是與民進黨還有其他獨派團體將二二八事變視
> 爲台獨運動起源的論調，存在著南轅北轍的差異。……

2　參見 Nancy Hsu Fleming 著，蔡丁貴譯，《狗去豬來：二二八前夕美國情報
　　檔案》（台北：前衛出版社，2009）。

3　〈中國要紀念二二八　薛化元諷：紀念甚麼〉，《自由時報》A2版，
　　2017.2.9。

> 共產黨與民進黨對「二二八事變」解讀的唯一差異，僅在
> 於前者是從追求兩岸統一，後者是從追求台灣獨立的角
> 度出發而已。反而是國民黨版本的「二二八事變」史觀，
> 才從根本上否定了台灣本土精英與武裝精英造反的正當
> 性，……[4]

　　換言之，中共如果高調紀念二二八，對國民黨而言不免是一
種尷尬，可是當國民黨無法滿足中共「反獨促統」的政策，那麼
北京在「二二八事變」的解讀方面就不需要太配合藍軍，反而以
更高調的方式紀念「二二八事變」，以爭取台灣人民對自己的認
可，也可能是自認明智的一種選擇。

　　於此，我們可以體認到「紀念二二八」在現實政治上的意義。
茲值二二八事件七十週年，筆者希望從台灣人為主體的角度出
發，分析昔日威權統治時期島內噤聲的時代，在日本、在美國的
台獨運動者，如何藉由「紀念二二八」建構台灣民族主義，並探
討不同時期、不同團體之間的理論策略有何不同。

二、廖文毅的台獨志業與「二二八」

　　廖文毅（1910～1986）在二戰之後中國國民黨統治下的台
灣，公開主張聯省自治，且積極在體制內從政，先後投入國民參

4　許劍虹，〈中共為什麼要紀念「二二八事變」？〉，《中時電子報》，
　　2017.2.9，http:// www.chinatimes.com/realtimenews/20170209006210-260409

政員及制憲國大代表選舉。1947年二二八事件發生時，廖文毅、
廖文奎兄弟雖然人在上海，兩人卻仍被列入三十名重大通緝要犯
名單，所以廖文毅自述歷經二二八苦難之後「台灣人聯邦自治的
幻想完全消失，『台灣人的台灣』的構想也急速發展，轉變成完
全的『台灣獨立』」。[5]可見二二八事件以及隨後國民黨政府的處理
方式，是促使廖文毅從主張「台灣自治」轉變成「台灣獨立」的
原因所在。

　　1947年6月廖文毅在香港成立「台灣再解放聯盟」，1950年
偷渡日本，同年2月28日在京都舉辦「二二八事件三週年紀念日」
演講，發表台獨主張，遭國民黨抗議；半個月後遭聯軍總部拘
捕，以非法入境罪名判刑六個月併科服勞役，10月12日獲釋出
獄，1951年代理主席藍家精召開記者會宣布「台灣獨立黨」已於
1950年5月17日成立（當時廖文毅還在巢鴨監獄服刑）。廖文毅
提出比較系統性的台獨理論，首先是1950年9月向聯合國投書的
英文小冊子，即乃兄廖文奎撰寫的Formosa Speaks[6]，其內容主要
是從血統、歷史、地理的觀點，強調台灣人與中國人之不同、台
灣從未是中華民國的一部分、台灣海峽是最佳的天然國界。其中
關於台灣人非中國人，意思是：「土生的台灣人雖然是中國血統，
但近二、三百年來由於互婚，一直不斷吸收荷蘭、西班牙、滿洲
和日本移民的血統，原非中國血統的番族，也約佔總人口十分之
一，因此在種族心理和身體外型而言，土生台灣人與中國人愈來

5　廖文毅，《台灣民本主義》（東京：台灣民報社，1957），頁110。
6　詳見吳叡人，〈祖國的辯證：廖文奎（1905-1952）台灣民族主義初探〉，《思
　　與言》第37卷第3期（1999.9）。

愈有不同。」[7]至於攸關國際法、國際政治的《開羅宣言》將台灣
交給中國的決定，廖文毅（或廖文奎）也費了相當的篇幅、臚列
十點予以駁斥，筆者認為最重要的是下列三點：

一、開羅宣言將台灣交給中國是國際間的武斷，不應該被
承認，因為人民非土地的奴隸，……而是有自由意志的生
命，他們的願望應受到尊重，……

五、開羅宣言的決定不是最後的，在對日和約以前，台灣
僅是實際上在中國臨時託管之下，在法律上言是在遠東委
員會指揮之下，在技術上言台灣仍是日本的一部分，在理
論上言台灣是「國際領地」，所以台灣是「未定屬地」，……

七、由於中國政府在台灣的失敗，已自動地喪失它任何對
台灣的要求，中國政府在台灣實施的暴政，現已喪失做為
遠東委員會的信託國資格，其受委任統治的領土應予改變
以求改善，所以台灣人有權自由表達共同的願望來宣布獨
立。[8]

　　以上，所謂中國政府在台灣的失敗、所謂暴政，主要當是

7　參考資料，《廖文毅及其活動內幕》（台北：光華出版社編印，1962），頁
　　14-15。
8　「專題研究」第九號，《所謂「台灣獨立運動」內幕的透視》（台北：中國
　　國民黨中央委員會第三組編印，1961），頁19-21。

指二二八事件而言。無怪乎，廖文毅推動的重要活動常選在2月28日舉行，例如1956年2月28日，「台灣臨時國民議會」在東京召開時改組爲「台灣共和國臨時國民議會」，同一天「台灣民主獨立黨」在東京都麻布公會堂舉行二二八紀念會及總統就職儀式（前一年11月「台灣臨時國民議會」已通過「台灣共和國臨時政府組織條例」，12月8日選出廖文毅爲總統、吳振南爲副總統）。

此外，1956年9月1日公布的「台灣共和國臨時憲法」，第27條關於大總統副總統的選舉每六年舉行一次，「其任期以選舉後六年二月廿八日正午爲屆滿」。[9]連總統任期的屆滿日也要選定2月28日這一天，可見二二八事件與台灣共和國的關係多麼密不可分了。

圖7-1　廖文毅《台灣民本主義》書影。

三、留日「台灣青年」與二二八

冷戰時期中華民國是美國對抗共產陣營的重要基地，充分得到美國的支持，而日本是美國的「勢力範圍」，廖文毅在日本的

9　《所謂「台灣獨立運動」內幕的透視》附錄，頁38。

台獨運動自然困難重重，1965年廖文毅在國民黨政府的威脅利
誘之下終於返台投降。[10]在此之前，1963年3月國民黨的「應正本
專案小組」即指出，日本的台獨運動已經分成廖文毅及王育德兩
派，同年四月該專案小組又分析指出，廖文毅陣營發行的《台灣
民報》「篇幅頗小，所發生之作用亦不大」，而王育德所辦的《台
灣青年》能按期發行，其贈送範圍包括台灣留日學生、日本有關
人士，及各國駐日機關，「故兩年以來，其讀者範圍逐漸擴大，
頗多日人受其偏曲宣傳之影響，該刊最近又發行英文版，頗堪注
意」。[11]由此亦可窺見，雙方陣營勢力消長的情形。

　　王育德（1924～1985）在1945年終戰後曾任台南一中教員，
1947年二二八事件中乃兄王育霖遇害，1949年經香港逃往日本；
1955年獲東京大學碩士學位並考取博士班，1958年起擔任明治
大學兼任講師，1960年創「台灣青年社」、發行《台灣青年》雜誌。
王育德之所以較能得到青年留學生的支持，一方面因為黃昭堂等
多位青年都是王育德執教台南一中時期的學生，一方面則是廖文
毅本身無法讓青年留學生感受熱情與識見，據廖春榮的說法是每
次見面會談「都是失望的累積」，他認為「臨時政府只是一個空
泛的虛名，廖文毅等人掛了招牌後，甚麼都不做；真正的獨立運
動應該要透過組織及個人的力量，更加腳踏實地努力才行」，所

---

10 有研究者將投降原因歸納為組織成員弱化、國際條件不足、經費不足等問題，
　　乃至親情、財產、官職、健康、救人等因素皆是。詳見陳慶立，《廖文毅的
　　理想國》（台北：玉山社，2014），頁207-250。
11 檔案管理局，檔號A303000000B/0052/006.3/020/007&008，案名：台灣獨立
　　運動（十九）：應正本小組，頁1、2、4。

以「應該要解散已經成為癌症的臨時政府」。[12]

王育德不同意廖文毅的混血民族論，他說這種理論「不但無法為現仍存有強烈『漢民族』意識的台灣人所接受，甚至反而會引起對獨立運動的反彈。直言之，幾乎沒有資料能夠證明台灣人是多重混血的說法。但是，台灣人與原住民之間有相當程度的混血卻是不容忽視的事實。……居住於被北狄征服的中原中國人當然也是如此。只是無論在台灣的台灣人或是在中原的中國人，尚未發展至導致傳統身體特徵出現明顯體質變化的大規模通婚而已」。王育德比較重視地緣因素（地域性的共存），以及如何將鄉土的熱愛提高到對祖國的熱愛，也就是從 volk 蛻變為 nation。不過，王育德與廖文毅在這方面的見解差異，並不減少他對二二八事件（對台灣民族主義形成）的重視：

> 二二八起義是必然發生的。台灣人以「豬滾出去」、「台灣人統治台灣」的口號團結一致，推翻中國人的統治，此時台灣人覺醒到台灣屬於自己，中國對台灣並無任何權利，台灣人須放棄對大陸的迷戀。……

> 我認為台灣民族實質上的成立是在二二八起義以後，當然現在還不能說台灣民族已名實兼備100% 完全成立。但這並不成問題。民族是要建立獨自的國家之後才能期待完

---

12 廖文毅返台投降以後，廖春榮以筆名廖建龍發表的分析文章，發表在《台灣青年》第 55 號（1965.6.25），頁 18-19。轉引自陳慶立，《廖文毅的理想國》，頁 216。

整。……民族與國家的關係有如容物與容器，具有不可思議的效力。[13]

上述，所謂「二二八起義以後」台灣民族成立、可是又不到100%成立，似乎在爲「在台大陸系人士」預留空間，畢竟「滲水的酒只要長年的保存，自然會變成芳醇的佳釀」。（王育德，〈台灣民族論〉）同樣在六〇年代論述台灣民族的史明，則是直截了當地說，由於台灣特有的共同地緣（自然地理環境）和殖民地被壓迫的共同命運（社會環境）爲主要因素，「到了二十世紀的今日，在於台灣島內已經形成了和近代的民族概要吻合，但是和中國完全不同的『台灣民族』」。[14]這樣的台灣民族當然不包含二戰以後跟隨蔣介石政權逃亡來台的二百萬軍民。比較起來，王育德的理論也許不夠純粹，但是從「運動」的角度而言，預留空間似乎是必要的。正如許世楷對廖文毅曾經這樣批評：「（廖文毅）出身於中部大地主的他，掩飾不了封建性優越意識，也是一個相當自我中心的人物。又將台灣人對外省人的對立認識爲猶如人種抗爭。戰後的台灣，經過1949年以後的土地諸改革，社會結構已經起了變化，所以他的活動不能吸收戰後受到大學教育的新生

---

13 王育德，〈台灣民族論〉，連載於《台灣青年》第35至37期（1963.10.25～12.25）。收入王育德著，侯榮邦等譯，《台灣獨立的歷史波動》（台北：前衛出版社，2002）。

14 史明，〈台灣民族——其形成與發展〉，連載於《獨立台灣》（東京：獨立台灣會）第6至11號，14至23號。後來重新輯成專書《民族形成與台灣民族》（作者自費發行，1992）。

代，而衰微。」[15]

要之，受過現代社會科學訓練的「台灣青年」，對於民族（nation）、民族主義（nationalism）的理解，本來就會有別於廖文毅那一代——直接受害於二二八的那一代，而比較偏重主觀要素（認同）。用黃昭堂的話說：「一九七〇年代中葉，在獨立運動陣營裡面產生了新的概念：『不管出生何地，不管何時來台，凡是認同台灣的，都是台灣人。』這是一個很大的變化，獨立運動接受了在台大陸系人！我將這個理念命名爲『無差別認同論』。」[16]

四、美國台獨運動與二二八

1961年11月30日，國民黨高層以「唐海澄」的名義發函給外交部長沈昌煥，內容說到：「邇來由於國際政治情勢的發展，日、美兩地本省少數野心分子鼓吹所謂『台灣獨立運動』愈見猖狂，頗堪重視，近經綜合各方資料編撰《所謂台灣獨立運動內幕的透視》專題研究乙種，……本小冊子可做爲中央各有關單位秘密參考資料，……」接著12月16日就邀集有關單位舉行第一次專案小組會議，決定今後以「應正本」爲代名，「由參加專案小組之各單位指定高級同志一人參加，並經常出席會議，小組暫定每週五集會一次，必要時，得舉行臨時會議，均由本會秘書處召

---

15 許世楷，〈台灣獨立黨回歸祖國〉，收入《台灣獨立黨回歸祖國》（台北：前衛出版社，1993），頁 12-13。

16 黃昭堂，〈戰後台灣獨立運動與台灣民族主義的發展〉，收入《台灣那想那利斯文》（台北：前衛出版社，1998），頁 95。

集」,「為使國內與海外方面對付台獨分子活動有一致之觀念與做法,應即繼續蒐集資料,尤其側重在僞黨與共匪勾結關係,綜合編印參考資料,以爲我方工作之依據」。[17]這份文件顯示,海外台獨運動受到當局的注意並採取一致行動,是1961年開始,對象是日本、美國兩地的「本省少數野心分子」,至於側重在「僞黨與共匪勾結關係」,則似乎搞錯了方向。

美國方面早在1956年1月1日就有盧主義、楊東傑、林榮勳、陳以德、林錫湖等「費城五傑」成立第一個台獨組織3F(Formosans' Free Formosa),其中盧主義和廖文毅有書信來往十幾封,廖要求盧向聯合國陳情,盧照辦之後不久,就受到FBI的關切與調查,這就是他們爲什麼在1958年要把組織改名爲「台獨聯盟」(UFI, United Formosans for Independence, 外交部檔案常譯爲「台灣獨立聯合會」)的主要原因。[18]

盧主義是戰後留美台灣青年的「第一代」理論家,1956年他就以英文撰寫〈二二八事變之歷史肇因、經過及其歷史意義〉發表在3F的通訊,內容說到:「戰後,中國人來台後所展現的惡劣事蹟以及二二八事變的發生,無疑促成許多台灣人重新思考與

---

17 〈唐海澄致外交部沈部長昌煥同志〉(1961年11月30日&12月20日),檔案管理局,《日本台獨案》(1961～1962),頁26-28。這份函件發送的對象,除了外交部長,還包括教育部黃季陸部長、僑委會副委員長黃天爵、國安局陳大慶局長、國防部情報局葉翔之局長、調查局張慶恩局長、中央黨部第四組謝然之主任、第六組陳建中主任暨中華航業海員黨部;這些黨政要員的名銜後面都加了「同志」二字,可見是從國民黨的立場/位置發出。

18 陳儀深,〈台獨主張的起源與流變〉,中央研究院台灣史研究所《台灣史研究》第17卷第2期(2010.6),頁148。

中國人的因緣關係。更多的台灣人開始醒悟，認定自己是有異於
中國人的另一族群。」[19]盧主義在明尼蘇達大學政治系畢業時所寫
的學位論文，就是研究台灣問題，這篇論文得到該校「萬中選一」
的最高榮譽（summa cum laude），其濃縮版（5000字以內）還刊
登在1958年4月《外交事務季刊》（*Foreign Affairs*），題目是〈中
國死巷：台灣人的觀點〉（The China Impasse:A Formosan View），
該文的重點之一是，回顧台灣人不斷抗拒外來政權的歷史，
二二八事件是最新的例證，如今蔣介石依靠黨、政、軍和秘密警
察做為維繫政權的工具，為了台灣人的利益，為了解決美國外交
的困境，台灣應該獨立。[20]這篇文章受到中華民國駐聯合國大使
蔣廷黻的注意，立刻寫一反駁的長信給該刊卻不獲刊登。[21]

　　1958年成立的「台獨聯盟」（UFI），1961年才公開活動，並
於同年8月到聯合國大會前，向來美訪問的行政院長陳誠示威，
這大概是海外台獨團體第一次的示威，這件事可以為前述國民黨
高層為何在1961年年底成立跨部會的「應正本」專案小組做個註
腳。羅福全先生接受筆者訪問時曾說：「1963年我和清芬到美國，
隔年二二八就到華府遊行；從沒到大使館延長護照，差不多半年

19 李天福（盧主義筆名）著、廖進興譯，〈二二八事變之歷史肇因、經過及其
　　歷史意義〉，收入李天福編，《自由的呼喚：台美人的心聲》（台北：前衛
　　出版社，2000），頁81-82。
20 Thian-hok Li,"The China Impasse:A Formosan View", *Foreign Affairs* 36:3（April
　　1958），pp.437-448.
21 李正三，〈李天福與蔣廷黻〉，收入李天福編，《自由的呼喚：台美人的心
　　聲》，頁165-172。

FORMOSAgram

A MONTHLY NEWSLETTER PUBLISHED BY UFAI

Vol. V, No. 7
February, 1968

—二二八紀念專刊—

緬懷先烈　砥礪將來

二二八紀念日又將來臨，二十一年漫長的時日並沒有沖淡我們悲痛的記憶，際此民族浩劫的命日，我們能不緬懷先烈，並且看一看我們的現況，想一想我們的將來？

二十一年前的今天，二萬台灣社會菁英是國民黨政權的槍頭終遺毒手。在現代的人類歷史上，這是一次罕有類比的大屠殺。現在蔣政權將一切過錯的責任推諉於陳儀一身上，但是事件過後不久，陳儀不但沒有受到懲罰而且被提升為浙江省主席，直到他企圖歸中共才遭將處遺棄，這是為什麼？當時台灣人所要求的只不過是學中國其他各省一視同仁的自治權利，但這個正當的要求被無情的拒絕了。就當時來說我們台灣人想要做中國人的夢想是澈底地被出賣了。這一天也是台灣民族意識大醒覺的偉大日子，只有永遠銘記這一天的意義，只有永遠追念先賢的遺訓才能相償我們所付出的代價。

在台灣的歷史上，對我台灣人而言，能有一天比二月二十八日更值得緬懷紀念的嗎？不論我們台灣人將來的命運如何，這一天應該是我們做一個台灣人子，好永銘相傳的紀念日。在這個日子所有台灣人的家庭都應該以禱告或茶齋等方式來紀念先烈們且將台灣民族的奮鬥史、爭取民權自由的故事口傳我們的後代。在各城市和校園實際召開紀念會來紀念這個偉大的日子，這一天可以說是我們台灣民族的國殤紀念日（Memorial Day）。

這二十一年來蔣政權口口聲聲強調台灣人是中國人，硬說台灣是中華民國的模範省。但是，事實又是怎樣？老蔣為了連任總統，其憲法可以一再修改，但是為主席不能減選，因為早在一九四七年還在行憲以後，這就足見台灣高高在到政時期。由此可見，這些人並沒有改變二十一年前的態度。在新店、水柵、火燒島及佈滿全島的神密牢中，據了蔣統計到今年有一千五百名以上的台灣知識份子慘遭毒手。這些人中大部分都在牢中突然失蹤，既無文件之逮捕手續，更無公開的公平審判。一般知識份子遭受思想麻木的痛苦日子：一九五八年國際新聞，會認為台灣是沒有新聞自由的地區，這證明島內知識界的窒悶其做。又說台灣的經濟崩潰，那麼請問為什麼島內倒風凜颭，既問中由勾結橫索負加稅，為什麼負責一擇征

護照就過期了。」[22] 羅福全是1963年在日本早稻田拿到碩士學位，然後才來美國賓州大學讀博士。筆者訪問過諸多當年在日、在美的台獨運動者，如羅福全、陳隆志、張燦鍙、蔡同榮、侯榮邦等等，他們出國前就有台南一中或嘉義高中、台灣大學乃至「關仔嶺會議」的關聯，其中張燦鍙、蔡同榮、陳榮成是先秘密加入日本獨盟，然後在美國公開發展獨盟，所以從這個角度說，追究美國獨盟或日本獨盟孰先孰後似乎沒有必要，「人與人之間的關係、他們共同認知的國民黨政權的性質、共同感受的鄉土召喚，才是核心因素」。[23] 吾人不難發現這種認知和感受，也和二二八事件有關。以羅福全為例，1947年事件發生時他是嘉義垂楊國校五年級，「嘉中的學生去幫忙，嘉女的女生也去捏飯糰給民兵吃」，他們全家曾經疏散到水上機場附近以及小梅的親戚家，正好是民兵與國軍衝突的現場附近，事件平息回到嘉義，由於住家距離火車站只約兩百公尺，又親眼看到（父親的好朋友）潘木枝醫師被槍決前，被綁在卡車上遊街的情形……羅福全的感想是：

> 親眼目睹二二八事件，外來統治者殘暴的形象在我心中烙下陰影。後來我讀到丘念台的《嶺海微飆》以及韓石泉的《六十回憶》，感覺當年台灣就像一個（孩子）送給別人當

22　陳儀深訪問，周維朋紀錄，〈羅福全先生訪問紀錄〉，收入陳儀深訪問，《海外台獨運動相關人物口述史》（續篇）（台北：中央研究院近代史研究所，2012），頁247。

23　陳儀深，〈主訪者序介〉，陳儀深訪問，《海外台獨運動相關人物口述史》（續篇）。

養子的小孩，爹不疼娘不愛，多年後好不容易回到自己的
家，只不過打破個杯子就被剁手指懲罰，處境實在很可
憐。[24]

　　要之，美國的台灣同鄉或留學生，不論從個人親身經歷，
或是從葛超智（George H. Kerr）的 *Formosa Betrayed* 一書，體
會故鄉母土被壓迫的悲劇，常是付諸反抗行動的力量泉源。例
如鄭自才是1962年前往美國留學，1963年加入台獨聯盟，剛開
始「對台灣議題還不是很清楚，後來我又讀了 George H. Kerr 的
Formosa Betrayed 一書，才知道原來二二八事件是這樣發生的，
以及國民黨政權的真面目」。[25]另外，王幸男初到美國就讀語言學

圖 7-3　駐美大使館僱人拍攝的台獨遊行活動。

校期間，參加台灣同鄉會
舉辦的活動，就會有熱心
的同鄉來關照，「並送些
雜誌給我們看，內容包括
在台灣無法看到的台灣政
府當局抓人、二二八事件
真相的報導……。從那時
候開始，我的政治意識才

24　陳儀深訪問，周維朋紀錄，〈羅福全先生訪問紀錄〉，收入陳儀深訪問，《海
　　外台獨運動相關人物口述史》（續篇），頁 232。
25　陳儀深訪問，林東璟、周維朋紀錄，〈鄭自才先生訪問記錄〉，收入陳儀深
　　訪問，《海外台獨運動相關人物口述史》（台北：中央研究院近代史研究所，
　　2009），頁 373。

開始萌芽,……開始會去思考台灣前途的問題」。[26]

上述承續 3 F 的美國台獨聯盟(UFI),為了和周烒明在威斯康辛領導的台獨團體整合,在 1966 年 6 月促成了費城會議,當時有來自全美九個地區的代表,決定把名稱改為「全美台灣獨立聯盟」(United Formosans in America for Independence,UFAI),隔年在堪薩斯市舉行

圖 7-4　UFAI 在美國許多大學串連刊登的廣告。

第一屆盟員大會,推選王人紀為主席、張燦鍙為副主席。1970 年世界性的台灣獨立聯盟(World United Formosans for Independence,WUFI)成立,總本部設在紐約(而不是東京),乃因留美學生和台灣人同鄉越來越多,以及聯合國位於紐約(為了宣傳方便)的緣故。這意味著台獨運動的重心,已經從日本轉到美國。

歷史的諷刺是,國民黨當局當年為了管控壓制海外台獨活動

---

26 陳翠蓮、陳儀深訪問,簡佳慧、曾韋禎紀錄,〈王幸男先生訪問記錄〉,收入陳儀深訪問,《海外台獨運動相關人物口述史》(續篇),頁 490。

的需要所蒐集的資料，成了我們今天研究的珍貴史料。重要的如
1964 年二二八紀念日前夕，駐美大使蔣廷黻向台北的外交部報
告（並轉呈總統）：「頃獲僞台獨黨廿四日由費城寄送各報社通訊
社新聞稿函，由陳逆以德署名，敘明遊行於廿九日下午二時半在
華府西北區廿二與廿三街之 P 街北段舉行，邀請派記者做現場訪
問。新聞稿揭示遊行標語有：『台灣前途由台灣人自決』、『光復
大陸毫無希望』、『驅蔣步李承晚吳廷琰後塵』等。……」[27] 遊行
之後，蔣廷黻再報：「遊行人員共約卅人，內美籍人士連婦孺共
六七人，除少數前曾露面者外，均戴有假面具，以防外界辨識，
手持或背戴之標語除前電所陳三種外，並有『台灣非中國領土』、
『驅蔣拒毛』、『台灣人反共但不擁戴獨裁者』等。……遊行地點
非通街要衢，且時值週末，旁觀者無多，惟合眾國際社及華盛頓
明星晚報派有記者到場採訪；華盛頓郵報雖未派員採訪，但編輯
人員曾電話本館索取有關資料，似亦有刊登此項新聞之意。」[28] 此
外，駐美大使館還把當日雇人拍攝的遊行照片 25 幀沖洗放大，
全套寄回密存參考。[29]

　　關於二二八的紀念方式，除了遊行、發新聞稿、辦記者會，
另一個常用的方式是刊登廣告。1968 年，UFAI 策動盟員在全美
各大學校園刊登紀念二二八事件的廣告，2 月 28 日前後，至少

27　〈蔣廷黻致外交部○一三號密電〉，1964 年 2 月 26 日發出。外交部北美司
　　檔案，〈偽台灣獨立聯合會案〉，第五冊（1963 年 11 月至 1964 年 10 月）。
28　〈蔣廷黻致外交部○二一號急極密電〉，1964 年 2 月 29 日發出。外交部北
　　美司檔案，〈偽台灣獨立聯合會案〉，第五冊。
29　〈駐美大使館致外交部極機密電〉，1964 年 3 月 24 日發出。外交部北美司
　　檔案，〈偽台灣獨立聯合會案〉，第五冊。

在哈佛大學、哥倫比亞大學、堪薩斯州立大學、普渡大學、奧
克拉荷馬大學、密蘇里大學、加州大學洛杉磯分校、霍普金斯
大學、馬里蘭州立大學、堪薩斯大學、威斯康辛大學等十一所
大學的校刊，都有紀念二二八事件的廣告。[30]大部分廣告的標題
都是MASSACRE ON FORMOSA（台灣大屠殺），且署名United
Formosans in America for Independence（UFAI），充分展現了台獨
聯盟的動員力量，同時給中華民國政府帶來嚴峻的考驗。[31]

　　七〇年代在加州的狀況，筆者曾經訪問加州大學柏克萊分校
畢業的化學博士洪基隆，他說：「1975年要刊載在舊金山灣區兩
大報的廣告，每則約4,000元美金，同鄉都很支持學生，於是我
們順利……刊登廣告說明台灣二二八事件，當時的訴求主要是
台灣人要自決，這活動相當成功。」「1977年，台灣同鄉在舊金
山Sheraton Hotel舉行『二二八事件三十週年紀念』與『台灣人自
決大會』，除了招待記者會，也上街遊行。這是歷史上首次在灣
區的台灣人走上街頭，反國民黨威權統治台灣，並向美國人揭開
二二八的屠殺。」[32]

　　美國的台獨運動並非平靜無波，有人（有團體、有運動）的
地方不免就有見諍、有派系，例如台獨聯盟與同鄉會之間的關係
是協助或操控？獨盟處理1970年刺蔣案的方式對不對？如何評

30　〈駐美大使館致外交部代電〉，1968年3月1日發出。外交部北美司檔案，
　　〈台獨左傾〉，檔號：406/0014/44-45。
31　相關查證參見陳昱齊，《中華民國政府對海外台灣獨立運動之因應：以美國
　　為中心，1956-1972》（台北：國史館，2015），頁223-224。
32　陳儀深訪問，鄭毓嬿紀錄，〈洪基隆先生訪問紀錄〉，收入陳儀深訪問，《海
　　外台獨運動相關人物口述史》，頁238-240。

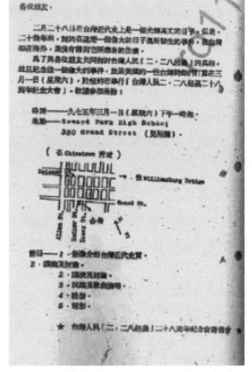

圖 7-5　美國留學生紀念二二八的種種活動。

價許信良的海外組織？都不是容易回答的問題。與本文主旨有關
的論題是，美國方面也有類似日本廖文毅與《台灣青年》之間有
關台灣民族主義主張的歧異。一位許永華先生（1936～2015）說
這是「台灣人政治運動的競爭」，他代表《台灣時代》，主張台灣
民族主義，而當時台獨聯盟的宣傳部長洪哲勝說沒有人能接受這
個主張，兩人經過一番論戰，洪哲勝鼓勵許永華把它寫成文章
發表，獨盟的刊物願意刊登，但因《台獨》月刊停刊改為《台灣
公論報》，所以這篇文章分好幾期刊登在《台灣公論報》。許永華
針對《台獨》月刊107期文章所提出的運動目標，說要給台灣人
民創造一個當家做主的「機會」、使台灣變成一個「更」活潑、
「更」均勻的社會，他說這樣的主張太軟弱了！「隱藏在那個軟
弱號召之後的癥結，在於台灣獨立運動的推動者，應把台灣獨立

圖 7-6　許永華於 1978 年 2 月 28 日於密西根大學主持二二八紀念討論會。

運動打成只是政治革命而不是民族革命，……而不敢向以蔣政權帶頭的中國人政權，用中華民族的思想壓迫台灣民族的不平等歧視加以開刀，反而大談先移民後移民都是外省人，大家都會逐漸地轉化為台灣人。既然如此，就讓它慢慢轉化好了，還去搞革命幹啥？」[33]洪哲勝的主張不見得代表獨盟的主流意見，不過到了一九八〇年代台灣黨外運動聲勢逐漸強大，透過選舉改變體制似乎不是夢想而已，多少會影響到海外的「革命」路線，於此可見一斑。

　　許永華是猶他州立大學會計碩士，密西根州立大學經濟碩士及博士研究，1969至1988年在密西根州將近二十年期間，擔任Ann Arbor台灣同鄉會會長、籌設美國中西部台灣人夏令營基金、成立台灣同鄉聯合行動會——這個團體在1979年舉辦「紀念二二八第三十二週年討論會」，邀請郭雨新、洪哲勝等人參與，後又擔任世台會秘書長，是相當活躍的台灣人運動者。[34]

五、結論

　　透過本文的回顧與檢視，可知海外台獨運動史之中，廖文毅在日本推動的台獨運動，應是最重視二二八的象徵意義，甚至擺放到政治制度、把大總統任期屆滿日訂在2月28日。廖文毅的

33　許永華，〈建立台灣民族的信心〉，收入《剪不斷台灣情結》（台北：前衛出版社，1996），頁58。原載於1981年8月14日《台灣公論報》，署名許嘉。

34　陳儀深訪問，鄭毓嫻紀錄，〈許永華先生訪問紀錄〉，收入陳儀深訪問，《海外台獨運動相關人物口述史》，頁471-505。

混血民族論、強調人種上「台灣人非中國人」的論點無法得到王育德、廖春榮、許世楷等「台灣青年」的支持，留學美國的陳隆志也批評說：「廖文毅的臨時政府以過去爲號召，忽略了現在與將來。因此，無法吸收新進的台灣留學生，無法得到有抱負、有理想的新一代的擁護。」[35] 黃昭堂更以「無差別認同論」，以做爲新生代台灣民族主義的基礎。不過，吾人從廖文奎的Formosa Speaks以及廖文毅的《台灣民本主義》內容可以發現，他們根據國際法與國際政治的理論，對於討論台灣地位有關的開羅宣言、二二八事變做爲中國治台的失敗與失格，可謂滔滔雄辯，至今仍有重要的參考價值。

　　美國方面隨著留學生與台僑日漸增多，可謂兵多將廣，尤其如UFAI能夠動員各主要大學的台灣青年刊登二二八屠殺的報紙廣告，在每年九月聯合國開會的日子前往紐約示威遊行，同時揭露國民黨獨裁統治、迫害人權的劣跡，讓中華民國駐外單位疲於奔命、動員「忠貞愛國」學生反制，可謂留下輝煌紀錄，所構成的壓力和影響不容小覷。不過美國的台獨活動比較多元，包括救援政治犯，各地趨於制度化的「夏令會」成了傳播理念、溝通交流的平台，黨外勢力興起以後且經常得到美國的台灣鄉親的挹注和「加持」，八〇年代成立的FAPA甚至登堂入室，與美國國會議員交往，才能夠在重要時刻（例如1986年9月圓山宣布組黨的時候）發揮作用。

　　要之，海外台獨運動藉著二二八紀念來強化台灣民族主義，

35　陳隆志，《台灣的獨立與建國》（台北：月旦出版社，1993），頁165。

有時雖不免帶著「建構性」——例如王育德說二二八起義「台灣人曾經獲得一時勝利」[36]、「雖然沒有明確喊出獨立的口號,但『卅二條要求』實質上是主張獨立,這是任何人都必須承認的事實」![37] 事實上二二八當時處理委員會提出的卅二條要求,仍是期待南京政府主持公道,要求撤換陳儀、改革省政而已,謂其「主張獨立」似嫌誇大。但王育德的指控基本上符合戰後國民黨以苛政治台,事變發生時妄加奸匪、託治罪名而過度鎮壓、事變後清鄉報復且沒有任何軍政首長受到究責等等事實,這些事實喚醒了台灣人的祖國夢,立志從 Volk 要走向 Nation!反之,中國共產黨若只根據少數地下黨人失敗的武裝行動,如何能鑲嵌進入整個二二八的歷史脈絡?或是如國民黨先是以羅織的方式,誇大中共黨員在二二八的領導作用[38],近年則以馬英九爲代表的官逼民反說(各打五十大板)、以及事變中「也有台灣人照顧外省人」(溫情主義),甚至一方面稱讚王添灯是民主鬥士、一方面褒揚(極端醜化王添灯的)黃彰健院士,如此方式的紀念二二八不但沒有意義,且進一步減損自己(黨)的信用罷了。

36 王育德,〈台灣民族論〉,收入王育德著,侯榮邦等譯,《台灣獨立的歷史波動》(台北:前衛出版社,2002),頁 102。

37 王育德,〈台灣獨立的胎動〉,收入王育德、侯榮邦等譯,《台灣獨立的歷史波動》,頁 136。

38 參見蘇僧、郭建成,《拂去歷史明鏡中的塵埃》(美國加州:南華文化事業公司,1986)。

附錄一

為何考證？如何解讀？

————————評論黃彰健著
　　　　　《二二八事件真相考證稿》

一、前言：黃彰健和他的「史學方法」

　　2007年是台灣二二八事件發生60週年，有媒體在2月25日引述中央社記者報導的一則相關消息，標題是〈黃彰健：彭孟緝處理高雄228事件未犯錯〉，內容主要介紹黃彰健院士「以88歲高齡，根據檔案勘定時序、比對內容，重建二二八考證學」，完成並出版新書《二二八事件眞相考證稿》[2]；黃院士並向記者說，1992年行政院研究二二八事件小組所公布的《二二八事件研究報告》刻意扭曲歷史、惡意批判當時高雄要塞司令彭孟緝。[3] 不但如此，2月27日還有黃院士、研究員朱浤源、民間學者武之璋與戚嘉林教授在立法院聯合召開記者會，雖然黃院士因身體欠佳臨時缺席，報導的標題仍是〈228事件／中研院院士黃彰健：日本是元凶、美國是幫凶〉，內文說他們「發現」日本政府戰後離台之前「蓄意放棄台灣的糧食配給管制，使台灣人大量消費糧食」進而引爆糧荒，令本省人誤以爲糧荒災難是陳儀政府造成，才導致「兄弟相殘的二二八事件」，所以日本人是事件元凶；朱浤源則指稱當時在台美國人柯喬治（George H. Kerr）等人爲中情局工作，密謀佔據、搞垮台灣，放任台獨人士搞叛亂活動，所以美國人是

1　本文曾發表於高雄市文獻委員會主辦之「紀念二二八事件60週年學術研討會」（2007.10.24，國立高雄師範大學文學院大樓小型劇場），略加修訂而成。

2　以下簡稱《考證稿》。本書屬院士叢書之一，2007年2月由中央研究院與聯經出版公司共同出版。

3　陳蓉，〈黃彰健：彭孟緝處理高雄228事件未犯錯〉，《大紀元》，2007.2.25，網址：http://epochtimes.com/b5/7/2/25/n1629718.htm（瀏覽時間：2007.10.16）

幫凶。⁴姑不論戰爭結束時日本政府是否「蓄意」放棄管制糧食政
策以及此一改變是否與後來的糧荒直接相關，既已接管的新政府
當然要概括承受，否則何不歸咎於1895年清國敗戰後的割讓行
為才是元凶？其次，美國政府在二二八事件前後對台灣採取消極
旁觀的態度，諸多檔案證據昭然⁵，豈能把柯喬治個人之同情台獨
與美國政府政策混為一談？這些問題雖然不是黃彰健《考證稿》
一書主要的「考證」範圍，但以上的新聞事件與背景交代，有助
於吾人理解黃先生在當前台灣公共領域的發言位置，從而有助於
理解《考證稿》一書。

　　黃彰健出生於1919年，1943年於重慶國立中央大學歷史系
畢業，次年即入中央研究院歷史語言研究所任職，歷任助理員
（1944～1948）、助理研究員（1948～1955）、副研究員（1955～
1961）、研究員（1961～1989）、通信研究員（1989～1997）、兼
任研究員（1997.11～），其間於1982年當選為中央研究院院士。
從中研院史語所的網頁可知，他的著作包括10本專書、34篇論
文都是中國明清史、古代史的研究，1989年（70歲）退休之後
仍出版《中國遠古史研究》（1996）、《周公孔子研究》（1997）、《武
王伐紂年新考並論《殷曆譜》的修訂》（1999），可見其退而不休、
老而彌堅。⁶

4　倪鴻祥，〈228事件／中研院院士黃彰健：日本是元兇　美國是幫兇〉，
　　《東森新聞》，2007.2.27，網址：http://www.ettoday.com/2007/02/27/10844-
　　2059249.htm（瀏覽時間：2007.10.16）
5　王景弘，《第三隻眼睛看二二八──美國外交檔案揭密》（台北：玉山社，
　　2002）。
6　著作目錄見中央研究院歷史語言研究所：http://www.ihp.sinica.edu.tw/people_

　　黃先生最引起注意的研究成果是《戊戌變法史研究》(1970)
和《康有為戊戌眞奏議》(1974)，因為他做翻案文章，認為康有
為在《戊戌奏稿》一書中，僅有一疏一序眞實可信，其餘23篇都
是假的，學者汪榮祖[7]對此說不以為然，遂於1992年8月開始在
《亞洲研究雜誌》(*The Journal of Asian Studies*)、《大陸雜誌》、《漢
學研究》等刊物展開兩人的筆戰，簡言之，汪榮祖認為黃彰健「主
要在概念上和方法上有問題」，「在方法上則見小失大，察點滴
之細而不見滔滔巨流」，「刻意辨偽，幾為辨偽而辨偽，不僅史
學意義甚微，而且反增混淆」。[8]換句話說，考證的目的原是求眞，
結果反而模糊了眞相，豈不是有點諷刺？

　　無獨有偶，個人認為《考證稿》一書同樣有「見小失大」、「察
點滴之細而不見滔滔巨流」的問題，甚而，如該書自序所說，為
了使二二八事件受害家屬「減少其對中華民國政府的怨恨」，「減
少未來海峽兩岸和平統一的阻力」，不乏扭曲掩飾、武斷臆測的
地方。本書長達584頁，分成四卷18篇，其中第5、6、7、11、
15、16等篇及第17篇的後記都是由黃彰健口述、他人紀錄整理，
所以體例並不整齊，其中第一卷為彭孟緝翻案佔了206頁，是重

---

page/p2_10.htm

7　汪榮祖1940年生於上海、長於台灣，台大歷史系畢業，美國西雅圖華盛頓
　　大學歷史學博士，曾任美國維琴尼亞州立大學歷史系教授，現為國立中正大
　　學歷史系教授、中央研究院近代史研究所兼任研究員。汪氏著有《晚清變法
　　思想論叢》（台北：聯經出版公司，1984）、《康章合論》（台北：聯經出
　　版公司，1988）、《康有為》（台北：東大圖書，1998）等相關著作，對於
　　黃彰健的康有為研究當然有批評資格。
8　汪榮祖，〈翻案與修正之辨：再論康有為與戊戌變法答黃彰健先生〉，《漢
　　學研究》，卷11期2，頁389。

頭戲；第二卷談陳儀和蔣介石的角色，不到100頁；第三卷考訂
二二七緝煙血案，並褒揚蔣渭川貶抑王添灯；第四卷主要指控柯
喬治（George Kerr）造謠、竄改（又是造謠、竄改！），並藉以
強化二二八與台獨的關連。

二、高雄事件「真相」與彭孟緝的角色

（一）「將在外，君命有所不受」的問題

　　台灣民間對於彭孟緝在高雄二二八事件中的角色，有所謂
「屠夫」的說法，若見諸文字記載，最早如林木順《台灣二月革
命》，寫到高雄部分說，山上要塞司令部的軍隊於3月6日「乒
乒乓乓殺下來，不論男婦老幼，見人便殺」[9]，又如史明《台灣
人四百年史》也說：「高雄的殺人魔王彭孟緝自6日接連殺到
8日。」[10]解嚴之後，1992年根據許多新開放之政府檔案寫成的
《二二八事件研究報告》，因具官方立場故筆調已儘量平和節制，
仍指彭孟緝「違背陳長官以和平解決的命令，貿然下山平亂」。[11]
　　關於陳儀的「和平解決」態度，主要是根據彭孟緝於1953年

9　林木順，《台灣二月革命》（台北：前衛出版社，1990），頁100。

10　史明，《台灣人四百年史》（台北：自由時代週刊社翻印，1980），頁
　　785。

11　（行政院）研究二二八事件小組，《二二八事件研究報告》（台北：時報文
　　化，1994），頁118。該報告於1992年2月22日公布，後來各部分執筆人
　　參考相關資料加以修改補充成為今之定本，據總主筆賴澤涵在序言中說：「解
　　釋與觀點並未因之而改變。」

所撰〈台灣省「二二八」事件回憶錄〉，敘述他在3月6日下午出
兵「武裝平亂」，「已先後攻下市政府、憲兵隊及火車站，預定
於明日攻下第一中學後，即分向屏東台南行動，大局或可挽回於
萬一」。同一天的半夜，得到台北陳長官的回電說：

> 此次不幸事件，應循政治方法解決。據聞高雄連日多事，
> 殊為隱憂。限電到即撤兵回營，恢復治安，恪守紀律。謝
> 代表東閔到達後，希懇商善後辦法，否則該員應負本事件
> 肇事之責。[12]

　　彭孟緝看過這份電報之後「感到無限困惑」，他認為台北方
面並沒有看清事態本質，以為這只是部分台胞的一時衝動，「完
全不知道奸匪正在乘機滲透，叛亂本身正在迅速變質的事實」。
等到3月7日下午高雄境內大致平定之後，彭再電陳：

> 虞電奉悉，自應遵命。惟認定事件已非政治途徑可以解
> 決，軍事又不能遲緩一日。行動愈遲，則叛強我弱，欲
> 平恐不可能。故毅然下令平亂，詳情如魚電。……職不
> 知將在外君命有所不受，是否此正其時也。為功為罪？
> 敬候鈞裁！[13]

12　彭孟緝，〈台灣省「二二八」事件回憶錄〉，中央研究院近代史研究所
　　編，《二二八事件資料選輯（一）》（台北：中央研究院近代史研究所，
　　1992），頁71。
13　彭孟緝，〈台灣省「二二八」事件回憶錄〉，《二二八事件資料選輯（一）》，

　　不過，3月8日「收復」屏東和旗山之後，突然接到台北警總來電，稱許「貴司令認識正確，行動果敢，挽回整個局勢，殊堪嘉獎，捷電傳來，曷甚佩慰」。[14]彭孟緝的「平亂行動」受到肯定，所以「行動就益趨積極了」。[15]關於陳儀曾經要求撤兵回營、循政治方法解決，而與彭孟緝針鋒相對的情形，另見於中國國民黨黨史會所提供之〈二二八事件之平亂〉，包括要求撤兵回營 vs.將在外君命有所不受的電報，以及來自台北的肯定「貴司令英明果敢，當機立斷……全省因而底定，功在國家，可欽可慰」的電報[16]，內容意思一樣，只是措詞有些出入。

　　上述事實被《考證稿》一書一舉否定，理由是〈台灣省「二二八」事件回憶錄〉以及〈二二八事件之平亂〉所錄的四通電報是假的、是「偽造文書」，因為它的第一、第四通電報與《二二八事件資料選輯》所收的警備總部檔案不同，至於第二、第三通呢？因為第一通是到了3月7日21時才譯就，而第四通（嘉獎）也是在3月7日亥時即發出，所以不可能有「限電到即撤

頁73。

14 彭孟緝，〈台灣省「二二八」事件回憶錄〉，《二二八事件資料選輯（一）》，頁75。陳儀對彭孟緝的態度從指責到嘉許，丕變的原因何在？後來的一份研究認為，因為3月7日劉雨卿將軍即已飛台，帶來南京蔣主席面授機宜的口諭，以及整編廿一師即將抵台的消息，惟本書第四章已根據大溪檔案認為劉雨卿飛台時間應為3月9日午後，故此說只能存參。曾慶國，《二二八現場：劫後餘生》（台北：台灣書房，2008），頁212-215。

15 彭孟緝，〈台灣省「二二八」事件回憶錄〉，《二二八事件資料選輯（一）》，頁75。

16 不著撰人，〈二二八事件之平亂〉，《二二八事件資料選輯（一）》，頁113-140。

兵回營」的第二通，也就沒有「將在外君命有所不受」的第三通。至於造假的動機，就是要坐實對陳儀「政治解決」、「軟弱怕事」的指控，而黃彰健認為彭孟緝自己在3月4日前給陳儀的電報，就有「決以政治方法處理」的語句。

其實陳儀在1950年已因準備投共而被槍決，彭孟緝於1953年撰寫此份回憶錄時任職台北衛戍司令兼台灣省保安副司令，深得蔣介石寵信，不需與死去的陳儀競爭，這種「造假」的動機相當薄弱。其次，沒有被收錄在中研院近史所編《二二八事件資料選輯》的電報不一定就不存在。第三，回頭看〈回憶錄〉所引的第一通電報，開頭說「數電報告高雄亂象，迄未奉覆，深為焦慮」以及後面敘述「明日攻下第一中學後，即分向屏東台南行動」等內容，都是黃彰健所指警總所收那一通電報所沒有的，而後者所載「此次戰役計俘獲主犯8名從犯百餘名……」、「擬請迅電中央迅派勁旅增援必可迎刃，徒靠談判恐反誤事」這些要緊的內容也是〈回憶錄〉那「第一通」所沒有的，所以個人認為它們很可能是不同的兩通電報，也就沒有造假的問題，從而後面那些「時間差」的推論就不能成立。

不過，黃彰健不是為考證而考證，他考證的目的是要認定彭孟緝「出兵平亂是正當的」，因為根據「真」電報彭孟緝有試圖政治解決、沒說過「將在外君命有所不受」而且沒有違背陳長官的命令。實則，個人認為出兵鎮壓正不正當另有重要標準，不能把不合己意的電報即指為假造，何況若考證不當必須冒個風險：如果所指為「假」的電報卻是真的呢？

（二）所謂「暴徒先開槍、國軍乃反擊」的問題

　　《考證稿》第151頁又針對行政院研究二二八事件小組的《研究報告》中，指控彭孟緝的部下陳國儒部於3月6日下午「到市政府後，未遵命對空鳴槍示警，而是先丟入手榴彈，然後見人就開槍」。認為不符事實。按，《研究報告》根據當時擔任市參議員的郭萬枝的說法，3月6日午飯以後他和其他幾位市參議員都在市政府「等候談判消息」，他說當時「市府樓上曾拼湊了兩枝機關槍，但沒有子彈，只能說是裝腔作勢」，但彭孟緝（的軍隊）認為市府有武裝要造反，因此軍隊到市府時「先丟手榴彈進來，聲音非常大，不知丟了幾顆後，士兵才開槍進來」。[17]黃彰健不予採信，就另外從當時在部隊擔任班長的陳錦春找到異說：「我們到了市府後要他們趕快下來，但他們不走，還在上面安了日本三八式的機關槍。軍隊一看見機關槍從上面掃射下來，就發動攻擊，先丟手榴彈，然後看到人就打，我們並不管流氓或是老百姓，因為不是你死就是我活。」[18]既然有兩種說法，為何捨彼而就此？黃彰健根據彭孟緝給台北的電報說到「此次戰役計俘獲主犯8名，從犯百餘名，重機槍一挺，步槍13枝，戰刀2把……本部傷亡官兵15名」（《考證稿》頁107），就認為郭萬枝的說法不實，

17　〈郭萬枝先生訪問紀錄〉，收入許雪姬、方惠芳訪問，吳美慧等記錄，《高雄市二二八相關人物訪問紀錄》下冊（台北：中央研究院近代史研究所，1995），頁40。

18　〈陳錦春先生訪問紀錄〉，收入許雪姬、方惠芳訪問，吳美慧等記錄，《高雄市二二八相關人物訪問紀錄》上冊，頁169。

因為與彭孟緝的電報不合（沒子彈、沒開槍不可能造成15名官兵傷亡），殊不知郭萬枝只說那兩枝拼湊的「機槍」沒子彈，沒說步槍沒子彈，所以那電報並不能證明陳錦春所說「看見機槍從上面掃射下來」比較真實。

要之，《考證稿》認定「收復高雄市政府戰役」是暴徒先開槍，並且是造成國軍官兵傷亡15名之後，「國軍乃反擊，致發生無法分辨良莠，見到人就殺的慘劇」（《考證稿》頁152）。這麼嚴格的先後順序其實是誇大解讀陳錦春的說法，焉知這15名傷亡不是兩軍對陣過程中使用各種武器所陸續造成的？再者，對於陳錦春所述3月6日晚上駐守市政府時，聽到防空壕地下室有人交談的聲音，就投下手榴彈使得「地下室的人被炸成碎片」，黃彰健並不覺得殘忍，只說「人數應不會太多」（《考證稿》頁154）；陳錦春又說隔天早上看到愛河水面有氣泡，知道有人躲在下面，遂又開槍掃射，黃彰健也說「這樣死掉的人也應該不會太多」（《考證稿》頁154）。

關於3月6日、7日高雄市「暴徒」及老百姓傷亡人數，《考證稿》引述閩台監察使楊亮功的調查報告說：死傷公務員39人，民眾死傷147人。若再加黃仲圖市長所報「身分不詳者24人」，也不過171人。但是根據時為監察委員的何漢文所記：「據高雄要塞司令彭孟緝對我說：『從3月2日到13日，高雄市在武裝暴動中被擊斃的「暴民」，初步估計，大約在2,500人以上。』」[19]其

---

19 何漢文，〈台灣二二八事件見聞紀略〉，鄧孔昭編，《二二八事件資料集》（台北：稻鄉出版社，1991），頁183。

48 電　　　　代

續報高雄暴動經過　案由　　　附件

盛先生鈞鑒才寒午管盈4975號代電計呈茲續據福

州支台高石兄轉據高雄組才文申雄電報稱茲續

將高雄暴動詳情繼述於下二日由台北台南等處

到達學生五十餘人反流氓約百餘人聚集高雄省

立第十中學校為大本營即晚四出暴動先行燬壞

警局後即佔市府全體組織叛動派兵脅迫要塞繳

械否則斷水道電線燒山旋要塞司令部始予擊平

計匪擊斃五六百人逃匪憲警正續搜捕中等情理合轉呈

勳份子一部逃匿憲警正續搜捕中等情理合轉呈

區鑒宥戚朱元鬻叩才篠己管盈5076號

附 1-1　有情報謂高雄要塞司令部擊斃匪五六百人。

姓名	性別	年齡	職業	籍貫住址	戶長姓名	備考
楊得龍	男	二〇	公		本人	
鄭清泉	男	二五	交	高雄	鄭水	
黃賜	男	五天	工夫	北斗里四鄰	本人	
羅清波	男	三〇		秀星里三鄰	本人	
吳清文	男	四〇		東野里三鄰	本人	
羅聲武	男	二〇	商 彭頤		王仙文	
陳賢武	男	三〇		海屋里二鄰	本人	
黃瑞典	男	二三			本人	
楊明德	男	三〇	金銀商新竹縣	中安里一鄰		
楊安臻	男	三七	金銀商新竹縣	海埕里一鄰		
郭事壽	男	三二	澎湖	新竹縣中吳里二鄰	本人	
劉梁粒妹	女	三七			劉安枝	

附 1-2　高雄市二二八鹽埕區死亡名單。

次，一份國家安全局的的檔案報告高雄暴動經過謂，學生及流氓
脅迫要塞繳械，卻被要塞司令部予以擊平，「計匪擊斃五六百人」
市交通工商機關才漸平復。[20]可見傷亡人數的說法很多，研究者
不宜只挑選合意的一種來使用。

回到3月6日下午「出兵平亂」一事，《考證稿》一書採信彭
孟緝、王作金的說法，認為前往收復市政府或火車站的軍隊都是
「一路以機槍向天空開槍，以產生恐嚇驅散作用」（《考證稿》頁
149-151）。黃彰健還根據3月5日彭孟緝致陳儀的一通電報中有
「因良莠分別，撲滅困難，擬懇速謀有效解決」[21]的幾句話，就說
彭孟緝有分別良莠的用心，「可證」彭並沒有「濫殺無辜」的意
念。然而，從上述彭孟緝的表面言詞就要證明他的心跡，不知能
有幾分說服力？

總之，欲評價彭孟緝在高雄地區二二八事件中的角色／責任
（或所謂「出兵平亂」是否正當）的問題，必須有更全面的觀照。
許雪姬教授主持高雄市二二八相關人物訪談時，特別分成高雄要
塞司令部、高雄市政府、火車站、高雄中學、煉油廠、自宅死亡、
死於路上等等不同區塊，才足以將高雄二二八的整體圖像呈現出
來；其中自宅死亡的受訪案例21則，屢屢提到3月6日那天，高
雄要塞部隊下山時發生士兵沿街搶劫的情形，一位受訪者張萬作

---

20 〈朱元鎮上盛先生代電續報高雄暴動經過〉，侯坤宏、許進發編，《二二八
事件檔案彙編（二）》（台北：國史館，2002），頁30。
21 原文良莠「分分」或係「分別」之誤，此封電報於3月7日才譯就，陳儀也
在3月7日批「斷然處置」，然而不待陳儀指示，彭孟緝在3月6日即已出兵。
電報收入中央研究院近代史研究所編，《二二八事件資料選輯（四）》（台北：
中央研究院近代史研究所，1993），頁521-522。

就說：

> 我看見軍隊由大公路進入市區。只見軍人都拿著機槍，車
> 上卻插著白旗，由山上下來時，還吹著進軍喇叭……看到
> 人就開槍射殺。……軍人從市政府出來以後，就開始沿路
> 搶劫了。……軍人是整條街地搶，當時最熱鬧的鹽埕區沒
> 有一條街不被搶。[22]

須知，奉命去收復高雄火車站及第一中學的是整編第廿一師
何軍章團第三營第七連，而收復高雄市政府、憲兵隊的是彭孟緝
的守備大隊陳國儒部——就是從壽山下來的這一批，除非黃彰健
又能考證出張萬作他們「扯謊」，否則很難說這樣胡亂開槍、沿
路搶劫是「出兵正當」吧。

三、對所謂「新資料八種」的解讀

《考證稿》第五篇是「簡介高雄事件新資料八種」，篇首說明
黃彰健寫完前面的高雄事件真相初論、再論之後，「朱浤源先生
訪問彭孟緝之子彭蔭剛先生，承蔭剛先生惠示新資料八種，其中
有許多地方可以訂正我文章的錯誤」。這是客氣話，所謂錯誤是
指原以為談判代表只在3月6日上山一次，現修正為5日也有上

---

22 〈張萬作先生訪問紀錄〉，收入許雪姬、方惠芳訪問，吳美慧等記錄，《高
雄市二二八相關人物訪問紀錄》中冊，頁169-171。

山；而彭蔭剛為乃父辯解而提出的檔案資料，與他相同立場的人
必同感振奮，只是半世紀以前的公文書為何今日政府體系（檔案
中）無之？如果還有對他們不利的檔案，私藏者（包括國民黨黨
史會）願不願意拿出來？

這批新資料之中，第8種「36年5月賀彭司令將軍高陞詩」、
第7種「高雄市政府等機構慰勞國軍禮單」、第5種「3月7日軍
事法庭上彭孟緝的簽呈」都是比較無關緊要，可以不論。第4種
「3月7日軍事法庭對涂光明、范滄榕、曾豐明的判決書」，主文
指他們三人「共同首謀暴動，意圖顛覆政府，而著手實行，罪各
處死刑，褫奪公權終身」、「手槍壹桿，子彈七顆沒收」，主要理
由說他們「倡謀台灣獨立，乘機糾集流氓……意圖顛覆政府，有
其張貼之標語附卷為證」、「而涂光明持槍實彈，夥同范滄榕、
曾豐明、林界等，並脅迫高雄市長黃仲圖、參議長彭清靠等共同
到要塞司令部，提出不法條件9條，脅迫繳械，經眾當場目睹，
自屬罪無可逭」。此處以倡謀台灣獨立做為法庭罪狀，恐怕是國
民黨政府接管台灣之後的首次。不過新資料第3種「3月6日審訊
涂光明筆錄（附學生軍幹部名單、上山代表名單）」之中，當被
問到「預備如何動作，目的何在」？涂光明答：「要求自治，和
趕走內地人。」以今視昔，趕走內地人的說法並不妥當，卻能反
映當時許多本地人的心情，但自治明明不是獨立，黃彰健卻無限
上綱地說：「他要趕走內地人，進行自治，這種自治嚴格說起來
就是獨立。」「這與軍事法庭判決書說他們要『陰謀獨立』相合。」
黃彰健的根據竟然是3月3日台北有八百多人連署請願書（透過
領事館）給美國的馬歇爾，要求聯合國託管直到獨立（《考證稿》

頁184），在此吾人必須請問：涂光明與此請願書何干？黃彰健可有見過這八百多人的名單？

　　新資料第1種「3月6日高雄市長黃仲圖上台灣南部防衛司令兼高雄要塞司令彭孟緝的呈文」只有短短兩句話：「查涂光明范滄榕二名曾煽動學生擾亂治安，應請依法嚴辦」；新資料第2種「3月6日高雄市參議會議長彭清靠上彭孟緝的呈文」則有五、六百字，彭議長除說明自己擔任處理委員會的緣由以及「委員會之目的是要保持地方的秩序，以外沒有他意」，最引人注目的是描述涂光明對3月5日黃市長、副議長林建論來談所帶回去的條件不滿意，今（3月6日）涂光明拿出9條要求「強迫弟與市長同行以外，林界（他是公選）、林澄增、廖得、李佛續、林迦。就中林迦走離，所以吾們同他正式代表三人同來」。關於強迫，彭議長甚至引述涂光明的話：「你們若不應吾們的要求，恐怕爾（指弟）會變做肉片。」這段話解開了林界有否上山的謎，並指明涂光明等三人才是「正式代表」，只是彭議長並沒有像黃市長那樣要求依法嚴辦的字眼。另外，新資料第6種「3月8日黃市長彭議長呈陳儀電」兩百多字，除略述三月初以來高雄市區的騷亂，重點是：「暴徒首領涂光明持械脅迫職等，於魚（6日）晨隨往要塞司令部，提出無理要求。當經乘機商請彭司令，即時宣布戒嚴，派兵鎮壓……並將該暴徒首領扣留法辦。」值得注意的是，3月8日黃市長、彭議長這一份電報是由高雄要塞司令部的電報室發出，難道當時市政府等其他地方都沒有發電報的設備？就像前述黃市長、彭議長與涂光明劃清界線的「呈文」都在3月6日出事那天所作，且成為軍事審判庭定罪涂光明等人的證據，這些「證

據」是否在自由意志下所爲？不能無疑。

　　從偵訊筆錄看，凃光明在3月6日上山時曾「暗藏手槍」，但是否企圖拔槍對付彭孟緝？依照目擊者李佛續的說法：「正在市長與彭司令就書面相談時，眾人眼光都望向他們兩人。突然間聽見士兵警衛高喊『有刺客』、『有槍』，後面的衛兵全擁向凃光明……當時並沒有開槍，我也沒有看到槍，急切間回頭只看到凃光明被迅速架出去，彭司令也立即由室內另一門離去。」[23]1994年凃光明的兒子凃世文拜訪李佛續時，李佛續進一步說：凃光明並沒有脅迫他們上山談判，都是自動前去的；市長和彭司令說話時，其他人則注意聆聽，凃光明「從頭到尾未發一言」。[24]總之，有帶槍與拿槍出來威脅是不一樣的動作，然而黃彰健只採信彭孟緝所言「拔出手槍企圖向我射擊」的說法。至於凃光明的九項條件引起彭孟緝震怒，說是「豈有此理，這簡直是造反」，情況果眞如此嚴重？對於太離譜的要求不要答應就是，何必做爲提前派兵下山的理由？黃彰健附和彭孟緝，認爲要求繳出武器是非常嚴重的事。不過，依當時在報社工作的顏阿岩所說：「台灣人想法很愚直，承襲日本觀念，認爲一旦認輸便是『無條件降服』，所謂繳械也只是放下武器，不以武力對抗，表示和平的意思而已。」[25]

23　〈李佛續先生訪問紀錄〉，收入許雪姬、方惠芳訪問，吳美慧等記錄，《高雄市二二八相關人物訪問紀錄》上冊，頁30-31。

24　〈凃世文先生訪問紀錄〉，收入許雪姬、方惠芳訪問，吳美慧等記錄，《高雄市二二八相關人物訪問紀錄》上冊，頁40-41。

25　〈顏阿岩先生訪問紀錄〉，收入許雪姬、方惠芳訪問，吳美慧等記錄，《高雄市二二八相關人物訪問紀錄》上冊，頁162。

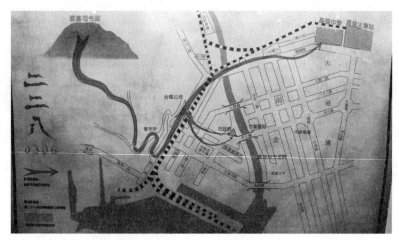

附 1-3　高雄二二八鎮壓路線圖

　　可見，資料的新舊不重要，解讀資料的角度和態度才重要。

四、對蔣渭川的褒揚、對王添灯的貶抑
　　皆難以成立

　　由於蔣渭川在日治末期即具有相當的社會地位，曾任台北總商會會長、台灣書籍雜誌商組合理事、工友總聯盟指導顧問、台灣民眾黨中執委等，戰後又是台灣省政治建設協會的常務理事，二二八事件發生之初，憲兵團長張慕陶兩次造訪蔣渭川並留下信函，原來是「奉陳長官之命請我出來收拾大局」。[26]《考證稿》第15篇〈論蔣渭川與二二八〉認為，陳儀邀請蔣渭川「出面平息暴

26　蔣渭川遺稿，《二二八事變始末記》（台北：蔣氏家屬自行出版，1991），頁4。

亂」，主要是著眼於蔣「具備豐沛的群眾基礎背景，能夠發揮具
體的影響」(《考證稿》頁379)。不過，二二八事件本身是官民衝
突與族群（省籍）衝突夾纏的複雜事件，蔣渭川游走兩邊即使誠
心扮演溝通橋樑，也必是吃力不討好，難怪《台灣二月革命》一
書中說：「種種跡象來看，蔣渭川離開處理委員會的統制，採取
個別行動，是為了與王添灯爭奪領導權，另一方面，在CC的指
揮之下，想爭取青年學生，以打倒CC的政敵陳儀。」[27] 行政院研
究二二八事件小組的《研究報告》也認為，「長官公署利用蔣渭
川領導之『台灣省政治建設協會』勢力，以削弱處委會力量，並
派情治人員打入處委會，相機行事。」「柯遠芬與蔣渭川間自始即
是一種利用的關係，其目的在進行所謂的『分化奸偽和利用民眾
力量來打擊奸偽』之策。」[28]

《考證稿》批評上述《研究報告》對蔣渭川角色的認定，是
忽略以及抹煞蔣氏在事件中「投注心血努力的貢獻」，貢獻之一
是3月5日政治建設協會發出一通電報經由台北美國領事館→美
國駐南京大使館→國民政府主席蔣介石，內文謂：「此次在台灣
省的民變，純粹是為了反對貪官污吏及要求政治改革，此外別無
他圖。我們請求您不要派軍隊來台，以免更激怒民心。」蔣介石
確實收到此份電文，只是在3月7日給陳儀的手令中說「余置之
不理」。[29] 其次，《考證稿》認為3月5日蔣渭川赴長官公署與陳儀

27 林木順，《台灣二月革命》，頁25。
28 （行政院）研究二二八事件小組，《二二八事件研究報告》，頁59-61。
29 中央研究院近代史研究所編，《二二八事件資料選輯（二）》（台北：中央
　　研究院近代史研究所，1992），冊2，頁94-95。

密談，達成所謂「改革三原則及辦法細則六條」的共識，是開了
和平解決之門，「假使陳儀與蔣渭川所談判的條件能爲處委會所
接受，二二八事件有可能是以和平落幕收場」。從而，黃彰健把
二二八的血腥悲劇歸罪於王添灯的激進行動以及處委會「一意孤
行」提出四十二條要求。

　　問題是，蔣渭川既然竭力反對中央派兵來台，難道沒有將此
心意向陳儀表白？當3月5日傍晚陳儀收到蔣介石的派兵電報：
「已派步兵一團，並派憲兵一營，限本月七日由滬啓運，勿念。」
陳儀立即通知柯遠芬、張慕陶來召開軍事會議，「然後張慕陶當
夜直接奔訪蔣渭川，對蔣說陳儀答應你的建議，可將長官公署改
組爲省政府，詳細的辦法，及其他技術問題，待明天和長官見面
會談時，再詳細討論決定」（《考證稿》頁408）。當晚蔣渭川就將
這個「好消息」對外廣播。奇怪的是，（最擅長發現別人「扯謊」
的）黃彰健至此還看不出陳儀、張慕陶有所欺瞞，或蔣渭川已被
欺騙，只跳躍地認爲蔣渭川的廣播影響了王添灯，使王添灯「誤
判情勢」以爲陳儀軟化了，就漏夜召集蘇新、潘欽信等人草擬激
進的處理大綱。事實上，處委會的處理大綱是眾人折衝的結果，
王添灯只是做整理的工作[30]，所以王添灯在3月6日下午才對蔣渭
川說：「昨夜在陳逸松家裡討論研究到翌晨四時，已決定二、

30　3月7日處委會通過的處理大綱，是順著3月5日的8項改革要求、3月6
　　日產生17位常委並發表公開文告的理路而來，3月6日晚上協助王添灯的左
　　派人士也說是「綜合」處委會的意見而進行草擬。蔡子民，〈憶「二二八」
　　與王添灯〉，台灣民主自治同盟編，《歷史的見證》（北京：台灣民主自治
　　同盟，1987），頁68-74。

三十條要求，這已勝過你們的九條，何必多此一舉。」[31]

　　在此之前，3月4日上午有4名青年學生來訪蔣渭川，警告他：「你會不會被長官利用而自己不知道嗎？」蔣渭川答：「我絕對不信長官會這樣做，且中央未必輕易答應派兵前來，就來了也未必會屠殺報復，因爲中央已有台灣的土地也很愛台灣的人民，中央絕對會愼重處理的……我看很有誠意不會有騙我的道理。」[32]證諸後來的發展，南京政府不但派兵，而且登陸後的幾天正是殺戮最重的時候。其實，若謂蔣渭川被騙或被利用而不自知，對他的人格應無侮蔑之意，否則情勢緊急那幾天他成爲張慕陶、陳儀的傳聲筒，在廣播電台與處委會針鋒相對，會被安上什麼罪名？

　　另一方面，《考證稿》第16篇〈揭穿王添灯欺騙台灣人民〉實與上述褒揚蔣渭川成了一體兩面。黃彰健根據幾則新聞報導，就認定民眾擁護的是蔣渭川：「從3月2日到3月6日，民間都是以蔣渭川爲主導與陳儀直接面對面交涉。」（《考證稿》頁425）其實蔣渭川的自述已經明白顯示，是張慕陶、陳儀以及省黨部主委李翼中三番兩次力勸之下，蔣渭川才答應出面「收拾大局」或「制止暴動」，這個經過在《考證稿》中亦有敘及，怎會變成是群眾擁護他出來的呢？處委會開會的過程一直有很多「民眾」在場，3月6日改組選出17名常務委員的時候，蔣渭川和他的支持者完全被排除在外，黃彰健的「擁護」之說不知從何說起。

31　蔣渭川遺稿，《2.28事變始末記》，頁97。

32　蔣渭川遺稿，《2.28事變始末記》，頁43。

　　至於黃彰健指控王添灯有「欺騙台灣人民的醜陋行徑」，是根據3月8日淡水英國領事館致南京英國大使館的一份文件，「呈遞台北二二八事件處理委員會於3月7日下午4時20分向行政長官提出的卅二點要求的譯文」，黃彰健認為處委會代表謁見陳儀所提出的是四十二條，而且時間是晚上7時而不是下午4時20分，於是黃彰健說：「英國領事館沒有必要捏造不實的消息，因此我判斷這個捏造的消息是王添灯有意散布的。」（《考證稿》頁437）不但如此，美國在台副領事柯喬治（George H. Kerr）在3月10日向南京大使館司徒雷登報告有關卅二條要求的文件，也說是下午4時20分遞交給陳長官，並且說明來源是《人民導報》，黃彰健遂提醒王添灯是《人民導報》社長；倒是3月8日《新生報》刊登了處委會提交長官公署四十二條要求的原貌。根據常識可知，各家報紙刊登消息互有出入的可能原因很多，可是黃彰健只選擇王添灯有意「欺騙」的一種。

　　根據藍博洲的研究，3月7日那天的處委會是在「下午四時二十分，會議結束」，「會後，大約下午四點半，王添灯和黃朝琴、黃國信等代表一起乘車去長官公署，晉見陳儀」，「下午六時二十分，王添灯以處理委員會宣傳組長的資格，通過廣播……」[33]，如果這樣的描述比較精確，謁見陳儀的時間也不是黃

---

33 藍博洲，《消逝在二二八迷霧中的王添灯》（台北：INK印刻文學生活雜誌社，2008），頁254-255。藍博洲引述當時《中外日報》3月8日的社論，稱處理委員會是「對政府交涉的唯一合法機構」，希望它「向長官交涉時須要指定一定的代表，不可個別去見，致使意見不能統一並招致人民誤會」，「一切對外意見最好由『宣傳組』統一發表」，這篇社論已經對蔣渭川的行為不以為然。見同書256頁。

彰健所說的「晚上7時」，至於有報紙報導4時20分就將卅二條要求遞交陳長官，這種時間誤差，黃彰健把它歸因於王添灯有意欺騙所致，卻說不出欺騙的動機何在。

王添灯是處委會的常務委員且擔任宣傳組組長，不但要對外發布文字消息並且常去電台廣播，3月7日下午4時20分會議結束時已經表決通過卅二條要求（正確名稱應該是「卅二條處理大綱暨十項要求」），此事本身即是一項新聞，很可能即已發出新聞稿，誰知後來向陳儀遞出時遭到峻拒，隨後王添灯到電台廣播時乃表示「今後台灣要有改革的成果全賴台灣人民的意志」，頗有和平改革之路已經阻斷的意思；當晚《台灣新生報》記者詢問王添灯時，難道他要表露情緒向陳儀「嗆聲」嗎？他的EQ應該不錯，只說處理大綱雖然送交陳長官，「後因文件手續不備」決定明日正式提出，但黃彰健卻斷然說：「這是他公然欺騙《台灣新生報》記者。」（《考證稿》頁455）

3月8日晚上就是第一批軍隊登陸基隆的日子，消息或許事先有所傳聞，3月7日晚上被陳儀峻拒的處委會，乃有人在3月8日運作發表一份奇怪的聲明，說到昨日「提請陳長官採納施行之卅二條件，因為當時參加人數眾多，未及一一推敲，例如撤銷警備總部，國軍繳械，跡近反叛中央，絕非省民公意」（《台灣新生報》，3月9日刊登；轉引自《考證稿》，頁458）。不過王添灯並未放棄努力，仍然在3月8日上午以處委會名義向陳儀另外再遞交卅二條，於是黃彰健說：「明顯是蛇足之舉，陳儀當然可不予理會。」（《考證稿》頁458）其實王添灯已兌現昨日對《台灣新生報》記者的說明或承諾，再度向陳儀遞交卅二條處理大綱，黃彰

健卻顧左右而言他。

按，所謂卅二條要求只是方便簡稱，若依3月8日《中外日報》刊登王添灯廣播的內容，標題是「處委會向中外廣播、闡明事件原因經過、並發表處理大綱二十九條、決將提交改組後政府辦理」，內容則先敘二二八事件的原因，次敘事件經過，然後把提出的處理意見分成「對於目前的處理」以及「根本處理」，「根本處理」部分再分成軍事、政治兩方面。王添灯傳給英國、美國領事館或是刊載在《人民導報》的版本，是採錄政治改革的部分爲準，或許爲了翻譯方便或其他政治考量，沒有完全照錄也不是什麼特別的事。

3月11日凌晨5點多，王添灯在自宅遭人強行帶走，然後屍骨無存……，時至今日，黃彰健竟給他增加了一項「欺騙台灣人民」的新罪名，眞是冤哉枉也。

五、討論與結語

本文僅就黃氏《考證稿》一書比較值得批評的篇章提出評論，限於時間、精力無法鉅細靡遺。其他重要的如：第8篇〈陳儀呈蔣函「兩電報告」解，並論二二八事件爆發後，3月1日至5日陳儀未向蔣請兵〉，由於陳儀在3月6日呈蔣函之中有明確的請兵要求，可是如前所述，3月5日蔣介石即有派兵指令，是不是先前陳儀即有請兵電報而未收入大溪檔案？黃彰健乃針對陳儀3月6日呈蔣函中所謂「自2月28日台北事情發生以後，曾有兩電報告」，追究此兩電的下落，結果發現都與請兵無關，於是他判

斷，蔣介石3月5日的派兵「係因3月5日南京憲兵司令張鎮以及
台北3月4日、5日憲兵第四團團長張慕陶電」（《考證稿》頁214-
215）。由於新出土的檔案《寅冬亥親電》[34]顯示3月2日陳儀即向蔣
請兵，上述說法不攻自破。不過，關於陳儀的評價，《考證稿》
第10篇〈論蔣決定處理二二八事變方針的歷史背景〉雖屢述陳儀
治台政策的缺失，尤其專賣、貿易兩局造成民營公司工廠倒閉、
人民失業等，但是為什麼會發生「公教人員被虐殺毆傷侮辱」？
則「顯然應歸咎於這些浪人、台籍日本兵在日據時期之皇民化」
（《考證稿》頁244）。文章的主體在談論陳儀的種種失政，結尾卻
跳出浪人、皇民化做為不證自明的因素，至少是文不對題。

　　至於對蔣介石角色的評價，對黃彰健而言原本非所關切，只
見他屢著重於2月28日當天蔣介石給陳儀的電話指示：「在政治
上可以退讓，儘可能採納民意」，黃彰健引申出「但不可以台獨」，
而且包含「軍事上則權屬中央，一切要求均不得接受」或如柯遠
芬轉述「暴徒不得干涉軍事，各軍事單位遭受攻擊得以軍力平亂」
（《考證稿》頁222）。根據這樣的「最高指示」，黃彰健對於陳儀
在政治上不能夠及時退讓有一點批評，但對於台省軍政首長（特
別是彭孟緝）的「斷然處理」則百般辯護、竭力支持；因為黃彰
健的核心關懷是反台獨，以致他把涂光明、王添灯主張的「自治」
都認定為台獨[35]，把處理委員會要求武裝部隊「暫時解除武裝，武

34　陳儀呈蔣主席《寅冬亥親電》，收入薛月順編輯，《二二八事件檔案彙編（廿
　　三）》（台北：國史館，2017），頁231-232。
35　王添灯的兒子王政統說：「思想不是和換西服一樣，隨便換的。有人說我父
　　親是共產黨，有人又說是獨立派。我覺得兩派類似的地方很少呢。」「別誤

器交由各地處理委員會及憲兵隊共同保管，以免繼續發生流血衝突事件」的條文視爲台獨主張的證據，而無視於其他更多承認中央政府、要求中央主持公道、要求民主改革的條文。

有關台灣地位的論述一直存在一種說法：戰後殖民地領土歸屬問題須經和平條約確認，所以在1952年舊金山和約生效之前，台澎雖在國府軍佔領之下，但在法律上戰爭狀態尚未結束、從而台澎地位未定[36]，參戰各方皆應遵守戰時國際法，包括蔣介石更應遵守中國也是簽署國的1907年海牙《有關陸戰的法規與習慣公約》，不得有掠奪或屠殺行爲。[37] 黃彰健如果願意給持此說法的人留一點餘地，而且對所謂「託管」（其實包括託管而後獨立或託管而後歸屬中國）有比較平常心的瞭解，也許對彭孟緝等人的「出兵平亂」不會看得那麼理所當然。何況，二二八事件對台灣人肉體和心靈的傷害早已造成，此時若仍處心積慮爲加害者行爲的正當性辯護，豈不與各方所關切的族群和諧目標背道而馳。

會他是獨立黨或共產黨。他只是企圖為台灣人找一條生路，好好過幸福的日子，如此而已。」〈王政統先生訪問紀錄〉，張炎憲等採訪紀錄，《台北南港二二八》（台北：財團法人吳三連台灣史料基金會，1995），頁262-287。

36 詳見陳隆志，《台灣獨立的展望》（台北：鄭南榕發行，1987；原係1971年在美國出版）。彭明敏、黃昭堂著，蔡秋雄譯，《台灣在國際法上的地位》（台北：玉山社，1995），本書日文版係1983年由東京大學出版。

37 關於二戰後台灣如何被「佔領」以及世界上其他地區的「領土地位變遷」實例，詳見雲程，《放眼國際：領土地位變遷與台灣》（上）、（下）（台北：憬藝企業，2006）。

附錄二

雲嘉二二八再探

——口述史與檔案的對照研究

一、前言

1991年由賴澤涵、馬若孟、魏萼三位教授合著的《悲劇性的開端：一九四七年的台灣二二八暴動》一書，係由美國史丹佛大學出版，可說是針對二二八的第一本學術著作。該書認為二二八事件屬性是中國歷史上時常發生的「都市羣眾暴動」（第9頁），佔台灣人口百分之八十的鄉村人口並無參加，而剩下的百分之二十也只有一小部分扮演積極角色，他們包括失業者、專業人士和流氓（第7頁及174頁）。以上的認定可能針對彭明敏的指控（第4頁）而來──彭氏認為此次國民黨的大屠殺是在剷除任何可能的反對勢力，亦即兩個重疊的階級：中產階級及地主階級。[1]即便彭氏之說不夠全面，「悲劇」一書明顯窄化參與二二八事件的階層、地區，難免有抹黑之嫌。

我們不難找到一些反例，如3月2日於中山堂成立之二二八事件處理委員會，除民意代表之外，尚涵蓋商會、工會、學生、民眾，以及「政治建設協會」等五方面選出之代表所組成[2]，即可窺見參與階層之一斑。或者根據〈台灣旅京滬七團體關於台灣事件報告書〉所載：被殺害之人民以青年學生為最多，一般民眾次之，社會中堅階層又次之，真正流氓反多被編入「別動隊」用以

1　見 Lai Tse-han, Ramond H. Myers, and Wei Wou, *A Tragic Beginning: The Taiwan Uprising of February 28, 1947*（Stanford, California: Stanford University Press, 1991），p.177.

2　台灣省行政長官公署新聞室，〈台灣暴動事件紀實〉，鄧孔昭編，《二二八事件資料集》（台北：稻鄉出版社，1991），頁 211。

殘殺民眾。[3] 再就空間而言,「起事」範圍甚至包括花蓮台東,台南縣的鹽水、麻豆糖廠工人亦揭竿而起;以筆者居住之雲林縣林內鄉而言,家父嘗謂鄰村的某某出來敲鑼打鼓,呼籲大家「有錢出錢、有力出力」,又謂某某某在濁水溪畔被機關槍打死。這類資料從陸續出土的口述史或檔案可謂俯拾皆是,也許「悲劇」一書撰寫當時欠缺證據,只能想當然耳。

　　不過,細查城鄉之間的二二八反抗行動,在規模、性質等各方面到底有什麼不同,處於今日史料已較豐富的環境下,我們研究者有義務做進一步的探討。事實上緊接著上述英文書的出版,行政院的「二二八事件」調查報告就在1992年的2月28日公布,擔任主筆的幾位專家學者已經大量使用官方檔案和口述歷史,就本文所關懷之雲嘉地區而言,彼已勾勒出當地的事變梗概。包括(一)雲林方面:斗六區有陳篡地、陳海永領導的「斗六治安維持會」,於3月4日派隊馳援嘉義,並改編為「斗六警備隊」由陳篡地擔任總隊長;3月6日陳篡地又派隊進攻虎尾機場,當夜機場守軍與各地來的民軍激戰、突圍,有四十餘名國軍往林內方面逃走;3月7日這一群國軍在林內坪頂被圍,8日清晨被民軍繳械後,集中監護;北港區也有組成治安隊和自治聯軍,協助攻下虎尾機場和支援進攻嘉義水上機場,這支武力要撤往小梅時,在大埔美被國軍伏擊,32人當場死亡。(二)嘉義方面:從3月2日下午延續到13日陸軍第廿一師146旅436團副團長彭時雨率

3　〈台灣旅京滬七團體關於台灣事件報告書〉,鄧孔昭編,《二二八事件資料集》,頁326。

兵進入市區，才結束此「三二事件」；期間，3月3日召開市民大
會成立嘉義市「二二八事件處理委員會」，由三青團嘉義分團籌
備處主任陳復志擔任主任委員兼作戰司令，秘書為李曉芳，處委
會曾藉由電台廣播向各地「募集志願軍」，也曾派青年團書記盧
鉥欽往吳鳳鄉邀高山族部隊約五、六十名下山。駐守東門町的羅
迪光營長曾在孫志俊市長的要求下進入市區鎮壓，憲兵隊長李士
榮先將前來避難的外省人送往機場，羅營長則從山仔頂發砲轟擊
市區，再將駐地轉往紅毛埤，雙方雖有幾度和談不得要領，3月
7日在高山族部隊助攻之下紅毛埤失守，羅營與憲兵隊皆集中撤
到水上機場。機場守軍在7日8日兩度得到台北來的空運補給。3
月11日來援的整編廿一師430團一個營到達機場，南部防衛司令
部派來的援軍也到達嘉義，這時處委會為減少傷亡仍做最後的努
力，由陳復志等八人前往機場談和，結果除了省參議員劉傳來、
市參議員邱鴛鴦及一名記者稍後釋回，林文樹以錢贖命、數日後
獲釋外，陳復志、柯麟、陳澄波、潘木枝皆被扣押，分別被處以
死刑。[4]

二、「樟湖之戰」

談論雲林的二二八人物，最著名的莫過於斗六醫生陳篡地

4　（行政院）研究二二八事件小組，《二二八事件研究報告》（台北：時報文化，
　　1994 初版一刷、2003 初版十刷），頁 101-109。其中除了使用官方檔案，撰
　　稿人黃秀政訪問了卓永河、李江海，許雪姬訪問了許壬申、高總成、李曉芳、
　　鍾逸人等等。

（1906～1986），筆者有幸在2008年訪問到他的遺孀陳謝玉露女士（1911～2011，嘉義人，東京女子醫專畢業）和他的第三個兒子陳彥文。陳篡地在日治時期曾被徵召去越南當軍醫，戰後又有一段時間淪為越共的俘虜，所以對槍械、游擊戰有一定程度的經驗。他的兒子彥文說他從越南帶回來一批槍械，在二二八的時候派上用場，此說猶待查考；但彥文澄清說父親與共產黨無關，應屬可信。

　　二二八事件發生時，陳篡地出面組織民軍，一方面維持治安，一方面（如妻子和兒子所說）率隊攻打虎尾機場。當國軍支援部隊逼近斗六時，陳篡地為避免市街戰乃率隊退往古坑樟湖山區[5]，此舉應有繼續抵抗的意思，因而吸引北港、台中等地的民軍前來會合。不過綜合樟湖在地人廖連池以及曾與陳篡地併肩作戰的游賜壹等人的回憶，樟湖並沒有發生兩軍對打的激烈場面，而是發現有線民帶領國軍繞小路來包抄，就命大家解散逃生[6]，先前發生戰鬥的地方是從竹山上去的桶頭[7]，游賜壹說他們「永光子弟」

5　詳見陳儀深主訪，〈陳謝玉露女士訪問紀錄〉、〈陳彥文先生訪問記錄〉，收入《濁水溪畔二二八：口述歷史訪談錄》（台北：財團法人二二八事件紀念基金會，2009），頁22-53。

6　廖連池（1924～）受訪時是樟湖村村長，他說二二八時陳篡地帶領近百名民軍上來，接收派出所武器，學校也被當作民軍軍營，當國軍分兩路來包抄樟湖的時候，民軍聽到轟隆隆的槍聲就都逃走了，不過先前民軍在樟湖有殺了五個人，因為他們被認為是國軍派來當間諜的。陳儀深主訪，〈廖連池先生訪問紀錄〉，《濁水溪畔二二八：口述歷史訪談錄》，頁92-93。

7　桶頭在行政區屬竹山鎮，位於竹山往草嶺的半路上，距離竹山14公里；地處清水溪上游，日治時代即有一桶頭吊橋，直行先到樟湖後到草嶺，右行是往嘉義梅山。http://home.educities. edu.tw/doggyinn/chhsn/tongtoubg.htm （瀏覽時間：2009.2.2）

使用機關槍由上往下與對方對打，並說這是二二八的最後一戰。[8]

不過，在撤往樟湖以前，陳篡地領導的民軍是否在斗六與國軍發生「市街戰」？根據新出土的官方檔案，情治人員在四月初曾向柯遠芬、陳儀報告說：「斗六奸黨首魁陳篡地、陳海水【永】、吳海石等於3月14日在斗六街激戰後，率隊五百餘名逃入樟湖，攜有機槍二十挺、迫擊砲十餘挺、步槍四百餘桿、米三百五十包、卡車十三部⋯⋯」[9]可是根據口述訪問資料，不但陳篡地的遺孀和兒子無法證實斗六街的「激戰」，游賜壹更明白地說，整編第廿一師的部隊來到斗六雖然有胡亂開槍、胡亂掃射，但是：「實際上沒有市街戰，真正的抵抗在樟湖，⋯⋯有人說台灣最後一戰是斗六市街戰，其實不是，應該是在樟湖。廿一師自己在街上砰砰砰，哪有市街戰？」[10]

另一方面，台中謝雪紅是在3月12日跟二七部隊撤往埔里，3月15日發生烏牛欄戰役的傍晚就離開埔里、3月16日抵達竹山的時候，曾經考慮要不要轉往小梅（梅山、樟湖）與陳篡地會

8　游賜壹（1923～2013）生於斗六崁頭厝，開南商工職業學校畢業以後曾去日本讀牙科，但二年級暑假回台灣戰爭就結束了，戰後曾在長官公署工作一年多然後辭職回斗六鎮西國校服務，在那裡認識陳篡地。游賜壹說桶頭之戰是台灣最後一戰，參加抵抗的除了18位永光子弟，還有台中師範的學生以及嘉義民雄過來支援的人。陳儀深主訪，〈游賜壹先生訪問紀錄〉，《濁水溪畔二二八：口述歷史訪談錄》，頁78-79。

9　〈呈報陳總司令及柯參謀長國軍於三月十二日抵達市區維持治安後匪徒動態〉，收入許雪姬主編，《保密局台灣站二二八史料彙編（一）》（台北：中央研究院台灣史研究所，2015），頁377。

10　陳儀深主訪，〈游賜壹先生訪問紀錄〉，《濁水溪畔二二八：口述歷史訪談錄》，頁76-77。

合，但由於「對陳篡地的政治面目我們不瞭解，所以不敢冒然進山」。[11]於是她在竹山滯留到3月31日，然後從林內火車站搭車回去彰化、5月21日才從左營離開台灣。[12]

在官方的檔案之中，所謂「樟湖之戰」有著重要的位置，它的時間先是在3月19日434團抵達彰化以後，將所部分駐於彰化市、員林、二水、埔里、日月潭各地區擔任搜剿及維護交通之任務，這時即發生「樟湖之戰」：

> 尤以樟湖一戰擊潰中部僅有的股匪主力，由是各地奸暴殘餘紛紛星散而歸消逝。是役擊傷斃匪徒四五十人，俘五名，鹵獲機步槍四十餘枝，而團僅傷亡士兵三名。……故「樟湖之戰」是為台灣中部安定之一轉鈕點，其後廣大地區得遂步其善後綏靖工作者胥賴於此。[13]

其次在4月6日前後，檔案中的主角是陳篡地 vs. 整編第廿一

11　古瑞雲（周明），《台中的風雷——跟謝雪紅在一起的日子裡》（台北：人間出版社，1990.9），頁117。

12　謝雪紅的逃離路線、時間地點，詳見楊克煌遺稿、楊翠華整理，《我的回憶》（台北：楊翠華出版，2005），第七篇第八章至十二章。第322頁說，張志中在3月19或20日從小梅來竹山找謝雪紅，告訴她「民主聯軍」在轉移中卡車被敵人包圍，當場犧牲二十多名骨幹分子（其中有幾個黨員），民主聯軍的成分因而變得比較複雜、不太可靠，何況不久可能要解散，所以勸她不要到小梅去。

13　〈陸軍整編二十一師一四五旅四三四團綏靖工作概況〉，中央研究院近代史研究所編，《二二八事件資料選輯（四）》（台北：中央研究院近代史研究所，1993），頁124。

四三四團綏靖工作概畧

一、奠定臺中東西南外圍

團奉令隨師調令三月十九日抵彰化所部分經于彰化市員林二水埔里日月潭各

地區担任搜剿及維護交通之任務自接觀上列地區並積極推進清剿安撫之後不

唯彰化二水埔里等沿鐵路線很快即恢復秩序且安令乡中東西南三面外圍

尤以樟湖一戰裏潰中部僅有的股匪主办由是各地奸暴殘餘紛紛星散而

歸消逝是役裏傷斃匪徒四五十人得五名圍護檄兵槍四十餘枝而圍護傷之士

兵三名擴俘獲匪徒稱該股匪被裏潰後悉懼無此大都逃散有將武器理藏

於地或克加意者且子彈告罄食糧更岌心慌匪首潛匪殘部亦乡人領导故

樟湖之戰遂蒉為台灣中部安定之一轉鈕点其後廣大地區得遂行其善後緣

附 2-1 整編廿一師 434 團綏靖工作提到樟湖之戰。

師145旅434團第二、三營及435團第一營：

> 因據報小梅（台南縣屬嘉義區東北部）以東之十字關、外
> 湖、草嶺、清水溪一帶山地之內，尚有成股匪徒約三、
> 四百名，匪首陳篡【篹】地時出沒於小梅、竹崎附近，搶
> 劫居民，團乃決心予以圍剿，當以二、三兩營及四三五團
> 第一營及各一部之兵力，分路包圍清剿。五日晚就攻擊
> 準備位置，六日拂曉開始進剿，團長率團部官佐一部，推
> 進小梅指揮。匪徒前於十字關、樟湖被我痛擊後已潰不成
> 軍，聞大軍圍剿則倉皇逃遁作鳥獸散，武器則埋藏於深山
> 中；一部匪徒攜有短槍逃匿於鐵道沿線，經三日之搜剿計
> 擊匪徒一名、捕獲匪徒十餘名，搜得械彈器材甚多。[14]

　　軍方自己的報告和上述地方情治人員的報告，把小梅、樟湖
的民軍人數說到三、四百乃至五百餘人，但陳謝玉露說：「阮頭
家為了避免市街戰造成無辜鄉民傷亡，臨時起意，帶了一百多人
上樟湖打游擊。」[15]也許她說的只是斗六本地的民軍數字，若加上
台中、嘉義等外地來的，就可能接近官方說的數字。

14　〈陸軍整編二十一師一四五旅四三四團綏靖工作概況〉，中央研究院近代史
　　研究所編，《二二八事件資料選輯（四）》，頁126-127。
15　陳儀深主訪，〈陳謝玉露女士訪問紀錄〉，《濁水溪畔二二八：口述歷史訪
　　談錄》，頁30。

三、關於古坑、梅山交界的國軍伏擊事件

　　1992年行政院研究二二八事件小組公布的研究報告，根據口訪資料描述：余炳金（阿木仔）和葉啓祥（阿啓仔）等人領導的北港自治聯軍要退往小梅時，在大埔美[16]遇到伏擊，共有32人當場死亡。[17]這件事在游賜壹的理解，是「在古坑崁腳遭到國軍伏擊遇害的八十幾個人，也是要來跟我們會合，但是半途遭到國軍截擊。當地人跟我說，第一輛卡車通過後，第二輛被國軍攔截，車上的人下車後，有人跑進民宅躲藏，還被國軍拖出來活活打死，……政府已經在附近蓋了二二八紀念公園」。[18]同一本訪問紀錄的受訪者張秋梧則說：「二二八事件發生後，我爸爸（張榮宗）帶著朴子隊、北港隊、新營隊等三支隊伍，前往埔里跟二七部隊會合，經過雲林古坑的崁腳時，遭到國軍伏擊，包括我爸爸在內，有72個人遇害。」[19]一般都說是要往小梅、樟湖與陳篡地的部隊會合，不是要去埔里。較早交代此事的應該是台中二七部隊的部

16　大埔美，原稱大埔尾，位於今嘉義縣大林鎮大美里的西部，清治時代同治年間即有大浦尾庄，日治時代1901年改為大埔美庄，1943年屬台南州嘉義郡大林街大埔美，1946年成立大林鎮大美里，與梅山鄉鄰接。參見「大美里」，台灣大百科全書，http://taiwanpedia.culture.tw/web/content? ID=26843.（瀏覽時間：2013.11.19）

17　（行政院）研究二二八事件小組，《二二八事件研究報告》，頁104。

18　陳儀深主訪，〈游賜壹先生訪問紀錄〉，《濁水溪畔二二八：口述歷史訪談錄》，頁79-80。

19　陳儀深主訪，〈張秋梧女士訪問紀錄〉，《濁水溪畔二二八：口述歷史訪談錄》，頁108。

隊長鍾逸人，他在1993年出版的回憶錄中說，由張榮宗率領的
三輛車滿載裝備和民軍，3月12日從新營北港那邊過來剛過古坑
不久，「來到溪底（平時沒有溪水的旱溪），當先頭的車子從崎
嶇難行的溪底好不容易爬上崁頂露出車蓬，即遭到伏兵機槍掃
射」，民軍各自奔逃，雖然僅死五傷四，但張榮宗就地飲彈成仁；
至於埋伏的國軍，是來自屯駐於大林與小梅間的大埔美（前日軍
俘虜收容所）的駐軍，接到情報後調派一個排配備機槍而來。[20]鍾
逸人所估計的民軍死傷人數偏低，但強調了張榮宗[21]在此事件的
角色。

　　根據新出土的史料，1947年4月3日林頂立曾經向陳儀、柯
遠芬報告：「17日國軍抵北港未遭奸匪抵抗」、「18日奸匪四車
在小梅附近被國軍襲擊，即死三十餘名、擒十餘名，惟奸首張志

20　鍾逸人，《辛酸六十年（上）》（台北：前衛出版社，1993一刷、1997三刷），
　　頁573。這一段話提到的大埔美是指國軍駐屯的地方，而進行伏擊的地方一
　　般是稱崁腳。

21　張榮宗（1908～1947）：嘉義朴子人，其父張捷三係漢文私塾教師。張榮
　　宗畢業於日本東京日本大學，曾經營酒瓶木塞的製造。雖出生於富農之家，
　　卻相當關心工農群眾，與日治時代的台灣農民組合、新台灣文化協會及赤色
　　救援會等階級運動人士過從甚密。曾在《台灣新文學》、《台灣文藝》發表
　　小說〈告白〉，及富有抗日意味的戲曲〈外交部事務官〉、〈貂蟬〉等作品。
　　戰後，被派任為台灣省接收委員，並擔任朴子鎮副鎮長，同時擔任三民主義
　　青年團朴子區隊的區隊長，兼任《和平日報》東石分局長。1947年二二八事
　　件爆發，張榮宗在地方上糾集青年抗爭，3月18日與許壬辰等人率領4輛滿
　　載民軍及裝備的車隊，由朴子經北港、大林、斗六、古坑經崁腳時，遇國府
　　軍伏擊，當場中彈身亡。此一詞條由李筱峰解說，收於張炎憲主編，《二二八
　　事件辭典》（台北：國史館，2008），頁356-357。其中，是否在3月18日
　　當天中彈身亡？今依新出土的史料不能無疑。

忠、李廷芳、林德旺、林金城等仍被逃脫。」[22]而林頂立稍早收閱
的報告則有更詳細的說明：

> （3月18日）國軍再巡視北港，奸黨匪徒聞知，再對良民、
> 糖廠恐喝【嚇】路費及米糧，分坐四台貨物車欲遁入小梅，
> 被國軍良策，在小梅附近由兩方夾攻，奸黨三十餘名即
> 死，被捕十數名，可惜首魁張志忠、秘書李廷芳、隊長林
> 德旺、林金城等幹部，因坐包車，無與貨物自動車同行，
> 被他逃脫。逃脫幹部現在探究中。[23]

　　就時間的出入而言，情治單位按日紀錄上報應比較可靠，也
就是崁腳的國軍伏擊事件應是發生在3月18日，不是3月12日，
而民軍方面的死亡人數，若以四輛車除了載米糧物品之外所能搭
載的人數，三十餘名應較為合理。

　　不過，令人意外的是，新出土的史料顯示，張榮宗並沒有在
古坑崁腳的國軍伏擊中「中彈身亡」，1947年9月的時候張榮宗
仍被密報「潛返活動」：

> 據劉汐揚同志報稱「查奸徒張榮宗，年卅八歲，曾文區朴

22　〈呈報陳總司令及柯參謀長國軍於三月十二日抵達市區維持治安後匪徒動
　　態〉，收入許雪姬主編，《保密局台灣站二二八史料彙編（一）》，頁377-
　　378。

23　〈呈報陳總司令及柯參謀長國軍於三月十二日抵達市區維持治安後匪徒動
　　態〉，收入許雪姬主編，《保密局台灣站二二八史料彙編（一）》，頁
　　382。

子人，抗戰中曾參加汪偽政府華中軍工作，光復後返台，
獲任朴子鎮副鎮長。二二八事變時，招集當地浪人暴動及
縱火焚毀該鎮警所公文，企圖接收武器。事變後畏罪逃匿
小梅山中，最近潛入斗六、斗南、虎尾等地，仍與小梅山
往返頻忙，行動詭秘。曾於本（九）月十五日投宿斗六鳳
凰旅社及斗南鎮斗南旅館，深夜盜竊該社棉被兩條，不付
宿費而去。經常化裝布商投宿旅社，意在竊取棉被，以備
冬季在山生活，一面連絡流氓刺探當局情況。聞前西螺警
所被劫時，張亦參雜其間，使用日語指揮匪夥」。謹附張
奸特徵一紙，報憑緝究」等語，謹聞。

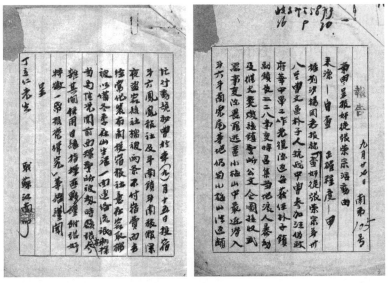

附 2-2　1947 年 9 月情治人員還在查報張榮宗的活動。

呈

丁立仁先生　職蘇江南印叩

奸徒張榮宗特徵

化名：陳福　身長：五呎六吋

面孔：略長形　右足：稍跛

批文一：寬兄辦。文遠。十、一

批文二：頂印。十、一[24]

　　以上的密報相當具體，連身高多少、右足稍跛的特徵都描述出來。問題是，從3月18日失蹤之後若還存活半年以上，爲何都沒有以直接或間接的方式與家人聯絡？最後到底死亡何處？新出土的史料帶來的疑問似乎比答案還多。

四、嘉義市二二八敘事：「兩個陣營」圖像清晰

　　嘉義市長孫志俊親歷嘉義事變始末，事後以他的立場撰寫報告〈嘉義市「三二」事變報告書〉呈給行政長官陳儀，成爲警總二二八檔案資料的重要部分。孫市長報告書的要點是：（一）3月2日下午三時自外地來的「暴徒」數十人在火車站及中山路噴水池當街宣傳，煽動群眾毆打士兵及公敎人員，警察局派出所被包

24　〈呈報事變暴徒張榮宗潛返活動案〉，收入許雪姬主編，《保密局台灣站二二八史料彙編（二）》（台北：中央研究院台灣史研究所，2016），頁166-168。

圍繳械故市區陷於紊亂狀態。（二）3月3日成立之嘉義市三二事件處理委員會，推陳復志為主任委員兼作戰司令，陸軍廿一師第一營營長羅迪光曾入市鎮壓，是晚「暴徒」圍攻憲兵隊。（三）3月4日孫市長一面與陳復志接洽和談，一面偕憲兵隊和羅營突圍退赴水上機場，外省人被集中於中山堂、市黨部、參議會，羅營退至紅毛埤，和談方面陳復志仍堅持憲警駐軍須將武器繳出，孫市長立予拒絕。（四）3月5日「暴眾」約二千人圍攻機場，竟日之戰。（五）3月6日劉傳能啣陳漢平參議之命赴機場洽商，我方以糧盡彈絕情形電呈長官請以空運接濟。（六）3月7日正午羅營長警察局長率部由紅毛埤退至機場，台北第一次空運彈藥抵達機場。（七）3月8日台北第二次空運彈藥來機場，因軍憲警聚集一地合計三百餘人，反擊「暴徒」綽有餘裕矣。援軍未到權且偕劉傳能入市與陳復志商談無結果。（八）3月11日陳復志等來機場談，卒以不可理喻遂由羅營長下令將陳復志、潘木枝、柯麟、陳澄波、林文樹一併扣押。（九）3月12日羅營攻入市區開始收繳武器。（十）3月13日陸軍廿一師146旅436團副團長彭時雨率兵乘機到嘉進駐市內。（十一）自13日至15日一連三天宣布晝夜戒嚴，「以防奸徒再事擾亂」。（十二）先後奉令將叛逆陳復志、蘇憲章等十一人，暨市參議員之參與暴動主謀者潘木枝、盧鈵欽、柯麟、陳澄波等四人由駐軍就地正法。[25]

　　從台灣人的立場，當然無法接受孫市長把嘉義市的菁英和反

---

25 孫志俊，〈嘉義市「三二」事變報告書〉，中央研究院近代史研究所編，《二二八事件資料選輯（四）》，頁53-75。

抗的民眾說成暴徒、叛徒、流氓，但是也不宜籠統地說這份報告
「不符事實」、「與實際情況差異甚大」。[26]根據新出土的史料，3月
23日情治人員向南京「續報嘉義市叛亂情形」，所描述的時間流
程大致與上述孫志俊的報告相近，同樣從3月2日下午本市「流
氓」數十名在各路口圍毆外省人說起，描述本地員警膽怯而被繳
械，3月4日憲兵隊護送百餘名公教人員到機場，其餘外省人被
集中於中山堂、參議會、市黨部等地看押；廣播電台散播謠言欺
蔽民眾，陳復志用處委會名義「組織學生隊、保安隊、警備隊，
並煽動高山族二百多人來嘉參加作亂，圍攻機場，被殲過半」；
「迄十二日台北援軍由空運抵達，國軍即開始正式進駐市內，叛
亂分子聞我增援部隊到達，處理會即轉風出面調解，協助國軍收
繳民間武器」；值得注意的是，這份報告在另一方面除了檢討羅
迪光營長率軍入市之後軍紀欠佳，有兩家銀行遭劫，金店、商行
被乘機揩油，也檢討孫志俊市長「對此血案事前未加防範，事後
措置失當」云云。[27]其中，彭時雨的部隊應該是12日就空運抵達，
羅營才敢在這一天攻入市區，而不是前述孫市長報告的3月13日
抵達。根據整編第廿一師的綏靖詳報，第146旅是在3月9日搭
乘海宙輪於3月11日抵達基隆，竟然在3月12日就「以第三營空
運嘉義、主力軍運台中」[28]，可見其急忙「平亂」之情狀，亦可見

26 張炎憲，〈徘徊於抗爭與和平解決之間的悲劇〉，張炎憲、王昭文等採訪
　　記錄，《嘉義驛前二二八》（台北：財團法人吳三連台灣史料基金會，
　　1995），頁8-9。
27 〈續報嘉義市叛亂情形〉，中央研究院台灣史研究所藏二二八史料，檔號：
　　A_04_0003-00～008。
28 〈陸軍整編二十一師第一四六旅台灣省新竹綏靖區司令部綏靖詳報上冊〉，

嘉義狀況之危急。

孫志俊的報告有重要的附錄，其中除了中央及所屬各機關的損失調查數字以外，還有「嘉義市政府暨所屬各機關員工『三二』事件私人財物損失調查表」，總計台幣13,127,998元整、美金2,000元整，其中外省籍147名、本省籍17名——可見當時市政府員工結構之一斑；至於屠殺菁英的部分，也有執行槍決（又稱「就地正法」）一覽表，其中陳復志和四位市參議員陳澄波、潘木枝、柯麟、盧鈵欽被當作「參與暴動之主謀者」，備註說「奉台灣省警備總司令部電就地正法，已由本市指揮所執行」；另外盧鎰、蘇憲章等十幾名則是註記「由國軍廿一師獨立團第一營羅營長執行」[29]，可見後面這十幾個人的槍決並沒有上面的批准。情況已經趨於穩定，還須這樣公然槍決嗎？事後若要追究責任，羅迪光難逃濫權殺人的罪刑。

值得注意的是，台北爆發的二二八怒火在3月2日燒到嘉義以後，3月3日成立的嘉義市三二事件處理委員會，推陳復志為主任委員兼作戰司令，陳復志用處委會名義「組織學生隊、保安隊、警備隊」，並且有數以百計的高山族來嘉義參加圍攻紅毛埤、水上機場等行動，直到3月12日國軍空運抵達之前，官民雙方多次談判，有台北派來的參議陳漢平、士紳劉傳能居中斡旋，孫志俊說他曾經為了緩和暴徒攻勢冒險進入市區商談云云，最後一次

中央研究院近代史研究所編，《二二八事件資料選輯（四）》，頁225-226。

29　〈嘉義市軍警憲緝獲三二事變暴動人犯執行槍決一覽表〉，中央研究院近代史研究所編，《二二八事件資料選輯（四）》，頁121-122。

盲從附和被迫參加暴動份子自新證

查高總成　現年二十五歲係臺南縣北港區北港鎮仁人於民國三十六年縣北港區北港鎮仁人於民國三十六年市和里博愛街九○號

三　月　四　日被脅迫參加北、港係安陰担任事務行驚

現已悔悟改過失志永作良民經向本縣政府辦理自新手續業已准予自新

特給此證

右給　高總成　收執

臺南縣長

中華民國三十六年　年　月　　日

附 2-3　雲林北港高總成領到的自新證。

即3月11日陳復志等「和平使」進入機場終於被扣押了。十天之
中顯然有壁壘分明的兩個陣營互相戰鬥且互相交涉,這種現象凸
顯了都會二二八的特性,在更鄉下的雲林縣並沒有這種條件。

五、討論與結語

本文前言曾有提問,城鄉之間的二二八反抗行動,在規模、
性質等各方面到底有什麼不同?本文所討論的雲、嘉二二八正好
有一定程度的對照作用,這兩個地方一方面互相交融支援、難分
彼此,例如樟湖之戰所在的梅山古坑桶頭,是雲林嘉義乃至南投
交界的地方,且斗六民軍支援嘉義圍攻水上機場……,另一方面
嘉義市的社經發展程度較成熟,有市參議會議員、醫生、畫家參
與組成的處理委員會,代表民間力量與官方談判,在雲林則無此
現象。不過,當時的大環境是日本統治台灣半個世紀以後,台灣
民眾已經脫離(漳泉閩客)分類械鬥的階段,具備「本島人」或
「台灣人」的共同體意識,相對地戰後移入的「外省人」的語言
文化則是與台灣人格格不入,基於「有壓力就有反抗」的邏輯,
二二八的反抗外來政權或反抗「阿山」的民眾心情,應該沒有什
麼城鄉差距。

行政院在1992年公布的二二八研究報告,已經儘量參考官
方檔案和口述資料,具有里程碑的意義,至少「骨架」有了,
隨後張炎憲等研究者從民間角度大量生產的口述訪問紀錄,填
補了事件敘事的血肉,以嘉義地區而言,就有(一)《嘉義驛前
二二八》(1995年)、(二)《諸羅山城二二八》(1995年)、(三)《嘉

雲平野二二八》（1995年），筆者細讀的過程中，特別對於受害者家屬的處境與心情感同身受——若是冷冰冰的檔案不可能帶來這種感受，例如潘木枝醫師被槍決以後，他的太太必須扶養九個孩子，最大的兒子英章十八歲、最小的女兒姿良只有四個月大，排行第七的兒子潘信行說：「爸爸屍體扛回來，……記得當時醫院裡放滿潔白的百合花，所以，我（後來一直）很不喜歡百合花的香味，因為聞到花香，又會讓我想起爸爸慘死的情景。」[30]其次，關於菁英與群眾的關係，潘信行在同一篇訪問中也透露了要緊的訊息：

> 爸爸死前是嘉中家長會長。……聽說嘉中老師帶學生，拿著削尖的竹竿當武器，要去攻機場。爸爸聽到這個消息，馬上坐車，到半路將他們攔下來，爸爸說：「囡仔不可以這樣子去，這樣子去是赴死。」聽說爸爸當場被人團團圍住，他們質問爸爸：「你到底是台灣人，還是外省人？你到底是甚麼意思？」護士通知我叔叔，叔叔聽到這個消息，知道處境危險，召集一大批朋友一起趕過去，才把爸爸救回來。[31]

不只是潘木枝，另一位市參議員盧鈵欽，他也是出去勸青年

30　〈潘信行先生訪問記錄〉，張炎憲、王昭文等採訪紀錄，《嘉義驛前二二八》，頁228。
31　〈潘信行先生訪問記錄〉，張炎憲、王昭文等採訪紀錄，《嘉義驛前二二八》，頁230。

人不要打國軍仔,當他知道最後一次機場談判之後,一些市參議員被扣押,他就趁著國軍援兵進入市區時去接他們,想要解決問題,卻當場被憲兵隊長李士榮抓去關在憲兵隊,盧鈵欽的太太就說:「放火的跑掉,救火的被政府打死。」[32]張炎憲教授經過口訪之後下了沉重的評語:「抗爭不足,談判又無力,終造成犧牲的下場。」這是一場「徘徊於抗爭與和平解決之間的悲劇」[33],可是,如果不要談和、不要有處理委員會的談判路線,就能夠抗爭勝利、就能夠解決問題嗎?

同樣是雲嘉地區的口述史,上述張教授出版的訪問紀錄有提到斗六的三次市街戰[34],顯然與筆者訪問的游賜壹說法不同;關於三月中旬古坑梅山交界的國軍伏擊事件,我們彼此的訪問紀錄都(與鍾逸人的說法一樣)以為張榮宗就是在此時此地犧牲,此說卻被新出土的史料推翻了,因為九月中旬情治人員還看到張榮宗進出斗六斗南的旅館。新出土的史料還揭露一件事,當時重要的情治頭子林頂立(張秉承)是雲林人,曾經勸同鄉參議員陳海永向斗六區署自新,果然陳海永、陳海湖兄弟遂進入山地,勸導斗六青年十一名於4月13日出來自新──25歲的游賜壹赫然在名單裡面![35]可是筆者訪問游賜壹的時候,他對此事隻字未提。

---

32 〈林秀媚女士訪問記錄〉,張炎憲、王昭文等採訪紀錄,《嘉義驛前二二八》,頁241。

33 〈徘徊於抗爭與和平解決之間的悲劇〉,張炎憲、王昭文等採訪紀錄,《嘉義驛前二二八》,導言,頁12。

34 〈溫連章先生訪問紀錄〉,張炎憲、王昭文等採訪紀錄,《嘉雲平野二二八》(台北:財團法人吳三連台灣史料基金會,1995),頁98-101。

35 〈報參議員陳海永勸導參加叛亂青年多人自新〉,附:自新人員名冊壹份。

姓名	性別（年齡）	籍貫	犯罪事實		備考
陳庚申	男(二一)	嘉義市	參加暴動駕駛警司令包車赴北港連絡流氓參加作戰	仝右	由羅克執行在虎尾槍決　仝右
薛皆得	〃 廿六	仝右	參加此次暴動圍攻林內駐軍	仝右	仝右
顧尚太	〃 元	台中市	仿地索繳抗械	仝右	仝右
李詩芳	〃 廿三	仝右	仝一	仝右	仝右
王済濘	〃 九	台南縣	仝一	仝右	委奉有總司令部電知就地正法由本市指揮所執行
黄漢書	〃 四	仝右	暴動攻要國軍	仝右	仝右
陳澄波	〃 五三	嘉義市	組織維持會任參謀參加	仝右	仝右
潘木枝	〃 五二	仝右	參與此次暴動之主謀者	仝右	仝右
柯麟	〃 三三	嘉義市	仝右	仝右	仝右
盧炳欽	〃 廿六	仝右	仝右	仝右	仝右

附2-4　嘉義三二事變人犯槍決一覽表

本市「三二」事變時任處理委員會主任委員兼作戰司令

本市「三二」事變時任作戰本部參謀長

參加此次暴動任作戰本部宜傳部長

附表肆

嘉義市軍警憲緝獲二二八事變暴動人犯執行槍決一覽表

姓名	性別	年齡	籍貫	犯罪事實	執行	地址備考
陳復志	男	四五	嘉義市	主持處理委員會事，任作戰司令		由國軍廿一師獨立團執行〔一營罪魁首長執行〕
盧鑑	男	三六	仝右	參加此次暴動中至頒流氓批	仝右	本案各犯均係嘉南警務處令就地正法已由本市槍決
蘇憲章	男	四三	仝右	此次暴動中至市流氓批	仝右	
施珠文	男	四四	嘉義縣	作戰	仝右	
林登科	〃	三六	台南縣	作戰防地	仝右	
黃水樹	〃	四二	嘉義市	此次暴動自首指揮暴勳	仝右	
吳溪水	〃	三六	澎湖縣	暴動首領指揮攻擊本市圍攻	仝右	
陳陳	〃	三三	台南縣	警暴動到軍大流氓子弟指揮	仝右	
陳容貌	〃	四四	仝右	吹次參加暴動到高官劫取府庫	仝右	
蔡金爛	〃	三二	福建省晉江	吹次參加暴動到高官刧取府庫日本軍刀分槍亂	仝右	

二二

　　總之，1947年的二二八事件距今六十幾年，追究眞相的利器離不開檔案和口述史，這兩種史料各擅勝場，沒有孰優孰劣，從雲嘉二二八的探討可以再度得到佐證。

中央研究院台灣史研究所藏二二八史料，檔號：A_03_0019-001 ～ 012。

徵引書目

一、檔案、史料

台北《和平日報》

台中《和平日報》

台北《人民導報》

《台灣月刊》

《台灣新生報》

《民報》

《海潮》

《華商報》

《新聞天地》

《觀察》週刊

柯遠芬，〈事變十日記（初篇）〉，《台灣新生報》。

柯遠芬，〈事變十日記（四續）〉，《台灣新生報》。

〈（台南縣）辦理自首自新實施條例〉，中央研究院近代史研究所
　　編，《二二八事件資料選輯（五）》。台北：中研院近史所，
　　1997。

〈（白崇禧）報告事變起因及善後措施——一九四七年四月七日上
　　午9時於中樞紀念週〉，鄧孔昭編，《二二八事件資料集》。
　　台北：稻鄉出版社，1991。

〈中統局呈蔣主席三月六日情報〉，中央研究院近代史研究所編，

《二二八事件資料選輯（二）》。台北：中研院近史所，1992。

〈王寵惠呈蔣委員長三月八日呈〉，中央研究院近代史研究所編，
　　《二二八事件資料選輯（二）》。台北：中研院近史所，1992。

〈丘念台關於妥處「二‧二八」事件善後事宜之報告、建議書及
　　意見書〉，陳興唐主編，《台灣「二‧二八」事件檔案史料
　　（上、下）》。台北：人間出版社，1992。

〈丘念台關於處理「二‧二八」事件善後致于右任電〉，陳興唐主
　　編，《台灣「二‧二八」事件檔案史料（下）》。台北：人間
　　出版社，1992。

〈台北綏靖區司令部綏靖工作報告書〉，中央研究院近代史研究所
　　編，《二二八事件資料選輯（四）》。台北：中研院近史所，
　　1993。

〈台東綏靖區台東縣（市）清鄉工作報告表〉，中央研究院近代史
　　研究所編，《二二八事件資料選輯（五）》。台北：中研院近
　　史所，1997。

〈台東縣事變經過報告〉，中央研究院近代史研究所編，《二二八
　　事件資料選（四）》。台北：中研院近史所，1993。

〈台東縣清鄉工作進度表〉，中央研究院近代史研究所編。
　　《二二八事件資料選輯（五）》。台北：中研院近史所，1997。

〈台南縣清溝運動期間發現武器統計表〉，中央研究院近代史研究
　　所編，《二二八事件資料選輯（五）》。台北：中研院近史所，
　　1997。

〈台南縣警察局自新自首人員統計表〉，中央研究院近代史研究所
　　編，《二二八事件資料選輯（五）》。台北：中研院近史所，

1997。

〈台灣二二八事變始末記〉，收錄於林木順編，《台灣二月革命》。
　　台北：前衛出版社，1990。

〈台灣二二八事變基隆區綏靖報告書〉，中央研究院近代史研究所
　　編，《二二八事件資料選輯（三）》。台北：中研院近史所，
　　1993。

〈台灣二二八慘案聯合後援會爲挽救台灣危局致于右任電〉，陳興
　　唐主編，《台灣「二‧二八」事件檔案史料（下）》。台北：
　　人間出版社，1992。

〈台灣省全體參政員給蔣介石的電報〉，鄧孔昭編，《二二八事件
　　資料集》。台北：稻鄉出版社，1991。

〈台灣省東部綏靖區綏靖計畫〉，中央研究院近代史研究所編，
　　《二二八事件資料選輯（三）》。台北：中研院近史所，1993。

〈台灣省高等法院及警備總司令部軍法處關於二‧二八事件起因
　　調查詢問筆錄〉，收入陳鳴鐘、陳興唐主編，《台灣光復和
　　光復後五年省情》。南京：南京出版社，1989。

〈台灣旅京滬七團體關於台灣事件報告書〉，鄧孔昭編，《二二八
　　事件資料集》。台北：稻鄉出版社，1991。

〈四三四團綏靖工作概略〉，中央研究院近代史研究所編，
　　《二二八事件資料選輯（四）》。台北：中研院近代史所，
　　1993。

〈白崇禧呈蔣主席二月廿五日簽呈〉，中央研究院近代史研究所
　　編，《二二八事件資料選輯（二）》。台北：中研院近史所，
　　1992。

〈白崇禧呈蔣主席三月十二日呈〉及附件,《中央研究院近代史
　　研究所編,《二二八事件資料選輯(二)》。台北:中研院近
　　史所,1992。

〈白崇禧呈蔣主席三月十三日呈〉,中央研究院近代史研究所編,
　　《二二八事件資料選輯(二)》。台北:中研院近史所,1992。

〈白崇禧呈蔣主席三月十九日函〉,函末附言,中央研究院近代史
　　研究所編,《二二八事件資料選輯(二)》。台北:中研院近
　　史所,1992。

〈白崇禧呈蔣主席三月廿三日電〉,中央研究院近代史研究所編,
　　《二二八事件資料選輯(二)》。台北:中研院近史所,1992。

〈白崇禧呈蔣主席三月有電〉,中央研究院近代史研究所編,
　　《二二八事件資料選輯(二)》。台北:中研院近史所,1992。

〈白崇禧呈蔣主席三月養電〉,中央研究院近代史研究所編,
　　《二二八事件資料選輯(二)》。台北:中研院近史所,1992。

〈白崇禧呈蔣主席三月篠電〉,中央研究院近代史研究所編,
　　《二二八事件資料選輯(二)》。台北:中研院近史所,1992。

〈白崇禧呈蔣主席四月十七日簽呈〉,中央研究院近代史研究所
　　編,《二二八事件資料選輯(二)》。台北:中研院近史所,
　　1992。

〈朱元鎮上盛先生代電續報高雄暴動經過〉,侯坤宏、許進發編,
　　《二二八事件檔案彙編(二)》。台北:國史館,2002。

〈何軍章致台北總司令陳卯儉午庸電〉,中央研究院近代史研究所
　　編,《二二八事件資料選輯(五)》。台北:中研院近史所,
　　1997。

〈何漢文呈蔣主席三月廿六日函〉，中央研究院近代史研究所編，
　　《二二八事件資料選輯（二）》。台北：中研院近史所，1992。

〈呈報陳總司令及柯參謀長國軍於三月十二日抵達市區維持治安
　　後匪徒動態〉，收入許雪姬主編，《保密局台灣站二二八史
　　料彙編（一）》。台北：中央研究院台灣史研究所，2015。

〈呈報事變暴徒張榮宗潛返活動案〉，收入許雪姬主編，《保密局
　　台灣站二二八史料彙編（二）》。台北：中央研究院台灣史研
　　究所，2016。

〈金變佳上言普誠代電呈報二二八事件經過概況及其對事件的
　　觀察認知（民國36年4月7日批）〉，侯坤宏、許進發編，
　　《二二八事件檔案彙編（二）》。台北：國史館，2002。

〈保密局呈蔣主席二月廿六日情報〉，中央研究院近代史研究所
　　編，《二二八事件資料選輯（二）》。台北：中研院近史所，
　　1992。

〈南京國民政府宣言〉，彭明主編，《中國現代史資料選輯》第三
　　冊，1927～1937。北京：中國人民大學出版社，1988。

〈美國記者報導台灣接收之後行政腐敗混亂情形〉，收入陳興唐主
　　編，《台灣「二·二八」事件檔案史料（上）》。台北：人間
　　出版社，1992。

〈唐海澄致外交部沈部長昌煥同志〉（1961年11月30日&12月20
　　日），檔案管理局，《日本台獨案》（1961-1962），頁26-28。

〈旅滬台灣六團體「二·二八」慘案聯合後援會聲明〉，收入陳興
　　唐主編，《台灣「二·二八」事件檔案史料（下）》。台北：
　　人間出版社，1992。

〈旅滬台灣各團體為「二‧二八」慘案告全國同胞書〉，收入陳興
　　唐主編，《台灣「二‧二八」事件檔案史料（下）》。台北：
　　人間出版社，1992。
〈旅滬福建台灣各團體為駁斥陳儀關於台灣現況談話致各報書〉，
　　收入陳興唐主編，《台灣「二‧二八」事件檔案史料（上）》。
　　台北：人間出版社，1992。
〈桂永清呈蔣主席三月五日簽呈〉，中央研究院近代史研究所編，
　　《二二八事件資料選輯（二）》。台北：中研院近史所，1992。
〈桂永清呈蔣主席三月十、十一日呈〉，中央研究院近代史研究所
　　編，《二二八事件資料選輯（二）》。台北：中研院近史所，
　　1992。
〈國民黨中執會秘書處為抄送「台灣現狀報告書」致行政院函及
　　各部復核情形〉，收入陳興唐主編，《台灣「二‧二八」事件
　　檔案史料（上）》。台北：人間出版社，1992。
〈國防部佈告〉，中央研究院近代史研究所編，《二二八事件資料
　　選輯（二）》。台北：中研院近史所，1992。
〈基隆要塞司令部致台北警備總司令部3月15日代電〉，中央研究
　　院近代史研究所編，《二二八事件資料選輯（三）》。台北：
　　中研院近史所，1993。
〈張鎮呈蔣主席三月五日報告〉，中央研究院近代史研究所編，
　　《二二八事件資料選輯（二）》。台北：中研院近史所，1992。
〈張鎮呈蔣主席三月廿九日報告〉，中央研究院近代史研究所編，
　　《二二八事件資料選輯（二）》。台北：中研院近史所，1992。
〈處委會闡明事件真相向中外廣播處理大綱〉，鄧孔昭編，

《二二八事件資料集》。台北：稻鄉出版社，1991。

〈陳儀呈蔣主席寅冬亥親電〉，收入薛月順編輯，《二二八事件檔
　　案彙編（廿三）》。台北：國史館，2017。

〈陳長官寅陽亥電呈復〉，中央研究院近代史研究所編，《二二八
　　事件資料選輯（二）》。台北：中研院近史所，1992。

〈陳誠呈蔣主席三月五日代電〉，中央研究院近代史研究所編，
　　《二二八事件資料選輯（二）》。台北：中研院近史所，1992。

〈陳誠呈蔣主席三月十日簽呈〉，中央研究院近代史研究所編，
　　《二二八事件資料選輯（二）》。台北：中研院近史所，1992。

〈陳誠呈蔣主席四月十一日簽呈〉，中央研究院近代史研究所編，
　　《二二八事件資料選輯（二）》。台北：中研院近史所，1992。

〈陳誠呈蔣主席四月十二日代電〉，中央研究院近代史研究所編，
　　《二二八事件資料選輯（二）》。台北：中研院近史所，1992。

〈陳誠呈蔣主席六月四日簽呈〉，中央研究院近代史研究所編，
　　《二二八事件資料選輯（二）》。台北：中研院近史所，1992。

〈陳誠呈蔣主席六月十六日簽呈〉，中央研究院近代史研究所編，
　　《二二八事件資料選輯（二）》。台北：中研院近史所，1992。

〈陳儀「第二次廣播詞」〉，鄧孔昭編，《二二八事件資料集》。台
　　北：稻鄉出版社，1991。

〈陳儀呈蔣主席二月丑儉電〉，中央研究院近代史研究所編，
　　《二二八事件資料選輯（二）》。台北：中研院近史所，1992。

〈陳儀呈蔣主席三月六日函〉，中央研究院近代史研究所編，
　　《二二八事件資料選輯（二）》。台北：中研院近史所，1992。

〈陳儀呈蔣主席三月十三日呈〉，中央研究院近代史研究所編，

《二二八事件資料選輯（二）》。台北：中研院近史所，1992。

〈陳儀呈蔣主席三月十八日函〉，中央研究院近代史研究所編，
　　《二二八事件資料選輯（二）》。台北：中研院近史所，1992。

〈陳儀呈蔣主席三月灰電〉，中央研究院近代史研究所編，
　　《二二八事件資料選輯（二）》。台北：中研院近史所，1992。

〈陳儀呈蔣主席三月陽電〉，中央研究院近代史研究所編，
　　《二二八事件資料選輯（二）》。台北：中研院近史所，1992。

〈陳儀呈蔣主席三月陽電〉（附註），中央研究院近代史研究所編，
　　《二二八事件資料選輯（二）》。台北：中研院近史所，1992。

〈陳儀呈蔣主席三月篠電〉，中央研究院近代史研究所編，
　　《二二八事件資料選輯（二）》。台北：中研院近史所，1992。

〈陳儀呈蔣主席三月文電〉，中央研究院近代史研究所編，
　　《二二八事件資料選輯（二）》。台北：中研院近史所，1992。

〈陳儀呈蔣主席三月霰電〉，中央研究院近代史研究所編，
　　《二二八事件資料選輯（二）》。台北：中研院近史所，1992。

〈陳儀呈蔣主席四月眞電〉，中央研究院近代史研究所編，
　　《二二八事件資料選輯（二）》。台北：中研院近史所，1992。

〈陳儀呈蔣主席函〉，中央研究院近代史研究所編，《二二八事件
　　資料選輯（二）》。台北：中研院近史所，1992。

〈陳儀爲美國記者報導台政腐敗情形致行政院秘書處電〉，收入陳
　　興唐主編，《台灣「二・二八」事件檔案史料（上）》。台北：
　　人間出版社，1992。

〈陳儀與招商局總經理徐學禹來往文電〉，收錄於陳興唐主編，
　　《台灣「二・二八」事件檔案史料（上）》。台北：人間出版社，

1992。

〈陸軍整編21師第146旅／台灣省新竹綏靖區司令部綏靖詳報
　　（上、下冊）〉，中央研究院近代史研究所編，《二二八事件
　　資料選輯（四）》。台北：中研院近史所，1993。

〈陸軍整編21師第146旅新竹綏靖區各分區清鄉實施日報表〉，中
　　央研究院近代史研究所編，《二二八事件資料選輯（五）》。
　　台北：中研院近史所，1997。

〈陸軍整編21師第146旅／台灣省新竹縣綏靖區司令部綏靖詳報
　　（上冊）〉，中央研究院近代史研究所編，《二二八事件資料
　　選輯（四）》。台北：中研院近史所，1993，頁226。

〈陸軍整編第146旅剿匪戰鬥經過概況及匪我傷亡俘獲損耗報告
　　表〉，中央研究院近代史研究所編，《二二八事件資料選輯
　　（五）》。台北：中研院近史所，1997。

〈陸軍整編第21師中部綏靖區司令部綏靖經過概要〉，中央研究
　　院近代史研究所編，《二二八事件資料選輯（三）》。台北：
　　中研院近史所，1993。

〈陸軍整編第21師司令部命令，三月七日於崑山師司令部及三
　　月十八日於台北師司令部〉，中央研究院近代史研究所編，
　　《二二八事件資料選輯（一）》。台北：中研院近史所，1992。

〈報參議員陳海永勸導參加叛亂青年多人自新〉，附：自新人員
　　名冊壹份。中央研究院台灣史研究所藏二二八史料，檔號：
　　A_03_0019-001～012。

〈黃朝琴呈蔣主席三月魚電〉，中央研究院近代史研究所編，
　　《二二八事件資料選輯（二）》。台北：中研院近史所，1992。

〈新竹市政府分區清鄉實施暫時處理辦法〉，中央研究院近代史研究所編，《二二八事件資料選輯（五）》。台北：中研院近史所，1997。

〈新竹市綏靖宣傳實施辦法〉，中央研究院近代史研究所編，《二二八事件資料選輯（五）》。台北：中研院近史所，1997。

〈楊亮功致于右任密報台灣民情不穩情形電文一組〉，收入陳興唐主編，《台灣「二‧二八」事件檔案史料（上）》。台北：人間出版社，1992。

〈楊亮功等呈報調查台灣事件情形及建議善後辦法〉，中央研究院近代史研究所編，《二二八事件資料選輯（二）》。台北：中研院近史所，1992。

〈極機密〉電，收入陳興唐主編，《台灣「二‧二八」事件檔案史料（上）》。台北：人間出版社，1992。

〈葉秀峰呈蔣主席三月十日呈〉，中央研究院近代史研究所編，《二二八事件資料選輯（二）》。台北：中研院近史所，1992。

〈葉秀峰呈蔣主席三月廿六、七日情報〉，中央研究院近代史研究所編，《二二八事件資料選輯（二）》。台北：中研院近史所，1992。

〈葉秀峰呈蔣主席三月二十七日情報〉，中央研究院近代史研究所編，《二二八事件資料選輯（二）》。台北：中研院近史所，1992。

〈嘉義市軍警憲緝獲三二事變暴動人犯執行槍決一覽表〉，中央研究院近代史研究所編印，《二二八事件資料選輯（四）》。台北：中研院近史所，1993。

〈監察委員何漢文簽呈〉，收入陳興唐主編，《台灣「二・二八」
　　事件檔案史料（上）》。台北：人間出版社，1992。
〈劉雨卿呈蔣主席三月九日報告〉，中央研究院近代史研究所編，
　　《二二八事件資料選輯（二）》。台北：中研院近史所，1992。
〈劉雨卿呈蔣主席三月元電〉，中央研究院近代史研究所編，
　　《二二八事件資料選輯（二）》。台北：中研院近史所，1992。
〈蔣介石在中樞（國父）紀念週上的講話〉（1947年3月10日上午
　　九時），鄧孔昭編，《二二八事件資料集》。台北：稻鄉出版
　　社，1991。
〈蔣介石在中樞紀念週上的講話〉，中央研究院近代史研究所編，
　　《二二八事件資料選輯（二）》。台北：中研院近史所，1992。
〈蔣主席致白崇禧三月巧電〉，中央研究院近代史研究所編，
　　《二二八事件資料選輯（二）》。台北：中研院近史所，1992。
〈蔣主席致陳儀二月蒸電〉，中央研究院近代史研究所編，
　　《二二八事件資料選輯（二）》。台北：中研院近史所，1992。
〈蔣主席致陳儀三月元電〉，中央研究院近代史研究所編，
　　《二二八事件資料選輯（二）》。台北：中研院近史所，1992。
〈蔣主席致陳儀三月微電〉，中央研究院近代史研究所編，
　　《二二八事件資料選輯（二）》。台北：中研院近史所，1992。
〈蔣主席致陳儀三月虞電〉，中央研究院近代史研究所編，
　　《二二八事件資料選輯（二）》。台北：中研院近史所，1992。
〈蔣主席致陳儀三月巧電〉，中央研究院近代史研究所編，
　　《二二八事件資料選輯（二）》。台北：中研院近史所，1992。
〈蔣主席致蔣經國三月巧電〉，中央研究院近代史研究所編，

《二二八事件資料選輯（二）》。台北：中研院近史所，1992。

〈蔣廷黻致外交部〇一三號密電〉，1964年2月26日發出。外交部北美司檔案，〈僞台灣獨立聯合會案〉，第五冊（1963年11月至1964年10月）。

〈蔣廷黻致外交部〇二一號急極密電〉，1964年2月29日發出。外交部北美司檔案，〈僞台灣獨立聯合會案〉，第五冊。

〈駐美大使館致外交部代電〉，1968年3月1日發出。外交部北美司檔案，〈台獨左傾〉，檔號：406/0014/44-45。

〈駐美大使館致外交部極機密電〉，1964年3月24日發出。外交部北美司檔案，〈僞台灣獨立聯合會案〉，第五冊。

〈檢舉台灣專賣局長任維鈞等案〉，中研院近史所檔案館藏，檔號：228G：1-4。〈警總二二八事件資料：綏靖實施計畫〉，中央研究院近代史研究所編，《二二八事件資料選輯（三）》。台北：中研院近代所，1993。

〈續報嘉義市叛亂情形〉，中央研究院台灣史研究所藏二二八史料，檔號：A_04_0003-001～008。

《觀察》週刊特約台灣通訊，〈隨時可以發生暴動的台灣局面〉，鄧孔昭編，《二二八事件資料集》。台北：稻鄉出版社，1991。

「高雄市鹽埕區死亡調查表」（民國卅六年三月十三日），侯坤宏、許進發編，《二二八事件檔案彙編（二）》。台北：國史館，2002。

「專題研究」第九號，《所謂「台灣獨立運動」內幕的透視》。台北：中國國民黨中央委員會第三組編印，1961。

〈陸軍整編二十一師一四五旅四三四團綏靖工作概況〉，中央研究院近代史研究所編，《二二八事件資料選輯（四）》。台北：中研院近史所，1993。

不著撰人，〈二二八事件之平亂〉，中央研究院近代史研究所編，《二二八事件資料選輯（一）》。台北：中研院近史所，1992。

中央研究院近代史研究所檔案館藏，〈六屆三中全會主席團會議紀錄〉，檔號：228-G：1-4，1947年3月。

中央研究院近代史研究所檔案館藏，〈國防最高委員會常務會議223～226及230次會議紀錄〉，檔號228G：1-1，1947年3月～4月。

古屋奎二編著，《蔣總統秘錄》全譯本第14冊。台北：中央日報社出版，1977。

台南縣〈清溝運動實施辦法〉，中央研究院近代史研究所編，《二二八事件資料選輯（五）》。台北：中研院近史所，1997。

台灣民主自治同盟編，《歷史的見證》。北京：台灣民主自治同盟，1987。

台灣省行政長官公署新聞室，〈台灣暴動事件紀實〉，鄧孔昭編，《二二八事件資料集》。台北：稻鄉出版社，1991。

白部長「在台中向全省同胞廣播詞」，鄧孔昭編，《二二八事件資料集》。台北：稻鄉出版社，1991。

朱文伯，〈二二八被毆記〉，原載《台灣月刊》第6期（1947.4.10），收入王曉波編，《二二八眞相》。台北：海峽學術出版社，2002。

行政長官公署初編，〈台灣省二二八暴動事件報告〉，陳芳明編，

《台灣戰後史資料選——二二八事件專輯》。台北：二二八和平日促進會，1991。

行政長官公署初編，《台灣省二・二八暴動事件紀要》。

何聘儒，〈蔣軍鎮壓台灣人民紀實〉，鄧孔昭編，《二二八事件資料集》。台北：稻鄉出版社，1991。

何漢文著、鄧孔昭編，〈台灣二二八事件見聞紀略〉，《二二八事件資料集》。台北：稻鄉出版社，1991。

吳克泰，〈比較、分析、去偽存真——在南京看到的「二二八」檔案〉，收入陳興唐主編，《台灣「二・二八」事件檔案史料（上）》。台北：人間出版社，1992。

李翼中，〈帽簷述事——台灣二二八事件日錄〉，中央研究院近代史研究所編，《二二八事件資料選輯（二）》。台北：中研院近史所，1992。

林木順編，《台灣二月革命》。台北：前衛出版社，1990。

林德龍輯註，《二二八官方機密史料》。台北：自立晚報，1992。

花蓮縣政府〈電送本縣分區清鄉實施辦法一份請核備由〉，中央研究院近代史研究所編，《二二八事件資料選輯（五）》。台北：中研院近史所，1997。

柯遠芬，〈事變十日記〉，李敖編著，《二二八研究》。台北：李敖出版社，1989。

胡允恭，〈陳儀在浙江準備反蔣紀實〉，收入全國政協等文史資料研究委員會編輯組編，《陳儀生平及被害內幕》。北京：中國文史出版社，1987。

韋名編，《台灣的二二八事件》。香港：七〇年代雜誌社，1975。

孫文，《國父全集》第一冊。台北：中國國民黨中央黨史會，
　　1973。

孫志俊，〈嘉義市「三二」事變報告書〉，中央研究院近代史研
　　究所編，《二二八事件資料選輯（四）》。台北：中研院近史
　　所，1992。

徐鄂雲，〈看台灣二二八問題在歷史的天平上〉，中央研究院近
　　代史研究所編，《二二八事件資料選輯（二）》。台北：中研
　　院近史所，1992。

秦孝儀總編纂，《總統蔣公大事長編初稿》卷六下冊。台北：中
　　國國民黨中央黨史會，1978。

馬公要塞司令部致台灣全省警備司令部代電，〈為電轉澎湖縣
　　二二八事件暴亂份子處理情形請查照由〉，中央研究院近代
　　史研究所編，《二二八事件資料選輯（六）》。台北：中研院
　　近史所，1997。

光華出版社編，《廖文毅及其活動內幕》。台北：光華出版社，
　　1962。

國防部新聞局掃蕩週報社編，《台灣二二八事變始末記》（中華民
　　國36年3月出版），收入林木順編，《台灣二月革命》。台北：
　　前衛出版社，1990。

張琴，〈台灣真相〉（1947年3月25日），收入陳興唐主編，《台
　　灣「二‧二八」事件檔案史料（上）》。台北：人間出版社，
　　1992。

張良澤主編，《吳新榮日記（戰後）》。台北：遠景出版公司，
　　1981。

野僕，〈「二二八」事件的眞相──一位目擊者的見證〉，陳芳明編，《台灣戰後史資料選──二二八事件專輯》。台北：二二八和平日促進會，1991。

陳至明，〈台灣暴動鱗爪〉，上海《觀察》週刊第 2 卷第 5 期（1947.3.29）。

陳芳明編，《台灣戰後史資料選：二二八事件專輯》。台北：二二八和平日促進會，1991。

陳兼總司令〈爲實施清鄉告全省民眾書〉，鄧孔昭編，《二二八事件資料集》。台北：稻鄉出版社，1991。

陳興唐主編，吳克泰、周青解說《台灣「二‧二八」事件檔案史料（上）》。台北：人間出版社，1992。

陸軍整編第21師第146旅司令部代電，〈呈報第一分區清鄉情形由〉，中央研究院近代史研究所編，《二二八事件資料選輯（五）》。台北：中研院近史所，1997。

彭孟緝，〈台灣省「二二八」事件回憶錄〉，中央研究院近代史研究所編，《二二八事件資料選輯（一）》。台北：中研院近史所，1992。

彭孟緝致陳儀，〈電呈此地暴動情況及對策乞示遵由〉（1947年3月7日），收入中央研究院近代史研究所編，《二二八事件資料選輯（四）》。台北：中研院近史所，1993。

新竹市政府〈爲電本市戶口清查起訖日期報核由〉，中央研究院近代史研究所編，《二二八事件資料選輯（五）》。台北：中研院近史所，1997。

新竹縣政府〈呈報本縣清鄉工作實施情形及臨時清查戶口日期請

鑒核備查由〉，中央研究院近代史研究所編，《二二八事件
　　資料選輯（五）》。台北：中研院近史所，1997。

楊亮功，〈「二二八」事變奉命查辦之經過〉，收入蔣永敬等合著，
　　《楊亮功先生年譜》。台北：聯經出版公司，1988。

監察院實錄編輯委員會，《國民政府監察院實錄（第十冊）》。台
　　北：監察院秘書處，1984。

閩台通訊社，《二二八事件眞相》。台北：陳世傑發行，1985。

劉雨卿，《恥廬雜記》，中央研究院近代史研究所編，《二二八事
　　件資料選輯（二）》。台北：中研院近史所，1992。

澎湖縣政府致台灣省警備總司令部代電，〈奉令舉辦清鄉等因遵
　　將實施辦法情形先行報備察核由〉，中央研究院近代史研究
　　所編，《二二八事件資料選輯（五）》。台北：中研院近史所，
　　1997。

鄧孔昭編，《二二八事件資料集》。台北：稻鄉出版社，1991。

檔案管理局，《二二八事件檔案》，〈伏波軍艦姜艦長瑜密限於兩
　　日內開基隆〉，系統流水號42163。

檔案管理局，《二二八事件檔案》，〈爲同意太康艦離去日由〉，
　　系統流水號42246。

檔案管理局，《二二八事件檔案》，〈復爲太康中海已於眞元先後
　　抵基隆由〉，系統流水號42216。

檔案管理局，《二二八事件檔案》，〈廣州鄒兼隊長毅等美頌美樂
　　著即開左營〉，系統流水號42160。

檔案管理局，檔號A303000000B/0052/006.3/020/007&008，案名：
　　台灣獨立運動（十九）：應正本小組，頁1、2、4。

蘇新，〈關於「二二八事件處理委員會」〉，收錄於《未歸的台共
　　鬥魂：蘇新自傳與文集》。台北：時報文化，1993。

二、口述歷史、回憶錄

〈二二八事變的回憶：林衡道先生訪問記錄〉，中央研究院近代
　　史研究所「口述歷史」編輯委員會，《口述歷史》第2期，
　　1991。
〈王幸男先生訪問記錄〉，收入陳儀深訪問，《海外台獨運動相關
　　人物口述史》（續篇）。台北：中央研究院近代史研究所，
　　2012。
〈王政統先生訪問紀錄〉，收入張炎憲等，《台北南港二二八》。
　　台北：財團法人吳三連台灣史料基金會，1995。
〈李佛續先生訪問紀錄〉，收入許雪姬、方惠芳訪問，吳美慧等記
　　錄，《高雄市二二八相關人物訪問紀錄》上冊。台北：中央
　　研究院近代史研究所，1995。
〈林秀媚女士訪問記錄〉，張炎憲、王昭文等採訪記錄，《嘉義驛
　　前二二八》。台北：財團法人吳三連台灣史料基金會，1995。
〈林宗義訪問紀錄〉，張炎憲等，《台北都會二二八》。台北：財
　　團法人吳三連台灣史料基金會，1996。
〈洪基隆先生訪問紀錄〉，收入陳儀深訪問，《海外台獨運動相關
　　人物口述史》。台北：中央研究院近代史研究所，2009。
〈涂世文先生訪問紀錄〉，收入許雪姬、方惠芳訪問，吳美慧等記
　　錄，《高雄市二二八相關人物訪問紀錄》上冊。台北：中央

研究院近代史研究所，1995。

〈翁麗水訪問紀錄〉，張炎憲、胡慧玲等採訪記錄，《基隆雨港二二八》。台北：自立晚報，1994。

〈張秋梧女士訪問紀錄〉，收入陳儀深主訪，《濁水溪畔二二八：口述歷史訪談錄》。台北：財團法人二二八事件紀念基金會，2009。

〈張萬作先生訪問紀錄〉，收入許雪姬、方惠芳訪問，吳美慧等記錄，《高雄市二二八相關人物訪問紀錄》中冊。台北：中央研究院近代史研究所，1995。

〈張碧玉訪問紀錄〉，張炎憲、胡慧玲等採訪記錄，《基隆雨港二二八》。台北：自立晚報，1994。

〈許永華先生訪問紀錄〉，收入陳儀深訪問，《海外台獨運動相關人物口述史》。台北：中央研究院近代史研究所，2009。

〈郭萬枝先生訪問紀錄〉，收入許雪姬、方惠芳訪問，吳美慧等記錄，《高雄市二二八相關人物訪問紀錄》下冊。台北：中央研究院近代史研究所，1995。

〈陳彥文先生訪問記錄〉，收入陳儀深主訪，《濁水溪畔二二八：口述歷史訪談錄》。台北：財團法人二二八事件紀念基金會，2009。

〈陳碧女訪問紀錄〉，張炎憲等採訪記錄，《嘉義驛前二二八》。台北：財團法人吳三連台灣史料基金會，1995。

〈陳錦春先生訪問紀錄〉，收入許雪姬、方惠芳訪問，吳美慧等記錄，《高雄市二二八相關人物訪問紀錄》上冊。台北：中央研究院近代史研究所，1995。

〈陳謝玉露女士訪問紀錄〉，收入陳儀深主訪，《濁水溪畔
　　二二八：口述歷史訪談錄》。台北：財團法人二二八事件紀
　　念基金會，2009。

〈曾重郎的回憶〉，收入張炎憲、李筱峰編，《二二八事件回憶
　　集》。台北：稻鄉出版社，1989。

〈游賜壹先生訪問紀錄〉，收入陳儀深主訪，《濁水溪畔二二八：
　　口述歷史訪談錄》。台北：財團法人二二八事件紀念基金會，
　　2009。

〈楊治、吳和光訪問紀錄〉，張炎憲等採訪記錄，《台北南港
　　二二八》。台北：財團法人吳三連台灣史料基金會，1995。

〈溫連章先生訪問紀錄〉，張炎憲、王昭文等採訪記錄，《嘉雲平
　　野二二八》。台北：財團法人吳三連台灣史料基金會，1995。

〈廖連池先生訪問紀錄〉，收入陳儀深主訪，《濁水溪畔二二八：
　　口述歷史訪談錄》。台北：財團法人二二八事件紀念基金會，
　　2009。

〈廖德雄訪問紀錄〉，張炎憲等，《台北都會二二八》。台北：財
　　團法人吳三連台灣史料基金會，1996。

〈潘信行先生訪問記錄〉，張炎憲、王昭文等採訪記錄，《嘉義驛
　　前二二八》。台北：財團法人吳三連台灣史料基金會，1995。

〈顏阿岩先生訪問紀錄〉，收入許雪姬、方惠芳訪問，吳美慧等記
　　錄，《高雄市二二八相關人物訪問紀錄》上冊。台北：中央
　　研究院近代史研究所，1995。

〈羅福全先生訪問紀錄〉，收入陳儀深訪問，《海外台獨運動相關
　　人物口述史》（續篇）。台北：中央研究院近代史研究所，

2012。

文思主編,《我所知道的白崇禧》。北京:中國文史出版社,
　　2003。

王正元,〈爲蔣介石專線接話十二年〉(五),原載《台灣週刊》,
　　2003年第42期,轉登 www.china.org.cn

古瑞雲(周明),《台中的風雷——跟謝雪紅在一起的日子裡》。
　　台北:人間出版社,1990。

吳新榮,《吳新榮回憶錄》。台北:前衛出版社,1989。

李何林,〈我所見的「二二八」大起義〉,台灣民主自治同盟編,
　　《歷史的見證》。北京:台灣民主自治同盟,1987。

周一鶚,〈陳儀在台灣〉,全國政協等文史資料研究委員會編輯
　　組編,《陳儀生平及被害內幕》。北京:中國文史出版社,
　　1987。

周宏濤口述,汪世淳撰寫,《蔣公與我——見證中華民國關鍵變
　　局》。台北:天下文化,2003。

張文義、沈秀華採訪記錄,《噶瑪蘭二二八:宜蘭二二八口述歷
　　史》。台北:自立晚報,1992。

張炎憲、李筱峰編,《二二八事件回憶集》。台北:稻鄉出版社,
　　1989。

張炎憲、胡慧玲、黎中光採訪記錄,《台北南港二二八》。台北:
　　財團法人吳三連台灣史料基金會,1995。

張炎憲、高淑媛等採訪記錄,《嘉義北回二二八》。台北:自立
　　晚報,1994。

張炎憲等採訪記錄,《嘉義驛前二二八》。台北:財團法人吳三

連台灣史料基金會，1995。

張炎憲等採訪記錄，《嘉雲平野二二八》。台北：財團法人吳三
　　連台灣史料基金會，1995。

張炎憲等採訪記錄，《諸羅山城二二八》。台北：財團法人吳三
　　連台灣史料基金會，1995。

陳儀深計畫主持，《濁水溪畔二二八：口述歷史訪談錄》。台北：
　　財團法人二二八事件紀念基金會，2009。

黃武東，《黃武東回憶錄》。美國加州：台灣出版社，1989。

黃朝琴，《我的回憶》。台北：龍文出版社，1989。

黃彰健口述，武之璋、朱浤源、朱麗蓉整理，〈為何考證？如
　　何解讀？從校讎之學敬答陳儀深君〉，收入朱浤源主編，
　　《二二八研究的校勘學視角──黃彰健院士追思論文集》。台
　　北：文史哲出版社，2010。

楊克煌遺稿、楊翠華整理，《我的回憶》。台北：楊翠華出版，
　　2005。

楊肇嘉，《楊肇嘉回憶錄》。台北：三民書局，1967。

葉明勳，〈敬悼楊亮功先生──「百年遺恨負忠言」〉，《傳記文學》
　　60（2）：35，1992.2。

資料室，〈有膽有識的劉文島先生〉，《湖北文獻》7月號：39-
　　44；10月號：52-57，1972。

賈廷詩等訪問紀錄，《白崇禧先生訪問紀錄》（下冊）。台北：中
　　央研究院近代史研究所，1984。

劉雨卿，《恥廬雜記》。台北：川康渝文物館，1982。

蔡子民，〈憶「二二八」與王添灯〉，台灣民主自治同盟編，《歷

史的見證》。北京：台灣民主自治同盟，1987。

蔣渭川遺稿，《二二八事變始末記》。台北：蔣氏家屬自行出版，
　　1991。

蕭鐵，〈我在台灣二二八事件中〉，上海《新聞天地》月刊第24
　　期。1947.6.1。

戴國煇訪問林憲，〈丘念台與二二八前後〉，《人間》第18期，
　　1987.4。

謝牧，〈「二二八」人民起義親歷記〉，台灣民主自治同盟編，《歷
　　史的見證》。北京：台灣民主自治同盟，1987。

鍾逸人，《辛酸60年：二二八事件二七部隊隊長鍾逸人回憶錄》。
　　台北：自由時代出版社，1988。

鍾逸人，《辛酸六十年（上）》。台北：前衛出版社，1993一刷、
　　1997三刷。

嚴演存，《早年之台灣》。台北：時報文化，1989。

三、專書

Douglas Mendel, *the Politics of Formosan Nationalism*, Berkeley and
　　Los Angeles: University of California Press, 1970.

Lai Tse-han, Ramon H. Myers, and Wei Wou, *A Tragic Beginning:
　　The Taiwan Uprising of February 28, 1947.* Stanford, California:
　　Stanford University Press,1991.

R. G. Frey, Christopher W. morris (ed.), *Violence, Terrorism, and
　　justice.* Cambridge: Cambridge University Press, 1991.

George H. Kerr著，陳榮成譯，《被出賣的台灣》。譯者自印，1986。

Nancy Hsu Fleming著，蔡丁貴譯，《狗去豬來：二二八前夕美國情報檔案》。台北：前衛出版社，2009。

Thomas B. Gold 著，艾思明譯，《台灣奇蹟——從國家與社會的角度觀察》。台北：洞察出版社，1987。

二二八和平日促進會編，《走出二二八的陰影》。台北：二二八和平日促進會，1987。

王育德著，黃國彥譯，《台灣：苦悶的歷史》。台北：前衛出版社，2000。

王育德著，侯榮邦等譯，《台灣獨立的歷史波動》。台北：前衛出版社，2002。

王景弘編譯，《第三隻眼睛看二二八——美國外交檔案揭密》。台北：玉山社，2002。

丘念台，《嶺海微飆》。台北：中華日報社，1962。

丘念台，《嶺海微飆》。台北：海峽學術出版社，2002。

史明，《台灣人四百年史》。美國加州聖荷西：蓬島文化公司，1980。台北「自由時代週刊社」翻印。

史明，《民族形成與台灣民族》。作者自費發行，1992。

江慕雲，《為台灣說話》。上海：三五記者聯誼會，1948。

（行政院）研究二二八事件小組，《二二八事件研究報告》。台北：時報文化，1994初版一刷、2003初版十刷。

余如雲，《台灣分歧運動史手稿》。

國防部總政治部，《謝雪紅的悲劇》。台北：國防部總政治部，

1958。

作者不詳，《陳公洽與台灣》。南瀛出版社，1947。

李天福編，《自由的呼喚：台美人的心聲》。台北：前衛出版社，
　　2000。

李定一，《中國近代史》。台北：台灣中華書局，1974。

李旺台、楊振隆總策劃，《二二八事件責任歸屬研究報告》。台
　　北：財團法人二二八事件紀念基金會，2006。

李筱峰，《二二八消失的台灣菁英》，台北：自立晚報，1990。

周俊宇，《黨國與象徵：中華民國國定節日的歷史》。台北：國
　　史館，2013。

柯喬治（George Kerr）著，陳榮成譯，《被出賣的台灣》。台北：
　　前衛出版社，1991。

徐濟德，《陳誠的軍政生涯》。長春：吉林文史出版社，1989。

莊永明，《韓石泉醫師的生命故事》。台北：遠流出版社，2005。

莊嘉農（蘇新），《憤怒的台灣》。香港：智源書局，1949。

許世楷，《台灣獨立黨回歸祖國》。台北：前衛出版社，1993。

許永華，《剪不斷台灣情結》。台北：前衛出版社，1996。

許雪姬，《愛‧希望與和平——二二八事件在高雄》。高雄：高
　　雄市立歷史博物館，2000。

郭廷以，《近代中國史綱》下冊。香港：中文大學出版社，
　　1980。

陳之邁，《中國政府》。上海：上海書店，出版年不詳。

陳之邁，《政治學》。台北：正中書局，1970年三版。

陳正平，《李友邦與台胞抗日》。福州：福建人民出版社，1998。

陳芳明,《謝雪紅評傳》。美國加州：台灣出版社,1991。

陳芳明編,《二二八事件學術論文集》。美國加州：台灣出版社,
　　1989。

陳俐甫等譯,《台灣‧中國‧二二八》,台北：稻鄉出版社,
　　1992。

陳昱齊,《中華民國政府對海外台灣獨立運動之因應：以美國為
　　中心,1956-1972》。台北：國史館,2015。

陳茹玄,《中國憲法史》。台北：文海出版社,1985。

陳隆志,《台灣的獨立與建國》。台北：月旦出版社,1993。

陳隆志,《台灣獨立的展望》。台北：鄭南榕發行,1987;原係
　　1971年在美國出版。

陳翠蓮,《派系鬥爭與權謀政治——二二八悲劇的另一面相》。
　　台北：時報文化,1995。

陳鳴鐘、陳興唐主編,《台灣光復和光復後五年省情》。南京：
　　南京出版社,1989。

陳慶立,《廖文毅的理想國》。台北：玉山社,2014。

陶文釗,《中美關係史（1911-1950）》。重慶：重慶出版社,
　　1993。

陶文釗等主編,《中美關係與東亞國際格局》。北京：中國社會
　　科學出版社,2003。

彭明敏、黃昭堂著,蔡秋雄譯,《台灣在國際法上的地位》。台北：
　　玉山社,1995。

斐可權,《台共叛亂及覆亡經過紀實》。台北：商務印書館,
　　1986。

曾慶國，《二二八現場：劫後餘生》。台北：台灣書房，2008。

程思遠，《白崇禧傳》。香港：南粵出版社，授權台北市曉園出
　　版社發行，1989。

雲程，《放眼國際：領土地位變遷與台灣》（上）、（下）。台北：
　　憬藝企業，2006。

黃昭堂，《台灣那想那利斯文》。台北：前衛出版社，1998。

黃秋芳，《鍾肇政的台灣塑像》。台北：時報文化，2000。

黃詩樵，《台灣共產黨祕史》第一輯。新竹州園郡，著者發行，
　　昭和8年10月。

黃彰健，《二二八事件真相考證稿》。台北：中央研究院／聯經
　　出版事業公司共同出版，2007。

楊渡總策劃，《還原二二八》。台北：巴札赫出版社，2005。

楊錦麟，《李萬居評傳》。台北：人間出版社，1993。

葉芸芸編，《證言2.28》。台北：人間出版社，1990。

葉榮鐘，《台灣人物群像》。台北：時報文化，1995。

雷震，《監察院之將來》。台北：自由中國出版社，1953。

廖文毅，《台灣民本主義》。東京：台灣民報社，1957。

蔡鴻源主編，《民國法規集成（第四十六冊）》。合肥市：黃山書
　　社，1999。

蔣永敬等合著，《楊亮功先生年譜》。台北：聯經出版公司，
　　1988。

蔣梨雲等編，蔣渭川遺稿，《2.28事變始末記》。台北：作者家
　　屬自印，1991。

賴澤涵、馬若孟（Ramon H. Myers）、魏萼合著，羅珞珈譯，《悲

　　劇性的開端：台灣二二八事變》。台北：時報文化，1993。

戴國煇，《愛憎二二八》。台北：遠流出版公司，1992。

謝阿水，《二二八事件眞相》。台北：阿爾泰出版社，1980。

藍博洲，《沉屍・流亡・二二八》。台北：時報文化，1991。

藍博洲，《消逝在二二八迷霧中的王添灯》。台北：INK 印刻文
　　學生活雜誌社，2008。

蘇新，《未歸的台共鬥魂：蘇新自傳與文集》。台北：時報文化，
　　1993。

蘇僧、郭建成，《拂去歷史明鏡中的塵埃》。美國加州：南華文
　　化事業公司，1986。

四、論文

Ramon H. Myers 著，夏榮和、陳俐甫合譯，〈二二八事件——怨
　　懟、社會緊張與社會暴力〉，收入陳俐甫等譯，《台灣・中
　　國・二二八》。台北：稻鄉出版社，1992。

Thian-hok Li, "The China Impasse:A Formosan View", *Foreign
　　Affairs* 36:3（April 1958）.

Wan-Yao Chou, The Kominka movement in Taiwan and Korea:
　　Comparisons and Interpretations. Paper Presented for the
　　Conference on the Japanese Empire at War,1937-1945,held at
　　the Hoover Institution, August 22-24, 1991.

丁果著，陳俐甫、夏榮和合譯，〈台灣「二二八」事件之一考
　　察——以陳儀與台灣行政長官公署爲中心〉，《台灣風物》

第41卷第1期，1991.3。

牛軍，〈解放戰爭時期的美蘇與國共兩黨關係〉，收於陶文釗等主編，《中美關係與東亞國際格局》。北京：中國社會科學出版社，2003。

王甫昌，〈由民主化到族群政治——台灣民主運動的發展（1970's~1990's）〉，國史館主辦「二十世紀台灣民主發展學術研討會」論文，2003。

王育德，〈台灣民族論〉，連載於《台灣青年》第35至37期，1963.10.25～12.25。

吳文星，〈「二二八事件」期間國民政府的因應與決策之探討〉，收於賴澤涵主編，《台灣光復初期歷史》。台北：中央研究院中山人文社會科學研究所，1993。

吳叡人，〈祖國的辯證：廖文奎（1905～1952）台灣民族主義初探〉，《思與言》第37卷第3期，1999.9。

李筱峰，〈「二二八事件處理委員會」與陳儀的對策〉，收入陳琰玉、胡慧玲編，《二二八學術研討會論文集（1991）》。台北：二二八民間研究小組，1992。

李筱峰，〈蔣介石與二二八事件——兼論其責任問題〉，收入張炎憲等編，《二二八事件研究論文集》。台北：吳三連基金會，1998。

李筱峰，〈張榮宗〉，收入張炎憲主編，《二二八事件辭典》。台北：國史館，2008。

汪榮祖，〈翻案與修正之辨：再論康有為與戊戌變法答黃彰健先生〉，《漢學研究》，第11卷第2期，1992.12，頁383-390。

林文淇，〈「回歸」、「祖國」、「二二八」：《悲情城市》中的台灣
　　歷史與國家屬性〉，《當代》雜誌第106期，1995.2。

金泳燁，《光州民眾抗爭研究》，韓國國民大學校大學院國史學
　　科，文學博士學位論文，2004。

後藤新平，〈經營台灣必須調查舊慣制度的意見〉，台灣慣習研
　　究會原著，《台灣慣習記事》第一卷（上）。台中：台灣省
　　文獻委員會編譯，1984。

張炎憲，〈二二八民眾史觀的建立——基隆二二八事件的悲情〉，
　　張炎憲、胡慧玲等採訪記錄，《基隆雨港二二八》。台北：
　　自立晚報，1994。

張炎憲，〈徘徊於抗爭與和平解決之間的悲劇〉，張炎憲、王昭
　　文等採訪記錄，《嘉義驛前二二八》。台北：財團法人吳三
　　連台灣史料基金會，1995。

莊建華，〈戰後初期台灣鐵路事業之研究（1945-1947）〉，國立中
　　央大學歷史研究所碩士論文，2007。

許雪姬，〈二二八事件中的林獻堂〉，國史館主辦「二十世紀台
　　灣歷史與人物學術討論會」論文，2001。

許雪姬，〈台灣光復初期的民變：以嘉義三二事件為例〉，收入
　　賴澤涵主編，《台灣光復初期歷史》。台北：中央研究院中
　　山人文社會科學研究所，1993。

陳三井，〈白崇禧與二二八事件〉，收於國史館編輯，《中華民國
　　史專題第一屆討論會論文集》。台北：國史館，1992.12。

陳芳明，〈二二八事件史導讀〉，收入《鞭傷之島》。台北：自立
　　報系文化出版部，1989。

陳芳明，〈中共對二二八事件史觀的政策性轉變〉，《中國論壇》
　　月刊號第4期（31卷第5期），1991.2.1。

陳映眞，〈爲了民族的和平與團結——寫在「二二八事件：台中
　　風雷」特集卷首〉，《人間》第18期，1987.4。

陳儀深，〈台獨主張的起源與流變〉，中央研究院台灣史研究所
　　《台灣史研究》第17卷第2期，2010.6。

陳儀深，〈民國卅五年政治協商會議述評〉，《歷史月刊》第28期，
　　1990.5，頁104-111。

陳儀深，〈再探二二八事件處理委員會——關於其政治立場與角
　　色功能的評估〉，收入張炎憲等編，《二二八事件研究論文
　　集》。台北：財團法人吳三連台灣史料基金會，1998。

陳儀深，〈爲何考證？如何解讀？——評論黃彰健著《二二八事
　　件眞相考證稿》〉，《中央研究院近代史研究所集刊》第61
　　期，2008.9，頁155-176。

陳儀深，〈豈止是「維持治安」而已——論蔣介石與省軍政首長
　　對二二八事件的處置〉，收入李旺台總編輯，《二二八事件
　　新史料學術論文集》。台北：財團法人二二八事件紀念基金
　　會，2003。

陳儀深，〈族群衝突、官逼民反與報復屠殺——論二二八事件的
　　性質定位〉，《二二八事件60週年國際學術研討會：人權與
　　轉型正義學術論文集》。台北：財團法人二二八事件紀念基
　　金會，2007。

陳儀深，〈第三章：南京決策階層的責任〉，《二二八事件責任
　　歸屬研究報告》。台北：財團法人二二八事件紀念基金會，

2006。

陳儀深，〈論台灣二二八事件的原因〉，收入張炎憲等主編，《台灣史論文精選（下）》。台北：玉山社，1996。

陳儀深，〈論台灣二二八事件的原因〉，收入陳琰玉、胡慧玲編，《二二八學術研討會論文集（1991）》。台北：台美文化交流基金會，1992。

陳儀深，〈二二八事件的責任歸屬問題——兼論彭孟緝「出兵平亂」之不正當〉，陳儀深著，《為台灣辯護》。台北：台灣北社出版，2004。

陳儀深，〈為何考證？如何解讀？——評論黃彰健著《二二八事件真相考證稿》〉，收入《紀念二二八事件60週年學術研討會論文集》。高雄：高雄市文獻委員會，2007。

黃富三，〈「二二八事件處理委員會」與二二八事件〉，收入賴澤涵主編，《台灣光復初期歷史》，台北：中央研究院中山人文社會科學研究所，1993。

黃彰健，〈康有為與戊戌變法——答汪榮祖先生〉，《大陸雜誌》第86卷第3期，1993.3.15，頁1-23。

楊家宜編製，〈「二二八」的官方說法〉，《中國論壇》月刊號第4期（31卷第5期），1991.2.1，頁33-36。

楊鵬，〈台灣受降與「二二八事件」〉，全國政協等文史資料研究委員會編輯組編《陳儀生平及被害內幕》。北京：中國文史出版社，1987。

葉芸芸，〈風流雲散悲今日：記戰後初期的左翼人士〉，《中國論壇》月刊號第4期（31卷第5期），1991.2.1。

劉士永,〈陳儀的經濟思想及其政策〉,《台灣風物》第40卷第2
期,1990.6。

劉勝驥,〈共黨分子在二二八事件前後的活動〉,收入馬起華編,
《二二八研究》。台北:中華民國公共秩序研究會,1987.10。

鄭梓,〈試探戰後初期國府之治台策略 —— 以用人政策與省籍
歧視為中心的討論〉,收入陳琰玉、胡慧玲編,《二二八學
術研討會論文集(1991)》。台北:台美文化交流基金會,
1992。

鄭鴻生,〈誰的二二八?〉,收入氏著,《百年離亂:兩岸斷裂歷
史中的一些摸索》。台北:台灣社會研究季刊社,2006。

賴澤涵,〈陳儀在閩、台的施政措施〉,《中國論壇》月刊號第4
期(31卷第5期),1991.2.1。

五、報刊文章、網路資料

〈中國要紀念二二八 薛化元諷:紀念甚麼〉,《自由時報》,A2版,
2017.2.9。

〈黨產1350億?林德瑞否認胡忠信:有種來告〉,《自由時報》,
2015.4.14。

《二二八和平週教學手冊》,http://taiwantt.org.tw/books/228/new_
page_30.htm(瀏覽時間:2008.1.30)

「大美里」,台灣大百科全書,http://taiwanpedia.culture.tw/web/
content?ID=26843.(瀏覽時間:2013.11.19)

1947.03.09,香港《華商報》,頁2,http://home.educities.edu.tw/

doggyinn/chhsn/tongtoubg.htm（瀏覽時間：2009.2.2）

小秋，〈悲情城市／紀念那個時代、那些人〉，http://www.taiwan
123.com.tw/song/movie/movie29.htm（瀏覽時間：2017.1.30）

王正元，〈為蔣介石專線接話十二年〉（五），原載《台灣週刊》42
期，轉登 www.china.org.cn，2003。

包喬晉報導，〈彭孟緝與高雄事件真相〉，《聯合報》，A13版，
2004.2.3。

李明賢，〈馬道歉、贊成下半旗〉，《自由時報》，A7版，
2006.2.28。

李敖，〈二二八事件真相〉，《鳳凰衛視》，2005.9.24，http://
news.cnfol.com/050924/101,1279,1461359,00.shtml（瀏覽時
間：2017.1.30）

金林，〈另一種內戰在開展〉，香港《華商報》，1947.2.23，頁2。

倪鴻祥，〈228事件／中研院院士黃彰健：日本是元兇　美國
是幫兇〉，《東森新聞》，2007.2.27，http://www.ettoday.
com/2007/02/27/10844-2059249.htm（瀏覽時間：2007.10.16）

馬民康，〈國民黨戰地視察機構的形成與作用〉，原載《團結報》，
2178期，1999.7.1，轉登「軍史館」：www.mgjs.com（瀏覽時
間：2005.12.22）

許劍虹，〈中共為什麼要紀念「二二八事變」？〉，《中
時電子報》，2017.2.9，http://www.chinatimes.com/
realtimenews/20170209006210-260409?chdtv（瀏覽時間：
2017.2.15）

陳水扁，〈回首民主來時路〉，《自由時報》，A15版，2007.1.25。

陳蓉,〈黃彰健：彭孟緝處理高雄228事件未犯錯〉,《大紀元》,
　　2007.2.25,http://epochtimes.com/b5/7/2/25/n1629718.htm（瀏
　　覽時間：2007.10.16）

陳儀深,〈事實判斷與道德判斷的糾結——評《悲劇性的開
　　始：一九四七年的台灣二二八暴動》〉,《自由時報》副刊,
　　1991.9.24～25。

黃彰健著作目錄,見中央研究院歷史語言研究所網頁：http: //
　　www.ihp.sinica.edu.tw/（路徑：「研究人員」→「退休暨離職
　　研究人員」→「黃彰健」）

維基百科,〈清鄉〉,http://zh.wikipedia.org/wiki/%E6%B8%85%
　　E9%84%89（瀏覽時間：2008.1.30）

維基百科,〈綏靖〉,http://zh.wikipedia.org/wiki/%E7%BB%A5%
　　E9%9D%96（瀏覽時間：2007.6.14）

鳳凰寬頻,〈1月5日李敖有話說陳儀將軍之死〉,lawyer@
　　phonenixtv.com.cn（瀏覽時間：2005.12.13）

蔣介石,《綏靖區司令官之職權及其中心工作》（民國37年在
　　南京出席華中綏靖會議演講）,http://chungcheng.org.tw/
　　thought/class06/0025/0010.htm（瀏覽時間：2007.6.14）

儲安平,〈失敗的統治〉,《觀察》週刊1（3）：3-4,1946。

封面圖片來源

維基百科・公有領域

維基百科・公有領域

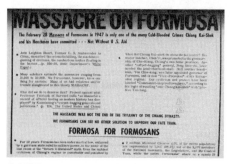

作者提供

國家圖書館出版品預行編目資料

拼圖二二八 / 陳儀深著 ; -- 初版. -- 臺北市 : 二二八
基金會, 2019.7
368面；15×21公分

ISBN 978-986-92768-7-0（平裝）

1. 二二八事件　2.口述歷史　3. 文集

733.2913　　　　　　　　　　　　　108011048

拼圖二二八

發 行 人　薛化元
作　　者　陳儀深
出版單位　財團法人二二八事件紀念基金會
　　　　　地址｜10066　台北市中正區南海路54號
　　　　　電話｜(02)2332-6228
　　　　　傳眞｜(02)2339-6228
　　　　　官網｜http://www.228.org.tw
代理銷售　前衛出版社
　　　　　地址｜10468　台北市中山區農安街153號4樓之3
　　　　　電話｜(02)2586-5708
　　　　　傳眞｜(02)2586-3758
印　　刷　漢藝有限公司
定　　價　新台幣420元
出版日期　2019年7月初版一刷

ISBN 978-986-92768-7-0

※破損頁或缺頁請寄回本會更換※
※版權所有 · 翻印必究※